스노든의
위험한 폭로

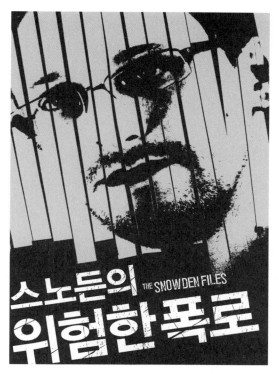

스노든의 위험한 폭로

THE SNOWDEN FILES

루크 하딩 지음 | 이은경 옮김

프롬북스
frombooks

스노든의 위험한 폭로

초판 1쇄 인쇄 2014년 3월 3일
초판 1쇄 발행 2014년 3월 10일

지은이   루크 하딩
옮긴이   이은경
펴낸이   김병은
기획 편집   서진, 노지혜
마케팅   조윤규
디자인   이창욱
펴낸곳   프롬북스

등록번호   제 313-2007-000021호
등록일자   2007. 2. 1.

주소   경기도 고양시 일산동구 정발산로 24(장항동, 웨스턴돔타워 T-1 706호)
문의   031 931 5991
팩스   031 931 5992

전자우편   edit@frombooks.co.kr
ISBN   978-89-93734-33-1 03340

정가   15,000원

인터넷 정복자들

에드워드 스노든은 역사상 가장 비범한 내부고발자다. 스노든 이전의 그 누구도 세계에서 가장 막강한 정보기관이 보유한 일급비밀을 일반에 공개하기 위해 이 정도의 무더기 정보를 빼돌린 적이 없다.

이 일이 벌어지기 전까지 그 누구도 도서관 전체와 맞먹는 전자문서와 정보, 삼중 자물쇠로 잠근 문서보관함 모두를 가지고 도망가는 일이 가능하다는 사실을 자각하지 못했다.

스노든이 폭로하기로 결심한 대부분의 정보는 그의 목숨을 담보로 걸어야 할 만큼 중대한 사안에 속했다. 미국 국가안보국(National Security Agency: NSA)과 그 협력자들이 폭로 대상이었기 때문이다. 스노든이 빼돌린 문서 대부분은 외국 정보기관에 거액을 받고 팔 수 있는 최고급 정보다. 하지만 현재까지 그는 돈에 아무런 흥미를 보이지 않고 있다. 또한 반미국적인 인물로 볼 수 있을 만한 좌파 또는 마르크스주의 사상을 지니지도 않았다. 오히려 그는 미국 헌법을 열렬하게 지지한다. 또한 다른 많은 핵티비스트(인터넷을 통한 컴퓨터 해킹을 투쟁 수단으로 사용하는 새로운 형태의 행동주의자 – 옮긴이)들과 마찬가지로 공화당원 중에서도 우파에 속하는 견해를 보이며, 자유지상주의를 옹호하는 정치인 론 폴(Ron Paul)을 열광적으로 추종한다.

스노든이 폭로한 정보 대부분은 중대 사안에 속했다. 그가 공개한 파일을 보면 9·11 테러 공격 뒤 미국 내 정치적 공황 상태로 인한 전자감청이 걷잡을 수 없는 사태로 치달았음을 알 수 있다.

미국의 안전보장을 책임지고 있으며 법적 구속력에서 자유로운, 미국 NSA와 NSA의 영국 협력단체인 정보통신본부(Government Communications Headquarters: GCHQ)는 인터넷과 통신의 하드웨어를 거머쥔 거대기업과 비밀리에 제휴하고, '인터넷을 정복'하기 위해 자신들이 지닌 기술력을 총동원해왔다. 인터넷을 정복한다는 문구는 우리의 표현이 아니라 GCHQ가 사용한 말이다.

결과적으로 '인터넷을 정복'하려는 두 세력은 지금 우리 개개인 대부분의 사생활과 세상을 감시할 수 있게 되었다. 구글, 스카이프, 휴대전화, GPS, 유튜브, 토르(Tor: 분산형 네트워크 기반의 익명 인터넷 통신 시스템 – 옮긴이), 전자상거래, 인터넷 뱅킹 등 사회가 개인의 자유와 민주주의를 옹호하는 원동력이라고 선전해오던 기술들이 《1984》의 저자 조지 오웰도 경악할 만한 감시 기계로 변모한 것이다.

나는 〈가디언〉이 자유 언론기관 중에서 가장 먼저 스노든의 폭로를 게재한 사실을 기쁘게 생각한다. 우리는 스노든이 원한 것처럼, 개개인의 안전과 자신의 민감한 정보를 지키기 위해 최선의 조치를 취한 것이 우리의 사명이었다고 생각한다.

우리가 그 일을 해냈다는 사실에도 나는 자부심을 느낀다.

〈가디언〉은 영국 내에서의 법적 분쟁을 피하기 위해 뉴욕 지국에서 스노든의 폭로를 게재할 수밖에 없었다. 그러나 열띤 논쟁과 개혁을 향한 요구가 미국 내부, 독일, 프랑스, 브라질, 인도네시아, 캐나다, 오스트레일리아, 심지어 고분고분한 영국에 이르기까지 전 세계 곳곳에서 시작되었다.

나는 이 책을 읽는 독자들이 언론의 자유를 보호하는 미국 수정헌법 제1조의 조항이 영국에도 반드시 필요하다는 사실에 동의할 것이라 믿는다. 이것은 우리 모두를 보호할 수 있는 자유다.

2014년 1월 런던에서
〈가디언〉 편집장 앨런 러스브리저

정보를 쥔 남자 — 스노든과의 만남

2013년 6월 3일 월요일
홍콩 네이선 거리, 미라 호텔

"나는 내가 말하는 모든 것, 내가 하는 모든 일, 내가 말하는 모든 상대, 창작이나 사랑
또는 우정의 모든 표현이 기록되는 세상에 살고 싶지 않다."

– 에드워드 스노든

　이 사건은 이메일 한 통에서 시작되었다.
　"나는 정보기관의 수석 요원입니다."
　이름도 없고 직책도 없고 구체적인 내용도 없다. 〈가디언〉의 칼럼
니스트 글렌 그린월드(Glenn Greenwald)에게 비밀스러운 정보원의 메
일이 도착했다. 이 정보원은 자신에 대해서 아무것도 말하지 않았다.
그저 실체가 없는 존재, 온라인 유령일 뿐이다. 어쩌면 가공인물일 수
도 있다.
　아니, 어떻게 진짜일 수가 있겠는가? 국가안보국에서 대규모 정보
누설이 발생한 경우는 한번도 없다. 워싱턴 DC 근처 포트미드에 위치
한 미국 최고의 정보수집 기관이 난공불락이라는 사실은 모두가 알고
있다. NSA가 하는 일은 비밀이다. 그 어떤 일도 외부로 알려지지 않는
다. 워싱턴 엘리트층 사이에서 NSA는 "그런 기관은 없다(No Such

Agency)"라는 뜻이라는 우스갯소리가 회자될 정도다.

그러나 이 불가사의한 사람은 중대한 일급비밀 서류에 접근할 수 있는 듯했다. 정보원은 그린월드에게 극비 NSA 파일 샘플을 보내 그의 마음을 흔들어놓았다. 이 유령이 어떻게 그토록 손쉽게 극비 문서를 훔칠 수 있는가는 수수께끼다. 그 문서들이 진짜라고 한다면 엄청나게 중요한 내용을 폭로하는 셈이다. 문서에 따르면 백악관은 적대국, 알카에다, 테러리스트, 러시아 같은 적을 비롯해 독일, 프랑스와 같은 이른바 동맹국뿐 아니라 미국의 일반 시민 수백만 명의 통신 내용마저 염탐하고 있다.

미국의 이 같은 대규모 염탐 행위에 동참하고 있는 국가는 영국이었다. 미국의 NSA에 해당하는 영국 기관인 정보통신본부, 즉 GCHQ는 영국 시골 지역에 근거지를 두고 있다. 영국과 미국은 제2차 세계대전 당시부터 긴밀한 정보공유 관계를 맺었다. 어떤 사람들은 영국이 미국의 충직한 앞잡이라고 말하곤 했다. 놀랍게도 이들 문서는 NSA가 영국 감시 활동에 수백만 달러를 지불하고 있다는 사실을 드러내주었다.

그린월드는 이 내부 고발자를 만나기로 결심했다. 정보원은 더 많은 사실을 폭로하겠다고 약속하면서 그린월드가 살고 있는 곳에서 수천 킬로미터 떨어져 있는 홍콩으로 올 것을 요구했다. '그는 홍콩에서 파견 근무를 하고 있는 것일까?' 그린월드는 그 장소가 '기이'하고 어리둥절하다고 느꼈다.

만나기로 한 장소는 주룽에 위치한 미라 호텔이다. 미라 호텔은 관광지 중심의 세련되고 현대적인 건물로 홍콩 섬으로 가는 스타 페리

선착장에서 택시를 타면 금방 닿는 곳이다. 그린월드는 미군이 눈엣 가시로 여기는 다큐멘터리 영화제작자 로라 포이트러스(Laura Poitras) 와 동행했다. 포이트러스는 처음부터 그린월드를 이 유령에게로 인도 하는 중개인 역할을 해왔다.

두 사람은 꼼꼼한 지시사항을 전달받았다. 미라 호텔 내에서 한산 하지만 완전히 외진 곳도 아닌, 대형 플라스틱 악어 모형 옆에서 만나 기로 했다. 그들은 사전에 교환하기로 약속한 문장을 받았다. 정보원 은 루빅스 큐브를 들고 있을 것이다. 그 정보원의 이름은 스노든이다.

비밀에 휩싸인 그는 노련한 스파이 같았다. 극적인 상황에 적합한 재능을 갖춘 사람인 듯도 했다. 그린월드가 알고 있는 모든 사실을 종 합해볼 때, 이 정보원은 국가 정보기관에 속한 중년의 베테랑이 분명 했다.

"그가 상당한 연령대의 관료임에 틀림없다고 생각했습니다. 아마 도 나이는 60세 정도일 테고, 반짝이는 금색 단추가 달린 푸른 블레이 저를 입고 희끗한 머리에 이마가 까졌으며, 실용적인 검은 구두를 신 고 안경을 쓰고, 클럽타이를 매고 있을 것으로 예상했습니다. 또는 CIA 홍콩 국장일지 모른다는 생각도 했었죠."

실제로 잘못된 추측이긴 했지만 이 판단은 두 가지 단서에 근거하 고 있었다. 정보원이 일급비밀에 접근할 수 있는 높은 수준의 특권을 누리고 있다는 사실과 정치 분석에 일가견이 있다는 것이었다. 정보 원이 처음 보내온 비밀문서 묶음에는 스노든 개인의 성명서가 포함되 어 있었다. 이 성명서에서 그는 자신의 행위 전반의 동기를 설명했다. '의심할 여지없이' 감시국가라고 평가한 그 사실의 규모를 밝히기 위

정보를 쥔 남자 – 스노든과의 만남

함이라고 했다. 성명서에서 그는 사람들을 감시하기 위한 기술이 법의 한계를 훨씬 넘어섰다고 주장했다. 그것은 특정 의미를 벗어난 감시를 의미했다. 정보원은 NSA의 야심이 도를 지나쳤다고도 말했다.

지난 10년 동안 대륙 사이를 이동하는 디지털 정보의 양은 폭발적으로 증가했다. 이를 배경으로 NSA는 국외 정보수집이라는 원래 임무에서 탈선해 모든 사람의 데이터를 수집하고 있었다. 뿐만 아니라 그 데이터를 저장하고 있다. 여기에는 미국 내에서 수집한 정보와 해외에서 수집한 정보가 모두 포함된다. NSA는 그야말로 대중관찰 조사에 깊숙이, 그리고 매우 은밀한 방법으로 관여하고 있었다. 적어도 정보원은 그렇다고 말했다.

그린월드와 포이트러스는 예정보다 빨리 악어 모형 앞에 도착했다. 그들은 자리에 앉았다. 그리고 기다렸다. 그린월드는 중국 문화권에서 악어가 얼마나 중요한 의미를 지니고 있는지 잠시 생각에 빠졌다. 무엇이든 확신할 수 있는 것은 없었다. 얼마의 시간이 흘렀다.

하지만 그들에게는 아무런 일도 일어나지 않았고 정보원도 나타나지 않았다. 이상했다.

최초 만남이 실패하면 미라 호텔 내 화려한 쇼핑몰과 특정 레스토랑을 잇는 특색 없는 통로에서 다시 접선을 시도할 계획이었다. 그린월드와 포이트러스는 두 번째 접선을 기다렸다.

그리고 그때 정보원이 보였다. 창백한 낯빛에 팔다리가 가느다랗고 초조해 보이는, 터무니없이 젊은 청년이었다. 충격에 빠진 그린월드 눈에 그 청년은 겨우 수염이 날까 말까한 정도로 보였다. 그는 하얀색 티셔츠와 청바지를 입고 있었다. 오른손에는 흐트러진 루빅스 큐브를

들고 있었다. '뭔가 착오가 있었던 것일까?'

"그는 23살 정도로 보였습니다. 나는 정말로 당황했죠. 도저히 이해가 안 됐어요."

그 젊은이는 (정말로 그가 정보원이 틀림없다면) 처음에 서로를 알아보기 위해 암호화된 지시문을 보내왔었다.

그린월드: 저 레스토랑은 몇 시에 문을 엽니까?

정보원: 정오에 엽니다. 하지만 저기 가지 마세요. 음식이 형편없어요.

암호 교환은 좀 우스꽝스러웠다. 긴장한 그린월드는 자신의 대사를 말하면서 웃음을 참느라 애써야 했다.

암호문을 대자, 스노든이 짧게 대답했다.

"따라오세요."

세 사람은 조용히 엘리베이터를 향해 걸었다. 주위에는 아무도 없었다. 적어도 그들 눈에 띄는 사람은 없었다. 엘리베이터를 타고 1층에 내려 스노든을 따라 1014호실로 갔다. 그는 전자 카드로 문을 열고 방 안으로 들어갔다.

지금까지도 이미 뭐라 말할 수 없는 기묘한 접촉이었다. 하지만 이모든 과정이 쓸데없는 헛수고였다는 느낌이 들었다. '극도로 민감한 기밀에 접근하기에는 이 마르고 학생 같은 청년은 확실히 너무나 풋내기가 아닌가?' 그린월드는 긍정적인 사고를 최대한 발휘하고자 노력했다.

'그가 정보원의 아들이거나 개인 비서일 수도 있지 않을까? 그렇지 않다면 이 만남은 시간 낭비에 쥘 베른 소설에나 나올 법한 장난질

이다.'

포이트러스 역시 넉 달 동안 정보원과 비밀리에 연락을 주고받아왔다. 포이트러스는 자신이 그를, 적어도 온라인상의 그를 안다고 생각했다. 포이트러스 또한 지금 이 상황을 인정하는 데 어려움을 겪고 있었다.

"그가 몇 살인지 들었을 때 거의 기절할 뻔했습니다. 머릿속을 재정비하는 데 꼬박 24시간이 걸렸죠."

그날 하루 동안 스노든은 모든 자초지종을 이야기했다. 자신이 29세이며 NSA에서 일했다고 했다. 하와이 섬 쿠니아에 있는 NSA 지역작전본부에서 근무했으며, 2주 전 직장을 버리고 여자 친구에게 작별을 고한 후 비밀리에 홍콩행 비행기에 올랐다고 했다. 그리고 노트북네 대를 가져왔다. 노트북에는 철저하게 암호가 걸려 있었다. 하지만스노든은 이 노트북으로 NSA 및 GCHQ의 내부 서버에서 빼낸 문서에 접근했다. 실제로 노트북에는 수만 건에 달하는 문서가 저장되어있었다. 대부분이 '일급비밀'로 분류된 문서였다. 일부에는 영국식 기밀분류 단계 중 상위에 속하는 '일급비밀 스트랩 1'이라는 표시가 있었고, 최상위 비밀에 속하는 '스트랩 2' 단계 문서도 있었다. 제한된안보관계 고위관료 집단을 제외하고는 이런 종류의 문서를 본 사람들은 아무도 없었다. 스노든은 자신이 가지고 있는 문서들이 역사상 최대 규모의 정보 누출임을 인정했다.

널브러진 국수 그릇, 지저분한 식기 등 몇 날 며칠 룸서비스만으로식사를 해결해온 흔적이 보였다. 2주일 전 자신의 이름으로 미라 호텔에 투숙한 후 밖으로 나가는 위험을 무릅쓴 것은 단 세 번이었다고 했다. 스노든이 침대에 앉아 있는 동안 그린월드는 그에게 어디에서 일했는지, CIA에서 일할 당시 상관은 누구였는지, 이 일을 벌인 이유는 무엇인지 질문을 퍼부었다. 그도 그럴 것이 그린월드의 신용이 위태로워질 수 있었다. 〈가디언〉 편집자들의 신용 역시 마찬가지였다. 하지만 스노든의 이야기가 진실이라면 언제라도 CIA 특공대가 이 방으로 쳐들어와 스노든의 노트북을 압수하고 그를 끌고 갈 수 있었다.

그러나 두 사람은 이내 스노든이 가짜가 아니라고 확신하기 시작했다. 그가 제시한 정보는 충분히 신빙성이 있었다. 또한 그가 내부고발자가 되기로 한 이유 역시 설득력이 있었다. 그는 자신이 시스템 관리자로 일하면서 NSA가 보유한 엄청난 감시 능력의 전체를 볼 수 있는 드문 기회를 얻었고, NSA가 저지르고 있는 어두운 이면을 알게 되었다는 사실을 명쾌한 설득력을 더해 차분하게 설명했다. 그는 NSA가 대통령뿐 아니라 '누구든지' 도청할 수 있다고 했다. 원칙적으로 NSA는 외국 표적에 관한 정보, 즉 시진트(SIGINT)만을 수집해야 하지만 현실에서는 이 원칙이 완전히 무시된다고 했다. NSA는 이미 미국 시민 수백만 명으로부터 메타데이터를 빨아들이고 있었다. 전화 기록, 이메일, 표제 정보, 제목을 승인 또는 동의 없이 수집했다. 이 정보를 이용하면 친구나 연인, 감정의 기쁨과 슬픔 등 한 개인의 삶 전체를 모두 들여다볼 수 있었다. 또한 NSA는 GCHQ와 함께 전 세계를 연결하고 있는 해저 광섬유 케이블에 도청 장치를 부착했다. 덕분에 미국과 영국은 지구상에서 일어나고 있는 의사소통 내용 중 상당 부분을 판독할 수 있게 되었다. 비밀 법원은 통신사들에 대해 데이터 제출을 강요하고 있었다. 한 술 더 떠서 구글, 마이크로소프트, 페이스북, 심지어 스티브 잡스의 애플에 이르기까지 상당히 많은 실리콘 밸리 기업들이 NSA와 엮여 있다고 스노든은 말했다. NSA는 이런 거대 기술기업들의 서버에 '직접 접근'한다고 주장했다.

스노든은 미국 정보기관들이 전례 없는 감시 능력을 누리면서 자신들의 활동에 관한 진실을 감추고 있다고 했다. 만약 국가정보국 국장 제임스 클래퍼(James Clapper)가 NSA의 활동에 대해 국회에 고의적으로 거짓말을 한 것이라면 그는 중대 범죄를 저지른 것이다. 또한 NSA는 미국 헌법과 프라이버시권을 노골적으로 위반하고 있는 것이다. 심지어 NSA는 안전한 은행 거래 업무를 확보하기 위해 사용되는 온라인 암호 소프트웨어에도 은밀하게 접근하여 시스템을 취약하게 만들었다.

스노든이 이야기하는 내용 속에 등장하는 NSA의 행동은 마치 20세기 디스토피아 소설에서 골라 모은 것 같았다. 올더스 헉슬리나 조지 오웰의 작품에서 본 것과 같았다. 하지만 NSA가 추구하는 궁극적인

NSA의 일급기밀 프로그램 프리즘이 유출되면서 격렬한 논란이 시작됐다.
한 슬라이드에는 NSA가 실리콘 밸리 기업들의 서버에 '직접 접근' 할 수 있다고 적혀 있다. 구글, 야후, 페이스북은 모두 분노에 차서 이에 이의를 제기했다.

목적은 그것뿐만이 아닌 듯했다. 한 걸음 더 나아가 어디에서든 모든 사람들로부터 정보를 수집하여 이를 무한정 저장하는 것이다. 이것은 중대한 전환점을 의미한다. 프라이버시가 완전히 사라진 것과 같기 때문이다. 정보기관들이 개성과 자기 표현의 장인 인터넷을 장악한 것이다. 스노든은 '팬옵티콘(panopticon)'이라는 단어를 사용했다. 이것은 18세기 영국 철학자이자 법학자인 제러미 벤덤(Jeremy Bentham)이 고안한 신조어다. 팬옵티콘이란 죄수 자신은 감시당하고 있다는 사실을 모르지만 교도관은 언제라도 그들을 볼 수 있게 고안된 교묘한 원형 감옥을 의미했다. 스노든은 이것이, 자신이 폭로를 결심한 이유라고 주장했다. 자신의 삶과 직장을 내던진 이유라고 했다. 그는 그린월드에게 "나는 내가 말하는 모든 것, 내가 하는 모든 일, 내가 말하는 모든 상대, 사랑 또는 우정의 모든 표현이 기록되는 세상에 살고 싶지 않다."라고 했다.

이후로 몇 주 동안 스노든의 주장은 유례없는 논쟁에 불을 붙였다.

© Michael Reynolds/EPA

미국 정보기관들을 총괄하는 국가 정보국 국장 제임스 클래퍼의 궁지에 몰린 모습.
그는 2013년 3월 국회를 오도했다는 비난을 받았다. 정부가 일반 미국 시민들에 관한 데이터를 수집하느냐는 질문에 그는 "아닙니다, 의원님. 고의로 수집하지는 않습니다."라고 답했다.

정보를 쥔 남자 - 스노든과의 만남

백악관과 다우닝가는 격분했고, 스노든이 홍콩에서 빠져나가 라틴아메리카로 망명을 시도하다 모스크바에 발이 묶이는 와중에 국제적인 대혼란을 일으키기도 했다. 미국과 유럽(제임스 본드의 나라 영국에서는 처음에는 그렇지 않았지만)에서는 안보와 시민의 자유권, 언론의 자유와 프라이버시 사이의 적절한 균형에 관해 활발한 논의가 벌어졌다. 미국 정계는 과도한 양극화 양상을 띠고 있음에도 불구하고 우파 자유주의자와 좌파 민주당원 모두가 스노든을 지지하고 나섰다. 오바마 대통령조차도 이 논의가 벌써 이뤄졌어야 했으며 개혁이 필요하다고 수긍했다. 하지만 미국이 스노든의 여권을 말소하고 간첩 혐의를 물어 러시아 정부에 그의 신병 인도를 촉구하는 사태를 막지는 못했다.

스노든의 이야기를 출판하고자 하는 투쟁 과정에서도 기자들은 각양각색의 법률과 실행 가능 여부, 편집과 관련된 문제를 겪었다. 이 일은 몇몇 유명 신문과 글로벌 웹사이트, 그리고 몇몇 제휴 언론사가 지구상에서 가장 강한 권력을 지닌 사람들에게 대항하는 싸움이었다. 그리고 이는 영국 GCHQ 보안 전문가 두 명이 지켜보는 가운데 한 지하실에서 〈가디언〉의 컴퓨터 하드 드라이브를 파기하는 사태로 이어졌다. 언론사 하드 드라이브를 박살낸 이 사건은 서구 저널리즘과 국가에 대항하는 저널리즘의 투쟁 역사 속에서 특히나 기괴한 에피소드였다.

홍콩 호텔 방에 앉아 이 모든 사태를 일으킬 스위치를 당기는 스노든은 침착했다. 그린월드 말에 따르면 스노든은 머리로, 가슴으로, 그리고 정신으로 자신의 행동이 올바르다고 확신하고 있었다. 스노든은 자기가 폭로를 감행한다면 감옥에 가게 될 것이라는 사실을 인지하고 있었다. 하지만 그 중대한 결정을 내린 여름날, 그는 평온하고 침착한 기운을 뿜고 있었다. 그는 바위처럼 단단한 내적 확신에 도달해 있었다. 아무것도 그를 움직일 수 없었다.

1장

사용자 네임
TheTrueHOOHA

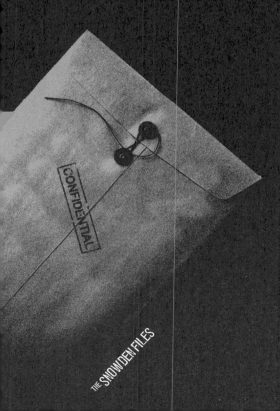

2001년 12월
볼티모어 근처, 엘리코트 시티

"결국 자기 마음의 진실성보다 성스러운 것은 없다."
—랠프 월도 에머슨, 《에세이1》 '자기 신뢰'

-------------------------------- 2001년 12월 말, 사용자명 'The TrueHOOHA'가 질문을 했다. TheTrueHOOHA는 뛰어난 IT 기술과 예리한 지성을 갖춘 18세 미국인 남성이다. 그의 진짜 정체는 알 수 없다. 당시 아스 테크니카(Ars Technica: 인터넷, 컴퓨터, 게임 전문 웹진 – 옮긴이)에서 활동하는 모든 사람들이 익명으로 글을 올렸다. 활동자 대부분이 젊은 남성이었고 그들 모두가 인터넷에 열광했다. TheTrueHOOHA는 자기만의 웹서버를 구축하는 방법에 조언을 얻고자 했다. 토요일 오전, 현지 기준으로 11시를 약간 넘긴 시간이었다.

—"처음 글 쓰네. 친절하게 대해줘. 내 고민은 말이야. 나만의 웹서버를 구축하고 싶다는 거야. 어떻게 해야 할까?"

곧 아스 테크니카의 사용자들이 유용한 의견을 앞다투어 내놓았다. 자기만의 웹서버를 구축하는 일은 별로 어려운 일이 아니지만 적어도 펜티엄 200 사양의 컴퓨터, 풍부한 메모리가 있어야 하고 대역폭이 양호해야 한다는 답변이었다. TheTrueHOOHA는 이들의 대답이 마음에 들었다.

— "아, 아스(Ars Technica)에는 방대한 보물 같은 컴퓨터 지식이 있구나."

— "하품이 나오네. 내일도 컴퓨터 정보를 더 캐내려면 일찍 일어나야 하는데."

아마도 아스에서는 TheTrueHOOHA가 초보자인 듯했다. 그러나 그의 답변은 유창했고 자신감에 차 있었다. 이후 여덟 달 동안 그는 아스에 800건에 달하는 코멘트를 작성하는 등 많은 글을 올렸다. 다른 포럼, 특히 #arsificial에서 채팅도 자주 했다.

— "내가 하는 말을 보고 공격적이고 자만심 강하고 윗사람을 공경할 줄 모르는 건방진 18세 같다고 생각한다면 제대로 짚은 거야." 아무래도 그는 자기 선생들을 그리 달갑지 않게 생각하는 듯했다. "알잖아, 전문대에는 똑똑한 교수들이 없다는 거."

그는 자신을 '무직', 실패한 군인, '시스템 에디터', 그리고 미국 국무부 비밀정보 취급허가를 받은 사람 등 여러 가지로 표현했다.

얼마의 시간이 흘러 스노든이 이십 대 중반이 되었을 무렵, 그는 국제적으로 활동하는 신비에 싸인 인물이 되어 있었다. 제네바, 런던, 아일랜드, 이탈리아, 보스니아 등 유럽 각지에 불쑥 모습을 드러내고 인도 여행을 하기도 했다. TheTrueHOOHA는 자기가 정확히 무슨 일을 하는지에 대해서 아무 말도 하지 않았다. 하지만 단서는 있었다. 아무런 학위를 취득하지 않았음에도 깜짝 놀랄 만큼의 컴퓨터 지식이 있었고, 대부분의 시간을 온라인에서 보낸다는 점이다. 그렇다면 일종의 독학자인 셈이다. 정치적으로는 확고한 공화당 성향을 보였다. 그는 대마초를 재배하는 오스트레일리아 사람들을 옹호할 정도로 개인의 자유를 굳건히 신봉했다.

때때로 그는 꽤나 불손한 행동을 보이기도 했다. 예를 들어 아스 테크니카에서 활동하는 한 네티즌에게 '얼간이'라고 했다. 사회보장제도와 관련해 개인이 자력갱생해야 한다는 관점에 동의하지 않는 사람들에게는 '지지리 덜떨어진 놈들'이라고 했다. 누구나 대화에 참가할 수 있는 채팅방의 자유로운 분위기라는 기준에서 보더라도 그는 자기 의견을 고집하는 독선적인 타입이었다.

TheTrueHOOHA의 실제 이름을 아는 사용자들은 아무도 없었다. 하지만 그가 어떻게 생겼는지 언뜻 본 사람도 있었다. 2006년 4월, 스물세 번째 생일을 두 달가량 남겨두었을 때 TheTrueHOOHA가 아마추어 모델 촬영에서 찍은 자신의 사진을 올렸기 때문이다. 사진 속 그의 모습은 하얀 피부에 눈언저리가 약간 푸르스름했고 언뜻 뱀파이어처럼 보였다. 침울한 표정이기는 하지만 카메라를 응시하는 그의 얼굴은 잘생긴 청년의 모습이었다. 한 사진에서 그는 특이한 가죽 팔찌를 차고 있었다.

"매력 있네. 팔찌는 영 마음에 안 들지만." 누군가는 그가 동성애자 같다고 했다.

그러자 스노든은 곧 반론을 제기했다. 그는 자신이 이성애자라고 주장하며, "내 여자 친구는 사진작가야."라고 덧붙였다. 또한 채팅에서 게임, 여자, 섹스, 일본, 주식시장, 미 육군에서 겪은 끔찍했던 경험, 다민족 사회인 영국에 대한 인상, 총기를 소유하는 즐거움(그는 2006년 "나는 발터 P22를 갖고 있어. 내가 가진 유일한 총이지만 정말이지 마음에 들어."라고 썼다.) 등 다채로운 주제를 이야기했다. 채팅 기록은 인터넷과 함께 성장한 누군가가 쓴 성장소설을 형성했다. 그러다 그의 활동은 2009년을 기점으로 뜸해지기 시작했다. 뭔가 일이 생긴 것이었다. 초창기에 보여주던 활기가 사라졌다. 남아 있는 후기 포스트들은 어둡고 음울하며 신랄한 기운이 엿보였다. 2010년 2월에 그는 막바지 포스트를 남겼다. TheTrueHOOHA는 자신을 괴롭히는 대상, 즉 만연한 정부 감시를 언급했다. 그는 다음과 같은 글을 올린다.

─사회는 정말로 무시무시한 표상을 향한 절대적인 복종을 이끌어낸 것 같다. 우리는 온전히 우리 의지로, 지금 우리가 있는 이곳에 왔을까?

TheTrueHOOHA가 마지막으로 글을 올린 일자는 2012년 5월 21일이다. 이후 그는 사이버 공간의 광활함 속 전자 서명으로만 남게 된다. 1년 후 TheTrueHOOHA, 즉 에드워드 스노든은 홍콩행 비행기에 올랐다.

에드워드 조지프 스노든(Edward Joseph Snowden)은 1983년 6월 21일에 태어났다. 친구들은 그를 '에드'라고 부른다. 아버지 로니는 미국 해안경비대 장교였다. 스노든은 미국 해안경비대 중 최대 규모의 공군 및 해군 기지가 있는 노스캐롤라이나 해안에 위치한 엘리자베스시티에서 어린 시절을 보냈다. 그에게는 제시카라는 누나가 있다. 보통 미군들이 그러하듯 스노든의 아버지는 애국심이 강한 사람이며 보수주의자다. 그리고 자유지상주의자다. 하지만 그는 생각이 깊은 보수주의자다. 논리 정연하고 책을 많이 읽으며 부패한 국가의 독재에 저항하여 자신만의 원칙을 고수하는 사람을 옹호했던 미국 시인 랠프 월도 에머슨의 작품을 인용하곤 한다.

스노든이 숱이 풍성한 금발에 이를 다 드러내고 활짝 웃던 어린 소년이었을 때 그의 가족은 워싱턴 DC 교외 통근권에 속한 메릴랜드 주로 이사했다. 스노든은 워싱턴 DC와 볼티모어 사이, 쾌적한 별장이 많은 앤 어런델 카운티 크로프턴에서 초등학교와 중학교를 다녔다. 이 학교들은 모두 외견상 멋있지는 않았다. 둘 다 창문 없는 벽돌 벙커처럼 보였다. 스노든은 십 대 중반에 근처의 어런델 고등학교로 전학해 1년 반 동안 다녔다. 스노든의 아버지는, 스노든이 선열을 앓는 바람에 학업에 차질이 생겼다고 기억했다. 그 밖에 공부에 방해가 된 요인이 있었는데, 당시 부모님의 사이가 좋지 않았다. 말썽 많은 부모의 결혼생활은 끝이 가까워오고 있었고 스노든은 고등학교를 마치지 못했다. 1999년 스노든은 16세 나이로 앤 어런델 전문대학에 입학했다. 캠퍼스는 야구장과 축구장, 그리고 "들고양이의 자부심은 감출 수 없다."라는 스포츠 모토를 뽐내고 있었다.

스노든은 컴퓨터 수업을 들었고, 이후에 고등학교 졸업장과 동등한 GED(General Educational Development: 고졸학력 인증서)를 취득했다. 하지만 고등학교를 마치지 못했다는 사실은 수줍고 방어적인 성향을 보이는 근원이 되었다. 2001년 2월, 스노든의 어머니는 이혼소송을 제기했고 석 달 뒤 이혼이 성립되었다. 부모의 이혼으로 한동안 룸메이트와 지내던 그는 이후 엘리코트 시티에서 어머니와 함께 살게 되었다. 어머니 집은 우드랜드 빌리지에 있었는데, 수영장과 테니스 코트까지 갖춰져 있다. 2층짜리 회색 도시 주택인 어머니 집은 풀이 우거진 경사지 옆에 있다. 놀이터가 있고 뜰에서는 제라늄과 비비추가 자란다. 중년 부인들이 털이 반들반들한 대형견과 함께 거니는 모습도 볼 수 있다. 살기 좋은 동네다. 이웃들은 열린 커튼 사이로 스노든이 컴퓨터 앞에 앉아 일하는 모습을 보았다고 한다.

이 마을은 검은 화강암으로 지은 견고한 집들이 늘어선 풍요로운 동네였고, 워싱턴 DC까지 짧은 시간 내에 통근할 수 있었다. 그리고 이곳 메릴랜드 주에서 연방정부는 가장 큰 고용주였다. 스노든은 특히 한 정부기관의 영향을 강하게 받으면서 자랐다. 어머니 집 정문에서 차로 15분 거리에 있는 그 기관은 출입이 엄격하게 금지된 곳이다. 비밀 기능을 담당하는 곳으로 보이는 그곳은 나무로 반쯤 가려져 있는 거대한 녹색 육면체 건물이다. 지붕에는 신기한 안테나들이 여기저기 흩어져 있다. 어마어마하게 넓은 주차장과 거대한 발전소, 그리고 하얀 골프공처럼 생긴 레이돔(레이더 안테나를 보호하기 위한 덮개 - 옮긴이)이 있고 내부에는 위성 안테나들이 있다. 주변으로는 전류가 흐르는

볼티모어와 워싱턴 DC 중간에 위치한 NSA 본부.
레이돔, 위성 안테나, 보안 철책을 완비한 거대한 스파이 도시를 형성하고 있다. 현재 NSA는 1970년대 이래 최악의 위기를 겪고 있다.

© EPA

담과 삼엄한 경비들이 보였다. 볼티모어-워싱턴 파크웨이에는 'NSA, 다음에서 우회전. 직원만 출입 가능'이라는 표지판이 세워져 있다.

이 비밀스러운 지역에 1952년 이래 해외 신호 정보수집을 담당해온 기관인 미국 NSA의 본부가 있다. 십 대 시절부터 스노든은 NSA에 대해 온갖 것을 알고 있었다. 그가 다닌 지역 대학은 그 건물 바로 옆에 위치했는데, 어머니들 중 상당수가 NSA에서 일했다. 그들은 매일 아침 차를 타고 출발해 푸르른 메릴랜드 전원지대를 지나 출근했다가 매일 저녁 NSA 청사에서 돌아왔다. 흔히 퍼즐 팰리스 또는 시진트 시티로 알려진 NSA는 직원 4만 명을 고용하고 있다. NSA는 미국에서 가장 많은 수학자를 채용하는 기관이기도 했다.

하지만 스노든이 이 정부기관에 들어갈 가능성은 희박했다. 20대 초반에 스노든의 관심사는 컴퓨터였다. 그에게 인터넷은 '인류 역사를 통틀어 가장 중요한 발명'이었다. 그는 온라인에서 '혼자서는 절대 마주칠 일 없을 법한 온갖 종류의 견해를 지닌' 사람들과 이야기를 나눴다. 그는 인터넷 서핑과 일본 격투 게임 철권으로 시간을 보냈다. 하지만 그가 컴퓨터광이기만 한 것은 아니었다. 쿵후를 하면서 건강을 유지했고, 아스 테크니카에 올라온 어떤 글에 의하면 '아시아 여성들과 데이트'를 하기도 했다.

하지만 스노든은 이런 일들이 자신의 커리어를 쌓는 데 그리 도움이 되지 않는다는 사실을 인식한 듯하다. 2003년, "나는 메릴랜드에 사는 학위도 비밀정보 취급허가도 없는 MSCE(마이크로소프트 공인 솔루션 전문가)야. 실업자라는 말이지."라는 글을 올렸다.

2003년 미국 주도로 이라크전쟁이 발발했을 때 스노든은 직업군인의 길을 진지하게 고려했다. 미국 해안경비대로 30년 동안 복무했던 그의 아버지처럼 국가를 위해 입대하겠다는 열의를 지니고 있었다.

"나는 인간으로서 압제에 시달리는 사람들을 해방하는 일을 도와야 할 의무가 있기 때문에 이라크전쟁에 참전하고 싶습니다."

그의 동기는 이상주의적이고 조지 부시 대통령이 사담 후세인을 타도하기 위해 언급했던 목표와도 일맥상통했다. 순진한 동기였다고도 말할 수 있다. 스노든은 미군 특수부대 입대를 희망했다. 특수부대는 표면적으로 매력적이었고 사전 경력이 없는 신병도 엘리트 군인이 되기 위한 경쟁에 지원할 수 있었다. 2004년 5월 스노든은 입대를 단행하여 사병이 되었다. 그는 대규모 미국 군사 주둔지인 조지아 주 포트 베닝에 배속되었다. 8주에서 10주 동안 기본적인 훈련을 받은 후 상급 보병훈련을 받는 과정이 있었다. 마지막으로 특수부대에 적합한지 가늠하는 평가도 있었다.

스노든이 군대에서 보낸 시간은 완전 엉망이었다. 건강한 몸 상태를 유지하고 있었지만 군인으로는 부적합했다. 그의 시력은 −6.50/−6.25로 지독한 근시였다.(그는 "나는 눈에서 10센티미터 이상 떨어진 물체는 보지 못하고 검안사는 언제나 나를 보면 웃음보가 터지곤 해."라는 글을 올렸다.) 게다가 그의 발은 유난히 좁았다. 그는 아스에 "포트베닝의 군무원들이 내 발에 맞는 전투화를 찾아오기까지 45분이 걸렸어."라고 말했다. 이 이야기는 그가 훈련 담당 하사관에게 애꿎은 핀잔을 듣는 것으로 끝났다.

그는 자신과 동일한 목적을 가진 군대 동료가 없다고 했다. 압제에 시달리는 사람들이 사슬에서 벗어날 수 있도록 돕기 위한 열망을 공유한 이가 거의 없다고 단언하기도 했다. 상관들은 그저 사람들을 쏘고 싶어 할 뿐이었다. 기왕이면 이슬람교도를 죽이고 싶어 했다. "우리를 훈련시키는 대부분의 사람들이 누군가를 도우려 하기보다 아랍인들을 죽일 생각에 흥분한 듯 보였습니다."라고 했다. 그러던 중 스노든은 두 다리가 부러지는 사고를 당한다. 한 달 이상 침대에 누워 있던 그를 군대는 제대시켰다. 메릴랜드로 돌아온 스노든은 메릴랜드 대학교 고등언어연구센터에 '보안 전문가'로 취직했다. 2005년이었다.(그는 처음에 보안요원으로 일을 시작했다가 IT 쪽으로 이동한 듯하다.) 짧게나마 군대에 있었던 경력 덕분에 낮은 지위로나마 미국 정보기관 세계에 들어갈 수 있었다. 당시 스노든은 메릴랜드 대학교 캠퍼스에 있는 비밀 NSA 시설에서 일했다. 연구센터는 고등언어교육을 제공하면서 미국 정보기관과 긴밀하게 협력했다.

스노든은 학위는 따지 못했다. 하지만 2006년 중반 CIA에서 정보통신기술 분야의 일자리를 구했다. 그는 자신의 뛰어난 IT 기술로 각종 흥미로운 정부기관의 문을 열 수 있다는 사실을 재빠르게 배워갔다. 2006년 7월 스노든은 이런 글을 남겼다.

"학위는 적어도 미국 내에서는 아무짝에도 쓸모없어. 탄탄한 IT 경력을 정말로 10년간 쌓았다면 분명히 고액 연봉을 받는 IT 일자리를 구할 수 있으니까. 나는 아무런 학위도 없고 심지어 고등학교 졸업장도 없는, 6년의 경력뿐이지만 대부분의 사람들보다 훨씬 높은 연봉을 받고 있어. 파고들어가기는 어렵지만 일단 자리를 잡으면 그걸로 된 거야."

스노든은 미국 정부기관이 외국 여행과 후한 특전까지 포함된 흥미진진한 기회를 제공하고 있다는 사실을 알게 된다. 제임스 본드가 될 필요는 없었다. 그저 '일반적인 IT 전문가 일자리'에 지원하면 됐다. 그는 국무부를 '지금 당장 있어야 할 곳'으로 표현했다. 공무원 특전 중 하나는 기밀정보에 접근할 수 있다는 점이었다. 그는 취업 전략에 관한 조언도 제공했다.

"국무부 IT 업무를 담당하려면 일급비밀 취급허가를 받아야 해. 유럽 내 일자리는 경쟁률이 높지만 악명 높은 지역에 가겠다고 관심을 표한다면 훨씬 쉽게 들어올 수 있어. 일단 들어와서 힘든 파견근무를 견디고 나면 사람들이 선호하는 직위를 골라서 갈 수 있어. 전쟁이 고맙지."

스노든의 이직 전략은 그 자신에게는 효과가 있었다. 2007년 CIA에서 처음 파견된 해외 근무지가 스위스 제네바였다. 그의 나이 고작 스물네 살이었다. 스노든이 새롭게 맡은 일은 CIA 컴퓨터 네트워크 보안을 관리하고, 제네바 공관에 근무하는 미국 외교관들이 사용하는 컴퓨터 보안을 돌보는 작업이었다.(외교관은 중책을 맡고 있을지는 몰라도 인터넷에 대해서는 기본적인 것밖에 모르는 이들이 많았다.) 그는 전자통신 정보 시스템 관리자였다. 더불어 냉난방 장치도 관리해야 했다.

스위스 근무는 모험이었다. 또 첫 해외 거주 경험이었다. 제네바는 미국, 러시아를 비롯한 온갖 국가의 스파이들이 모이는 곳이다. 그곳은 상업 및 외교 기밀을 감추고 있었다. 또한 대규모 은행원 집단, UN 사무국, 다국적기업의 본사들이 모여 있는 도시이기도 했다. 거주자의 약 3분의 1이 외국인이고, 고상하고 차분하게 잘 정리된 곳이다. 거주자 대부분이 부유했지만 최하층 이민자들도 살고 있었다. 스노든이 외교관 업무를 보좌하던 미국 공관은 시내 중심에 있었다. 그는 론 강이 바로 내려다보이는 침실이 4개 딸린 안락한 미국 관사에 살았다. 생활 면에서 이 파견지는 더할 나위 없었다. 동쪽으로 몇 블록 떨어진 곳에 제네바 호수가 있었고, 그 주변에 미국 대사관저가 있었다. 알프스가 멀지 않아 등산, 스키, 하이킹도 즐길 수 있다.

아스 테크니카에 올라온 글들을 보면 적어도 초기에는 여전히 편협한 미국의 시선으로 세상을 보는 젊은이의 모습이 보였다. 먼저 스노든은 스위스에 대해 엇갈린 감정을 느꼈다. 한 채팅에서 그는 물가가 높고("여기 물가가 얼마나 비싼지 아마 못 믿을 거야.") 레스토랑에는 수돗물이 나오지 않으며, 햄버거가 무려 15달러나 되는 터무니없이 비싼 곳이라고 불평했다.

미터법, 그리고 스위스의 부유함을 둘러싼 문화충격의 순간도 있었다. 하지만 전반적으로 그는 자기를 둘러싼 그림 같은 새로운 환경을 마음에 들어 했다.

제네바에서 스노든은 급진적인 관점을 비롯해 다양한 견해를 접했다. 티베트 독립운동이 2008년 베이징 하계 올림픽을 앞두고 제네바에서 집회를 준비했다. 스노든은 그 티베트 옹호 행사에 몇 차례 참석했다. 이후 그가 중국 스파이 혐의를 받았다는 사실을 생각하면 아이러니한 일이다. 어느 날, 스노든은 가수 친구 칼달루를 뮌헨까지 차로 태워줬다. 둘은 텅 빈 독일 고속도로에서 중국, 이스라엘-팔레스타인, 그리고 국제 문제에서 미국의 역할에 관해 몇 시간 동안 수다를 떨었다. 스노든은 세계의 경찰관처럼 미국이 행동해야 한다고 주장했다. 칼달루는 동의하지 않았다.

"에드는 틀림없이 똑똑한 친구예요. 어쩌면 조금 고집스럽기까지 하죠. 그는 거침없이 말하는 타입이에요. 토론을 즐기죠. 혼자서도 계속 얘기할 수 있어요. 주관이 뚜렷한 사람이죠."

두 사람은 티베트 독립을 지지하는 사람들이 중국 비자 발급 때 겪는 어려움에 대해 의견을 나눴다. 스노든은 베이징 올림픽에 회의적이었다. 칼달루는 이스라엘의 팔레스타인 점령에 대해 도덕성이 의심스러운 행위라고 말했다. 스노든은 그 견해를 이해하지만 이스라엘에 대한 미국의 지지는 '나쁜 선택지 중 취할 수 있는 최선'이라고 답했다. 칼달루는 '해체주의적' 접근방법을 제안했다. 두 사람은 신세계 질서, 즉 디지털 변화와 페이스북 및 소셜 미디어의 출현이 민주주의와 사람들의 자치 행위에 얼마나 빠르게 영향을 미칠 것인가도 논의했다.

스노든은 미국 동해안 지역에서 비교적 편협한 교육을 받고 자랐다. 하지만 지금 그는 유럽에 살고 있고 지적인 좌파 기타리스트와 흥미진진한 대화를 나누고 있다. 이는 물론 미국 정부 덕분이다. 그는 CIA에서 일하는 덕분에 온갖 특혜를 누렸다. 주차 위반 딱지를 떼이면 과태료를 내지 않고 외교관 면책특권이 적용됐다. 또한 유럽 곳곳을 여행하는 기회도 누렸다. 아스 테크니카에 올라온 글에 따르면 스노든은 사라예보로 여행을 갔으며, 그곳 호텔방에서 이슬람 예배시간을 알리는 소리를 들었다. 그는 보스니아, 루마니아, 스페인을 다녀왔고, 그곳의 음식과 여자들에 관한 의견을 올렸다.

CIA를 언급하지는 않았지만 스노든은 칼달루에게 자기가 하는 일을 이야기했다.

"스노든이 미국 대사관에서 IT 지원 업무를 한다는 사실을 나는 알고 있었습니다. 그는 자기 일은 이동이 잦다고 말했고, 많은 대사관들과 의사소통을 해야 하고 안전한 플랫폼을 갖춰야 한다고 말했습니다. 그는 외교관들이 IT에 무지하다고 빈정대곤 했습니다. 그는 직원들에게 채팅 메신저도 설치해줘야 한다고 말하면서 자기는 그보다는 훨씬 중요한 일을 할 수 있다고 말했습니다. 그가 풍부한 IT 경력을 지닌 것은 분명했죠."

때때로 스노든은 스위스가 '약간 인종차별적' 성향을 띠는 것 같다고 생각했다. 동시에 개인의 자유를 향한 스위스인들의 태도에 감명을 받았고, 매매춘이 합법이라는 사실에 깊은 인상을 받았다. 스노든은 스피드광의 면모를 드러내기도 했다. 그는 짙은 청색 신형 BMW를 운전했는데, 뮌헨으로 가는 길에 시속 180킬로미터로 달리기도 했다. 그는 더 빨리 달릴 수 있도록 전자속도 제한장치를 제거했다고 시인하면서 프로 경주 트랙에서 운전해보고 싶다고 했다. 이탈리아에서는 오토바이를 타기도 했다.

스노든은 비주류 사람들과도 어울리기는 했지만 자본주의와 자유시장을 열렬히 신봉했다. 그의 믿음은 신조인 동시에 현실이기도 했다. 스위스에 있는 기간 동안 그는 주식시장에 손을 댔다. 이때 그는 죄의식 없이 공매를 했으며 때로는 돈을 벌기도, 잃기도 했다.

아스에 올라온 글을 보면 그는 높은 실업률을 무시했으며 이를 '불가피'한 '자본주의의 조정행위'로 보았다. 한 사용자가 "실업률 12퍼센트에 어떻게 대처할 것인가?"라고 묻자 스노든은 "1900년 이전에는 거의 모든 사람들이 자영업자였어. 실업률 12퍼센트에 왜 그렇게 난리지?"라고 받아쳤다. 스노든이 지닌 독불장군과도 같은 우파 관점을 가장 유사하게 상징하는 인물이 론 폴이었다. 론 폴은 미국 자유지상주의 주창자들 중 가장 유명한 대표적 인물로서, 특히 젊은이들 중에 그를 열정적으로 추종하는 이들이 많다. 론 폴은 국회에서 당선과 낙선을 거듭하며 30년을 보냈고 공화당 기득권층과 정치적 합의에 저항했다. 그는 사회주의, 케인스 경제학, 그리고 연방준비제도에 격렬하게 반대했다. 그는 미국의 타국 개입에 반대하고 정부 감시를 혐오했다.

스노든은 2008년 론 폴의 대통령 출마를 지지했다. 동시에 공화당 후보 존 매케인(John McCain)에게도 호감을 느끼고 있었으며, '뛰어난 지도자'이자 '진정한 가치를 지닌 사람'이라고 표현하기도 했다. 이런 맥락에서 그는 오바마 지지자는 아니었다. 하지만 오바마에게 반감을 가지지도 않았다. 2008년 대통령 선거기간 중 스노든은 오바마가 매케인과 어떤 식으로든 협력할 수 있다면 오바마를 지지할 수 있다고도 했다. TheTrueHOOHA는 아스에 "우리에게는 그 어떤 사람보다도 이상주의자가 필요하다. 내 생각에 힐러리 클린턴은 이 나라에 매독 같은 존재가 될 것이다."라는 글을 올렸다.

오바마가 선거에서 이겨 대통령이 되고 난 후부터 스노든은 그를 몹시 싫어하게 되었다. 그는 공격용 총기를 금지하려는 백악관의 시도를 비판했다. 이때 이후로 스노든의 생각을 이끈 원칙은 미국 헌법이었다. 총기 금지는 수정헌법 제2조와 총기 소유권 위반이다. 스노든은 소수집단 우대정책에 호감을 느끼지 않았다. 또한 개인은 위기에 처했을 때라도 국가에 도움을 요청해서는 안 된다고 믿으며 사회보장

제도에도 반대했다.

몇몇 사용자들은 이를 두고 어떤 글에서 "그래! 망할 늙은이들!"이라고 비난했다.

TheTrueHOOHA는 격분해 대응했다.

"이 지지리 덜떨어진 놈들…. 우리 할머니는 올해 여든셋인데 아직도 미용사로 일하시면서 스스로 벌어먹고 사신다. 니들도 자라서 실제로 세금을 낼 때가 되면 알게 될 거야."

그를 더 분노하게 만든 화제의 사건도 있었다. 2009년 스노든은 기밀정보를 신문사에 누설한 정부관리들에게 독설을 퍼부었다. 당시 스노든의 관점에서 볼 때 이는 상상할 수 있는 최악의 범죄였다. 그해 1월 〈뉴욕타임스〉는 이스라엘이 이란을 공격하려 한다는 비밀계획에 관한 기사를 발표했다. 이 신문은 이스라엘이 이 위험한 작전을 수행하기 위해 미국에 특수 벙커 파괴 폭탄을 요청했으나 부시 대통령이 이를 '피했다'고 보도했다. 대신에 부시 대통령은, 이스라엘이 이란의 핵무기 개발을 막기 위한 '새로운 비밀 첩보활동'을 하도록 승인했다고 밝혔다.

〈뉴욕타임스〉는 이 기사가 전 · 현직 미국 공무원, 유럽 및 이스라엘 공무원, 그 외 전문가들과 국제 핵사찰단을 15개월에 걸쳐 인터뷰한 결과라고 보도했다.

아스 테크니카에 올라온 TheTrueHOOHA의 반응은 전체를 인용할 만한 가치가 있다.

〈TheTrueHOOHA〉	이런 맙소사.
	http://www.nytimes.com/2009/01/11/
	washington/11iran.html?_r=1&hp
	빌어먹을 뉴욕타임스.
	얘들 지금 전쟁하자는 거야?
	세상에.
	무슨 위키리크스 같군.
〈User19〉	그들은 그저 보도를 할 뿐이야.
〈TheTrueHOOHA〉	그들은 기밀정보를 보도하고 있다고.
〈User19〉	그런가.
〈TheTrueHOOHA〉	이미 전쟁 중인 적들에게 둘러싸인 국가에 관한 내용, 그리고 다른 국가의 주권을 침해할 계획에 관해 미국이 위의 국가와 주고받은 내용.
	이런 내막을 신문에 내선 안 된다고.
〈User19〉	지루하네.
〈TheTrueHOOHA〉	더욱이 뉴욕타임스에 이런 이야기를 한 익명의 정보원들은 대체 어떤 놈들이야?
	그런 인간들은 머리에 총을 맞아야 해.
	"그러나 이 긴장 어린 교섭 때문에 백악관은 이란의 핵시설을 미국이 은밀히 파괴하려는 새로운 계획, 즉 부시 대통령

이 대통령 당선자 버락 오바마에게 이관
하려고 한 중대 비밀계획에 관한 정보를
이스라엘 정부 및 소수 공무원들과 더욱
긴밀하게 공유하게 되었다.”
이 계획이 이제 얼마나 은밀하다고 할
수 있겠어!

〈User19〉 정말이지 지루해.

〈TheTrueHOOHA〉 그들이 지금 얼마나 많은 돈을 날렸는지
궁금하네.

〈User19〉 너 너무 과잉 반응이야. 괜찮아.

〈TheTrueHOOHA〉 과잉 반응이 아니야. 그들은 이런 짓을
한 전력이 있다고.

〈User19〉 ....

〈TheTrueHOOHA〉 “우리는 오사마 빈 라덴의 휴대전화를 엿
들을 수 있다.”라고 말하는 바람에 계획
을 다 망친 인간들이 바로 얘들이야. 도
청과 관련해 계속해서 일을 망치고 있다
니까? 망해가고 있다니 정말 다행이군.

〈User19〉 뉴욕타임스?

〈TheTrueHOOHA〉 정말이지 올해는 꼭 파산하면 좋겠네.
응.

몇 분 뒤 채팅은 계속된다.

〈User19〉	보도는 바람직한 거야.
〈TheTrueHOOHA〉	윤리적인 기사일 때는 나도 즐겨 봐.
	정치권 부패도 물론이지.
	스캔들도 그렇고.
〈User19〉	정부 음모를 보도하는 것이 비윤리적인가?
〈TheTrueHOOHA〉	국가안보 침해? 비윤리적이지.
〈User19〉	관심이 없어서.
〈User19〉	국가안보라.
〈TheTrueHOOHA〉	음, 물론이지.
	다 이유가 있어서 기밀로 분류하는 거야.
	"오, 우리 국민들이 몰랐으면 좋겠네."가 아니라고.
	'이란이 우리가 뭘 하는지 알면 이 작전은 실패'하기 때문이지.
〈User19〉	글쎄.
〈TheTrueHOOHA〉	"이란에 관한 정보는 극비이기 때문에 누구도 공식적으로 말하지 않는다."
	직접 인용.
	그런데 대체 왜 기자들한테 말하는 거야?
	"그 같은 비밀작전, 그리고 이스라엘이 이란에 대한 재래식 공격보다 약한 제재

에 만족할 것인지 아닌지가 오바마 당선
자의 결정에 즉각적이고도 고통스러운
요소다."
더 이상 비밀작전이 아니잖아.
아, 정말 지금 농담하는 거야?
이젠 아주 뉴욕타임스가 미국의 외교정
책을 좌지우지하는군.
그리고 오바마?

〈TheTrueHOOHA〉   오바마가 방금 웬 빌어먹을 정치인을
              CIA 국장으로 임명했어!
〈User11〉   그러게 지금까지 유례없는 CIA 국장이
              네.
〈User11〉   아, 잠깐만.
〈TheTrueHOOHA〉   나 지금 진짜 열 받았어. 이건 완전 말도
              안 돼.

빌어먹을 정치인이란 리온 파네타(Leon Panetta)로 정보기관 경력이
전혀 없음에도 불구하고 2009년 오바마는 그를 CIA 국장으로 임명했
다. 이 인선은 용의자 신병 인도, 비밀 CIA 감옥, 불법 도청 등 부시 시
절의 정보기관 스캔들에 선을 긋기 위한 의도였다.

스노든은 확실히 위키리크스를 알고 있었다. 비리 폭로 웹사이트인
위키리크스의 내력은 이후 스노든의 이력과도 교차하는 부분이 있다.
하지만 스노든은 위키리크스를 싫어했다. 당시 〈뉴욕타임스〉를 향한

스노든의 반감은 "그들은 위키리크스보다도 더 나쁘다."라는 자기 견해에 근거하고 있었다. 하지만 스노든의 위험한 폭로 후, 백악관이 저지르고 있는 불법행위를 재빨리 보도하지 않고 명백한 증거를 그냥 쥐고만 있다는 이유로 〈뉴욕타임스〉를 비난하기 시작했다. 이는 다소 모순된 태도다.

스노든이 비밀 누출에 독설을 퍼부은 이 사건은 후에 그가 벌인 행동과는 완전히 반대되는 것처럼 보인다. 하지만 민감한 비밀작전의 세부 사항을 밝힌 〈뉴욕타임스〉의 보도 행태와 스노든의 2013년 행동 사이에는 차이점이 존재한다.

"CIA가 보유하고 있는 비밀 대부분은 기계나 시스템에 관한 것이 아닙니다. 이것은 사람에 관한 것입니다."

실제로 스노든은 자신이 정부 첩보행위에 환멸을 느끼기 시작한 때가 스위스 체류 시기, 그리고 CIA 직원들 주변에서 보낸 대략 3년간의 세월로 거슬러 올라간다고 밝혔다. 당시 제네바 미국 공관에서 법률 인턴으로 일하던 마바니 앤더슨은 스노든을 조용하고 사려 깊고 내성적이며, 모든 행위에 대한 결과를 신중하게 가늠하는 사람이라고 표현한다. 앤더슨은 제네바 근무를 마칠 때 즈음 스노든이 '양심의 위기'를 겪고 있었다고 했다.

스노든은 그 '양심의 위기'라고 표현된 중요한 계기에 대해 그린월드에게 훗날 이렇게 말했다. "CIA 정보원들이 비밀 금융정보를 손에 넣기 위해 스위스 은행가를 스카우트하려고 했어요. CIA 정보원들은 그 은행가를 취하게 한 다음 스스로 운전해서 집에 가도록 부추겼고 그는 바보같이 그들의 의견을 따랐어요. 결국 스위스 경찰이 이 은행가를 구속했고, 비밀 첩보요원이 도와주겠다는 제안을 하게 되는 상황이 연출되었습니다. 이 사건을 계기로 친분을 쌓은 후 요원들은 그 은행가를 스카우트했습니다. 제네바에서 내가 겪은 많은 사건들 때문에 나는 미국 정부가 어떻게 움직이는지, 그리고 미국 정부가 세계에 어떤 영향을 미치는지 알고 환멸을 느끼게 되었습니다. 나 자신이 백해무익한 일을 하는 조직의 일부라는 사실을 깨달았죠."

결과적으로 스노든은 미국 정부의 비밀을 폭로해야겠다는 결심을 서서히 하게 된다. 그때까지만 해도 폭로를 결심하게 만든 결정적 문서는 아직 보지 못한 상황이었다. 스노든은 오바마 대통령을 일단 너그러운 시선으로 바라보면서 부시 시대에 저질러진 가장 지독한 시민의 자유권 침해를 그가 만회하기를 기다렸다. 여기에는 관타나모 수용소 문제도 포함되었다. 관타나모 수용소는 전쟁터에서 체포한 사람들을 가둔 미군 수용소다. 그런데 수감자 중에는 극단주의나 알카에다와는 아무런 관련 없이 재판도 받지 못한 채 수년간 구금 중인 사람도 있었다.

스노든은 부시 행정부에서 일했던 사람 중 책임을 져야 할 인물들을 가려내 오바마가 문책하기를 바랐다.

"오바마의 선거공약과 당선으로 나는, 그가 선거운동 과정에서 지적한 문제를 고쳐나가면서 우리를 이끌어줄 것이라 믿었습니다. 많은 미국인들이 비슷한 감정을 느꼈죠. 유감스럽게도 오바마는 권력을 잡자 법률 위반 조사의 가능성을 곧장 배제했습니다. 대신 시민들의 권리를 침해하는 몇몇 정책을 더욱 심화하고 확대했으며, 아무 혐의도 없는 사람들이 갇혀 있는 관타나모에서 벌어지는 인권침해를 끝내기 위한 정치자본 투자를 거부했습니다."

2009년 스노든은 동료 한 명과 사이가 틀어졌다. 그는 〈뉴욕타임스〉 기자 제임스 라이즌(James Risen)에게 이 사건을 설명했다. 라이즌에 따르면 스노든은 승진을 간절히 바랐지만 한 상사의 판단에 이의를 제기했다가 '사소한 이메일 다툼'에 휩쓸리게 되었다고 한다. 스노든은 매년 실시하는 CIA 자기 평가서를 작성하다 인사 웹 애플리케이션에서 오류를 발견하고 이를 상사에게 알렸다. 상사는 그에게 그냥 내버려두라고 했다가 결국에는 시스템의 해킹 노출 위험성을 시험할 수 있게 허락했다.

스노든은 자기 주장을 입증하기 위해 '해를 끼치지 않는 방식'으로 몇 가지 코드와 텍스트를 추가하고 직속 상사는 이를 승인했다. 하지만 이전에 스노든과 충돌했던 상급 관리자가 그가 한 일을 알고는 격분했다. 결국 그는 스노든의 인사 파일에 그를 폄하하는 보고 내용을 기록했다.

이 에피소드는 비교적 사소한 일이었지만 한 가지 측면에서 중요했다. 스노든은 이 사건을 겪고 나서 내부 경로를 통해 문제를 제기해봐야 헛된 일이라는 사실을 깨달았다. 상부를 향한 항의는 처벌로 이어질 뿐이라는 결론에 도달했을 수도 있다. 하지만 아직은 탐색할 부분들이 많았다.

2009년 2월 스노든은 CIA에서 퇴사했다. 어떤 내용이 있었는지 몰라도 스노든의 인사 파일은 그의 다음 고용주인 NSA에 전달되지 않았다. 이제 스노든은 일본의 미군 기지에 위치한 NSA 기지에서 계약 업자로 일하게 되었다.

9·11 테러 이래로 급성장한 안보기관이 민간기업에 정보업무를 위탁하면서 그들은 호황기를 누렸다. NSA 전 국장 마이클 헤이든(Michael Hayden) 같은 고위직 공무원들은 제한 없이 정부와 기관을 오갔다. 높은 임금을 받을 수 있는 낙하산 인사였다. 스노든은 이제 컴퓨터 회사인 델에 고용된 상태였다. 이 시기쯤 되자 스노든의 이력서상의 결함들은 문제가 되지 않았다. 오히려 그는 일급비밀 취급이 가능했을 뿐 아니라 뛰어난 컴퓨터 기술을 갖고 있었다.

스노든은 십 대 초반부터 일본에 열정을 느꼈다. 그는 1년 반 동안 일본어를 공부했다. 그는 아스에서 처음 채팅을 했을 때 '아리가토 고자이마스'와 다른 일본어 구절을 적기도 했다. 때때로 스노든은 자기 이름을 일본어로 발음한 표현을 쓰기도 했다. 그는 자기를 '에도와도'라고 불렀고 2001년에는 "나는 항상 일본에 입성할 수 있기를 꿈꿔왔지. 그곳에서 편한 정부 일을 하면 좋겠어."라고 썼다. 일본어를 배우고 싶어 2009년에는 메릴랜드 대학과 연계된 도쿄의 한 단과대학에서 개최하는 여름학교 강의를 신청하기도 했다.

하지만 일본에 체류하는 동안 스노든의 온라인 활동은 오히려 뜸해졌다. 그는 아스 테크니카에 거의 글을 올리지 않았다. 이 시기에 스노든은 기술자에서 환멸을 느끼는 잠재적 내부고발자로 변화한다. NSA 데이터마이닝의 규모를 보여주는 일급비밀 정보를 더 많이 접할수록 오바마 행정부를 향한 반감도 커졌다.

"나는 오바마가 억제할 것으로 기대했던 정책들을 오히려 진척시키는 모습을 보았습니다."

2009년과 2012년 사이에 스노든은 "NSA는 세계에서 일어나는 모든 대화와 모든 행동을 알아내려고 했다."라고 실토했다. 그는 또 다른 불편한 진실 역시 깨닫는다. NSA를 감시하기 위한 국회 기구가 기능을 하지 않고 있다는 사실이었다.

"누군가 다른 사람이 행동하기를 그저 기다리기만 할 수는 없었습니다. 나는 그동안 지도자를 찾아 헤맸지만 리더십은 행동하는 첫 번째 사람이 되는 것임을 깨달았습니다."

2012년 일본을 떠날 무렵 스노든은 때가 오기만을 기다리는 내부 고발자가 되어 있었다.

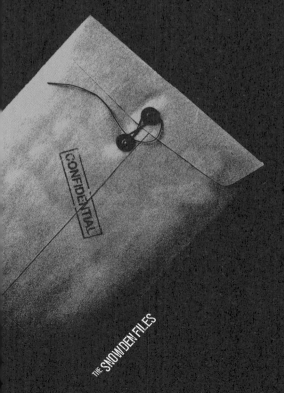

2장

IT 천재의
시민 불복종

2012년 3월
하와이 쿠니아, NSA 지역 암호연구센터

정부의 권위란 설령 내가 기꺼이 따르고자 하는 정부의 권위일지라도 여전히 불순하다.
엄정하게 말해 정부의 권위는 반드시 피통치자의 허락과 동의를 받아야 한다.
─헨리 데이비드 소로, 《시민의 불복종》

-- 2012년 3월 스노든은 일본을 떠나
태평양을 건너 하와이로 갔다. 동시에 자신의 정치적 영웅인 자유지
상주의자 론 폴에게 후원금을 기부했다.

'에드워드 스노든'이라는 사람이 메릴랜드 주 컬럼비아 주소지로
론 폴의 대통령 선거운동 캠프에 250달러를 후원했다. 5월에 스노든
은 두 번째로 250달러를 기부했다.

스노든은 오아후 섬에 위치한 NSA 지역 암호연구센터('중앙보안기
관')에서 새로 일을 시작했다. 이곳은 호놀룰루에서 가까웠다. 그는 여
전히 델 계약업자 신분이었다. 쿠니아 NSA 암호연구센터는 포트미드
외부에서 시진트 수집 활동에 전념하는 13개 NSA 중심지 중 하나였
고, 특히 이곳은 중국 염탐에 집중했다. 'NSA/CSS 하와이' 로고 윗부
분에는 'NSA/CSS 하와이'라는 글씨가, 아랫부분에는 '쿠니아'라는
글씨가 쓰여 있다. 일하기 좋은 곳 같다는 느낌이 든다. 스노든은 이곳
에 오기 위한 계획을 세웠고 결국 이뤄냈다. 하지만 지금 보면 그 계획
은 미친 짓 같다. 대담한 계획이지만 냉정하게 보자면 이 계획은 스노

든을 아주 오랫동안, 어쩌면 죽을 때까지 감옥에 갇히게 할 것이 거의 확실했다.

스노든이 세운 계획은 시민의 자유권에 관심 있는 기자에게 익명으로 접촉하는 것이었다. 자격이나 진실성이 의심되지 않는 기자들에게 연락을 취할 것인지, 또 어떤 방식으로 흘러갈지는 모르는 일이었다. 다만 그들에게 자기가 훔쳐낸 일급비밀 문서를 보내고자 했다. 그 문서들은 NSA가 불법을 자행하고 있다는 증거를 제시할 것이다. 이 기관이 미국 헌법에 위반되는 계획을 실행 중이라는 사실을 증명할 것이다. 스노든이 이후에 했던 발언으로 볼 때 그의 목적은 국가기밀을 전면적으로 폭로하는 것이 아니었다. 오히려 엄선한 자료를 기자들에게 넘기고 그들이 스스로 편집과 관련된 판단을 내리기를 바랐다.

NSA가 불법을 자행하고 있다는 자신의 주장을 언론에 입증하기 위해서는 다량의 문서만 있어서 될 일이 아니었다. 초능력에 가까운 수준의 계획 역시 필요했다. 그리고 냉정한 두뇌도 필요했다. 특별한 운도 따라야 했다. 스노든이 새로 맡은 직책은 NSA 시스템 관리자였다. 덕분에 그는 수많은 비밀자료에 접근할 수 있었다. 대부분의 분석가들이 볼 수 있는 분량은 훨씬 적었다.

이제 어떻게 기자들에게 접촉할 것인가를 고민해야 했다. 이메일을 보내는 행위는 상상도 할 수 없다. 그리고 직접 기자들을 만나기도 어려웠다. 모든 여행은 30일 전에 NSA 상급자들로부터 허가를 얻어야 했다. 게다가 스노든은 '아는' 기자도 없었다. 적어도 개인적으로 친분이 있는 이는 없었다.

6월, 스노든과 8년 동안 사귄 여자 친구 린지 밀스(Lindsay Mills)가 오아후로 왔다. 밀스는 볼티모어에서 자랐고 메릴랜드 미술대학을 졸업했으며, 일본에서 스노든과 함께 살았다. 당시 28세였던 밀스는 발레 댄서, 무용 강사, 체력 단련 강사, 폴 댄스 전문가 등 다양한 일을 해왔다. 밀스가 가장 열정을 지닌 분야는 사진이었다.

스노든과 밀스는 와이파후 엘레우가 94-1044에 위치한 침실 3개, 화장실 2개가 딸린 방갈로를 빌렸다. 앞문에 붙여놓은 스티커에는 성조기로 장식된 "자유는 공짜가 아니다."라는 글귀가 있어 스노든이 어떤 신념을 지녔는지 엿볼 수 있었다. 이웃들은 그와 거의 말을 나눈 적이 없었다. "길 건너편에 있는 그를 몇 번 본 적 있는데 그는 고개를 끄덕일 뿐이었어요. 자기 이야기를 거의 하지 않는 사람이라는 느낌을 받았습니다. 자기 일만 했죠."

스노든이 살던 집에서 나서서 사무실까지 딱 13분 걸렸다. 주요 염탐 상대는 중화인민공화국과 예측 불가능하고 말썽 많은 공산 위성국 북한 두 곳이었다. 중국이 군사력 및 경제력을 증강시키고 있다는 것은 NSA 분석가들뿐만 아니라 누가 보더라도 자명한 사실이었다. 태평양 지역에서 NSA가 맡은 임무는 중국 해군, 그 소속 호위함, 지원 선박, 구축함을 비롯한 중국 인민해방군(People's Liberation Army: PLA)의 병력과 군사력을 빈틈없이 감시하는 일이었다. 추가로 인민해방군의 컴퓨터 네트워크 감시도 포함됐다.

그 당시 스노든은 중국 전문가였다. 그는 중국 네트워크를 표적으로 삼았다. 또한 국방부 고위 공무원들을 대상으로 중국 정부 및 열혈 해커들로부터 데이터를 보호하는 방법을 교육하는 중국 사이버 방첩 활동에 관한 강의도 했다. 그는 이후에 "나는 모든 대상에 접근할 수 있었다."라고 말하는 등 중국을 상대로 벌인 NSA의 공세 작전을 상세하게 알고 있었다.

일본은 더 이상 적이 아니었다. 오히려 일본은 미국이 유용한 정보 동맹국으로 간주하는 풍요로운 동아시아 국가들에 속했다. NSA는 이 지역의 다른 동맹국들과 함께 시진트 업무를 진행했다. 이곳 지하 단지를 찾아온 방문객 중에는 새로 취임한 한국 국가정보원장, 태국 국가보안국 차기 국장, 그리고 도쿄에서 파견된 사절단도 있었다. 태국과 필리핀을 추적하면서 양국 및 파키스탄에서 진행되는 대 테러 작전을 지원했다.

잡지 〈포브스〉와 이야기를 나눈 한 NSA 직원에 따르면 스노든은 원칙주의자이며 매우 유능했지만 다소 별난 동료였다고 한다. 사무실 내에서 그는 NSA 로고를 패러디한 문양이 박힌 후드티를 입었다. 패러디 로고의 독수리는 발톱으로 열쇠를 쥐고 있는 대신 귀에 도청용 헤드폰을 쓰고 있었다. 동료들은 전자프런티어재단에서 판매하는 이 후드티가 우스개라고 생각했다. 이 밖에도 관행에 따르지 않는 그의 성격을 드러내는 행동도 있었다. 스노든은 책상 위에 헌법전을 꽂아 두었다. 그는 헌법 위반이라고 생각되는 NSA 활동에 반대 의견을 말할 때 이 헌법전을 흔들어댔다. 그는 루빅스 큐브를 들고 복도를 어슬렁거렸다. 그는 동료들에게 관심을 가졌고 책상 위에 작은 선물을 놓아두기도 했다. 징계를 받고 있던 한 동료를 옹호하다가 거의 해고당할 뻔한 적도 있었다.

스노든이 일하던 RSOC는 그 지역에 있는 몇몇 군사시설 중 하나에 불과했고 미국의 힘을 과시하는 장치로 가득했다. 산비탈 위로 거대한 위성 안테나가 살짝 보인다. 머리 위로는 CH47 치누크 헬리콥터가 큰소리를 내며 날아다닌다. 위장 트럭이 천천히 굴러간다. 유니폼을 입은 젊은 남녀가 SUV, 스포츠카, 오토바이를 운전한다. 그들은 빨리 달린다. 닷지(Dodge) 컨버터블 범퍼 스티커에 적힌 "타라. 앉아라. 닥쳐라. 붙잡아라."라는 문구가 그들의 분위기를 잘 설명해주는 듯하다. RSOC는 길에서는 거의 보이지 않는다. 단지는 층층나무와 철조망이 덮인 3미터 높이 금속 담벼락 뒤편으로 멀찍이 위치해 있다. '정부 재산. 출입 금지'라고 쓴 작은 표지판만이 이곳이 정부기관임을 알려준다. 모퉁이를 돌아 언덕을 따라 내려가면 나타나는 초소에는 파란색 위장복을 입은 해군 경비요원 두 명이 허벅지에 권총을 두르고 있다. 보안 장벽 뒤로는 100대도 넘는 차량이 세워진 주차장과 음주운전을 경고하는 게시판들이 보인다. 주차장에 세워둔 차량 수를 고려할 때 사람도 별로 없고 작은 건물만 몇 채 있다는 사실이 의아하겠지만, 사실 모든 사람들은 지하에 있다. 그들은 갈색 흙이 덮인 가파른 산비탈에 세워진, 길고 신기하게 생긴 주황색 지붕의 직사각형 구조물을 통해 지하로 들어간다. 경사가 너무나 가팔라서 그 구조물이 어떻게 미끄러져 내려가지 않는지 신기할 따름이다. 계단은 어두운 입구로 이어진다. 내부에는 거대한 문들이 있고 영화 〈킹콩〉에서 튀어나온 것 같은 느낌이다. 그곳에서 일했던 전 공군 장교는 "들어가는데만도 한참이 걸립니다."라고 말했다. 이곳에서 비밀자료를 가져나오기란 커다란 위험이 수반되는 일이다. 정말 대단한 용기가 필요했을 것이다.

스노든의 여자 친구 린지 밀스가 주기적으로 올렸던 블로그 글에서 스노든은 특이하고 모호하게 등장한다. 밀스는 스노든을 'E'라고 부른다. 그는 상당히 비밀스러운 존재였다. 충실한 남자 친구임에는 틀림없었지만 이해하기 힘들 정도로 부재중이거나 사라지는 경향이 있었다. 스위스에서 그랬듯 하와이에서도 스노든은 늘 가면을 쓴 사나이였다.

밀스가 매주 찍어서 인스타그램에 올리는 인물 사진에 'E'가 함께 등장한 경우는 단 몇 차례에 불과했다. 그의 얼굴은 볼 수 없다. 한 사진에서 스노든은 해변에서 바지를 무릎까지 걷고 몸을 앞으로 숙이고 있다. 펄럭이는 검은 겨울 코트가 얼굴을 가리고 있다. 그는 웃고 있는 것 같지만 확실히 말하기는 어렵고 리처드 3세를 연기했던 한 배우를 상기시켰다. 밀스는 블로그에 '사람들이 갈까마귀처럼 움직이는 세상'이라고 쓰면서 'E가 찍힌 진귀한 사진'이라고 언급했다. 스노든은 하와이에서 보낸 13개월 동안 남들과 가까이 지내지 않았다. 그는 천성적으로도 속마음을 드러내지 않는 성격이었지만 신중하게 행동해야 할 특별한 이유도 있었다. 그가 폭로에 성공한다면 이는 2010년 정부에 불만을 품은 미국 육군 일병 첼시(이전 이름 브래들리) 매닝(Chelsea Manning)이 미국 외교전보 문건과 전시 군수기록을 유출한 사건을 능가할, 펜타곤 문서(미국 정부가 베트남전쟁에 개입한 구실이었던 통킹 만 사건이 조작이라는 내용 등을 담은 1급 기밀문서로, 1971년 〈뉴욕타임스〉를 통해 세상에 알려졌다 – 옮긴이) 폭로 이래 가장 중대한 사건이 될 것이었다. 미국인 수백만 명뿐만 아니라 전 세계를 대상으로 실행되고 있는 대규모 감시를 폭로하게 된다. 하지만 이 일이 성공할 수 있을지는 아직 의문이다. 작은 실수, 부주의한 말 한마디, 특이한 업무 요청, 불량 플래시 드라이브 하나도 파멸을 부르는 결과를 가져올 수 있었다.

스노든은 비밀 코드와 패턴을 감지하고 비밀을 캐내는 일에 전념하는 첩보원들에게 둘러싸여 있었다. 그들이 스노든의 계획을 발견한다면, 데이터를 훔치려고 시도하다 실패한 익명의 컴퓨터광으로 소리 소문 없이 재판을 받고 유죄판결을 받아 수십 년 동안 투옥될 것이다. 스노든이 속을 내보이지 않은 것은 당연한 일이었다.

친구들은 장난삼아 스노든을 영화 〈트와일라잇Twilight〉에서 로버트 패틴슨이 연기한 뱀파이어 에드워드 컬렌에 비유했다. 스노든은 창백한데다 불가사의하고 근엄한 분위기를 풍겼으며 낮에는 거의 눈에 띄지 않았다. 스노든은 하와이에서 보낸 생활이 '낙원' 같았다고 표현했다.

하지만 스노든은 하와이에서 야외 활동을 즐기지 않았다. 서핑도 하지 않고 골프도 치지 않았으며, 해변에서 느긋하게 시간을 보내는 일도 없었다.

"그는 한번도 햇볕을 쬔 적이 없는 듯 정말이지 온통 창백했습니다."라고 그의 친구는 말했다. 노트북에 찰싹 달라붙어 있는 스노든과 달리, 여자 친구 린지 밀스는 사교성 있는 사람이었다. 밀스는 매달 첫 번째 금요일에 거리 공연에도 참여했다. 하지만 그녀는 자진해서 자신의 신상정보를 알려주지 않았다. 심지어 남자 친구가 있다는 사실을 모르는 사람도 많았다. 스노든은 때때로 연습에 밀스를 데리러 왔지만 차에서 내리거나 밀스의 친구들과 이야기를 나누는 경우는 거의 없었다. 한편, 'E' 자신은 여전히 NSA에서 적당한 때를 기다리고 있었다. 과묵하고 나서지 않는 겉모습 뒤편으로 고용주에 대한 환멸과 분노가 자라고 있었다.

에드워드 스노든이 NSA와 9 · 11 테러 이후 미국 보안기관의 행보에 처음 환멸을 느낀 인물은 아니었다. 스노든은 토머스 드레이크(Thomas Drake) 사례를 면밀히 살펴보았다. 미국 공군 및 해군 퇴역 군인인 드레이크는 NSA 간부였다. 9 · 11 테러 공격 이후 그는 NSA의 비밀 대 테러 작전, 특히 트레일블레이저(TRAILBLAZER)라는 정보수집 수단을 못마땅하게 여기게 되었다. 드레이크는 트레일블레이저가 부당한 수색 및 압수를 금하는 수정헌법 제4조를 위반한다고 생각했다.

드레이크는 정식 경로를 통해 자신의 우려를 표명하기로 결심했다. 그는 NSA 상관들에게 항의했다. 정해진 내부고발제도를 통해 NSA 감찰관, 국방부, 그리고 상하원 국회감독위원회에도 증언했다. 마지막으로 그는 〈볼티모어선Baltimore Sun〉으로 갔다. 그러나 이 순진한 접근방법은 통하지 않았다. 2007년 FBI가 그의 집으로 쳐들어왔다. 그 뒤 드레이크는 35년형을 받을 위기에 처했다. 불안에 떨며 4년을 보낸 뒤인 2011년에야 드레이크가 경범죄에 대한 유죄를 인정하면서 정부가 중죄에 대한 기소를 취하했다. 그는 보호관찰에 처해졌다.

스노든은 드레이크의 일로 상당 부분 영향을 받았다.(두 사람은 나중에 만나게 된다.) 게다가 정부 당국이 드레이크를 집요하게 괴롭히는 가혹한 방식을 본 스노든은 같은 길을 갈 필요가 없다고 확신했다. 그는 비슷한 일로 고통을 겪은 다른 사람들도 알고 있었다. 그중에는 NSA 직원도 있었다. 스노든은 제임스 라이즌에게 "NSA 내부에 반대 의견은 많아요. 명백히 눈에 보이는 경우도 있죠." 라고 말했다. 하지만 그 대부분의 사람들이 '공포와 잘못된 애국심'으로 조직의 방침에 따랐고,

그 결과는 '권위에 대한 복종'이었다.

델 소속의 외부 계약직원인 스노든은 드레이크와 같은 내부고발자 보호를 받을 자격이 없었다. NSA가 실행하는 감시에 대한 우려를 보고했다 하더라도 '영원히 묻혔을 것'이고 자신은 파멸했을 것이라고 생각했다.

"어떤 것도 바뀌지 않았을 겁니다. 범법행위를 저지른 당사자에게 그 범법행위를 보고해야 하니까요."

스노든은 국회가 정보기관을 감시해줄 것이라는 믿음을 잃었다. 오히려 국회가 문제의 일부라고 생각했다. 특히 그는 미국의 가장 민감한 정보작전에 관한 보고를 받는 국회 지도부 그룹 '8인방Gang of Eight'을 비판했다.

2012년 12월 그는 기자들과 접촉하기로 마음을 먹었다. 어떤 순간에 내부 고발을 하기로 결정했느냐는 질문에 스노든은 다음과 같이 대답했다.

"특별히 계기가 된 순간은 없었습니다. 고위 관료들이 국회와 미국 국민들에게 장황한 거짓말을 늘어놓는 모습을 계속해서 보았고 국회, 특히 8인방이 그 거짓말을 전적으로 뒷받침하고 있다는 사실을 깨달으면서 행동을 결심했습니다. 국가정보국 국장 지위에 있는 제임스 클래퍼 같은 사람이 국민들에게 새빨간 거짓말을 하면서도 아무런 제재를 받지 않는다는 사실은 민주주의가 전복됐다는 증거입니다. 진실을 알려주지 않았다면 피통치자의 동의는 동의가 아닙니다."

2013년 3월 클래퍼는 상원 정보위원회에 참석한 자리에서 "미국 정부는 미국인 수백만 명에 관한 데이터를 고의로 수집하지 않는다."

라고 말했다. 스노든이 폭로했고 나중에 클래퍼 자신도 인정했듯이 이 진술은 허위였다. 동시에 중죄에 해당할 것이다.

스노든은 특히 한 문서가 자신을 한계로 밀어붙였다고 설명했다. 그는 드레이크가 항의했던 바로 그 NSA 감찰관이 작성한 2009년 기밀 보고서를 우연히 발견했다. 스노든은 '금기어 검색'을 수행하던 중이었다. 그는 시스템 내에 있어서는 안 되는 자료를 삭제하는 대대적인 청소 작업을 하고 있었다. 보고서는 9·11 테러 이후 부시 행정부가 어떻게 불법적인 도청 프로그램을 수행해왔는지를 담고 있는, 51쪽에 달하는 분량으로 상세하게 기술되어 있었다.

스텔라 윈드(STELLAR WIND)라는 암호명으로 불린 이 프로그램은 영장도 없이 미국인 수백만 명으로부터 콘텐츠와 메타데이터를 수집하는 작업을 포함하고 있었다. 도청 스캔들에 관한 사실 몇 가지는 몇 년 전에도 불거졌지만 사건의 전말을 밝히지는 못했다. 스노든이 보기에 이 문서는 미국 고위직 공무원들이 법을 위반하고 있다는 사실을 증명하는 명백한 증거였다. 그는 〈뉴욕타임스〉에 "그 문서를 보고도 그것이 우리 사회에 미칠 영향을 생각하지 않을 수 있겠는가?"라고 말했다.

하와이에서 2013년 초까지 스노든이 느끼는 분노의 감정은 계속 커져갔다. 그러나 폭로 계획은 교착 상태에 빠져 있었다. 아직 확인해야 할 문서가 많았다. 최고 기밀문서에 접근하기 위해서는 델 소속 계약업자라는 신분보다 더 큰 보안특권이 필요했다.

클래퍼가 상원에 출두한 때는 3월이었다. 같은 달 스노든은 컨설팅 전문업체인 부즈 앨런 해밀턴(Booz Allen Hamilton)으로 자리를 옮겼고,

덕분에 새로운 정보에 접근할 수 있게 된다. 〈포브스〉와 이야기를 나눈 NSA 직원에 따르면 스노든은 엘리트 해커 집단으로 구성된 NSA 정예 접근작전에 합류하라는 제안을 거절했다고 한다. 그는 이중생활을 청산할 긴박한 마지막 시기에 접어들고 있었다. 스노든이 마지막으로 일한 직장은 호놀룰루 시내에 있다. RSOC 벙커와 정반대로 해가 환히 비치는 사무실이다.

회사는 금융지구 비숍가에 있는 마카이 타워 30층에 있다. 접수처에는 베이지색 비품과 액자에 넣은 옛날 지도, 볼륨을 낮춰 폭스 뉴스 채널을 틀어놓은 텔레비전이 있다. 머리를 짧게 깎은 군인들이 창문도 없는 구내식당에 북적이던 것과 달리 정장과 하와이안 셔츠를 입은 부즈 앨런 해밀턴 직원들은 햇빛이 비치고 분수가 있는 뜰을 거닐고 수많은 레스토랑 중에서 메뉴를 선택한다.

부즈 앨런 해밀턴의 회장 겸 사장 랠프 슈레이더(Ralph Shrader)는 회사 블로그에 보안을 장담하며 자신감을 내보였다. 스노든은 이를 보고 쓴웃음을 지었을지도 모른다. 그의 새 고용주는 아무것도 의심할 필요가 없는 세상에 있는 듯 보였다.

스노든은 돌이킬 수 없는 지점으로 향하고 있었다. 그는 미국 정부가 자신을 사이버 버전의 진주만 공격이나 기습작전을 벌인 인물 정도로 여길 것으로 예측했다. 그 공격이 내부에서, 이른바 '반역자'로부터 나왔다는 사실은 한층 더 큰 분노를 불러일으킬 것이다. 스노든이 이를 애국하는 행동, 미국의 가치를 옹호하는 행동으로 생각했다고 해도 정부의 복수심은 전혀 누그러지지 않을 것이다.

스노든이라는 이름은 이 같은 위험한 모험에 관여할 인물로 아주

2장 IT 천재의 시민 불복종

적절했다. 1590년대 영국에서는 존 스노든이라는 가톨릭 신부가 엘리자베스 1세 당시 재무상 벌리 경을 위해 일하는 이중간첩이 되었다. 그가 맡은 임무는 유럽 대륙에서 스페인 사람들과 어울리면서 엘리자베스에 반대하여 음모를 꾸미는 가톨릭 망명자들을 염탐하는 일이었다.

그러나 현대 스파이 에드워드 스노든은 기자들에게 접근할 때 본명을 사용할 수 없었다. 기자들에게 접촉하려면 암호명이 필요했다. 일의 중대성을 고려할 때 'TheTrueHOOHA'는 유치했다. 스노든은 새로운 이름을 생각해냈다. 그는 '진실을 말하는'이라는 의미를 지닌 고전적인 라틴어 형용사 '베락스(Verax)'라는 이름을 선택했다. 베락스라는 단어는 보기 드문 편이다. 플라우투스, 키케로, 호라티우스 글에 가끔 튀어나온다. 신탁과 초자연적 자료에 두드러지게 사용된다. 스노든은 정보기관 내부 깊은 곳에서 나오는 바로 그런 예언자 같은 목소리가 되고자 했다. 자신의 실명과 마찬가지로 코드명 역시 역사를 지니고 있었다. 무명의 영국 반체제 인사 두 명도 스스로를 '베락스'라고 칭했다. 의미심장하게도 베락스는 멘닥스(mendax)의 반의어다. 멘닥스는 '기만하는'이라는 뜻으로 위키리크스 창시자 줄리안 어샌지(Julian Assange)가 오스트레일리아의 어린 해커였던 시절에 사용하던 이름이었다. 위키리크스는 최근 아프가니스탄 관련 미육군 파일과 전 세계 채널을 통해 들어온 국무부 외교전보 문건을 대규모로 폭로하면서 미국 행정부를 엄청난 논란 속으로 몰아넣었다. 아마도 스노든은 의도적으로 암시한 것 같다.

3월 30일 저녁 스노든은 미국 본토로 날아간다. 이후 2주일 동안 그는 부즈 앨런 해밀턴 사무실에서 연수를 받았고 12만 2000달러의 연봉과 주택 수당을 추가로 받게 됐다.

4월 중순, 밀스와 스노든은 하와이에서 새집으로 이사했다. 원래 살던 곳에서 두 거리 떨어진 곳이다. 스노든은 밀스의 사진 블로그에 마지막으로 등장한다. 두 사람은 집 안 맨바닥에 누워 있다. 밀스는 눈에 띄는 파란색 원피스를 입고 등을 바닥에 대고 누워 스노든을 향해 미소 짓고 있다. 언제나처럼 카메라는 스노든의 뒤통수만 찍고 있어서 그가 어떤 생각을 하고 있는지는 헤아리기 어렵다. 그의 안경은 몇 발자국 떨어진 곳에서 뒹굴고 있다. 그는 과연 어떤 생각을 하고 있었을까?

4월 후반, 밀스는 미국 동부 고향 집으로 간다. 그동안 스노든은 부즈에서 새로 맡은 일에 적응하고 있었다. 사실은 그렇게 보였을 뿐이다. 실제로 스노든은 NSA 서버와 사투를 벌이고 있었을 것이다. 〈워

© Associated Press

여자 친구와 함께 살던 하와이 주택.
스노든은 하와이에서 보낸 시간이 마치 '낙원'과 같았다고 표현했다. 밀스는 스노든이 NSA 기밀을 폭로하려는 계획에 관해 아무것도 몰랐던 것 같다. 밀스의 블로그에 스노든은 'E'라는 이름으로 등장한다.

2장 IT 천재의 시민 불복종

싱턴포스트Washington Post〉에서 말한 바에 따르면 당시 스노든이 해당 업무를 수락한 이유는, 그가 맡은 직책이 NSA가 해킹 중인 세계 도처의 기계 목록을 볼 수 있는 자리였기 때문이라고 밝혔다.

몇 달 후 NSA는 정확히 무슨 일이 일어난 것인지 몰랐다. 어떻게 스노든이 정보를 유출할 수 있었는지도 설명되지 않았다. 하지만 스노든은 시스템 관리자였다. 즉 스노든이 NSA 인트라넷 시스템인 NSA.net에 접속할 수 있다는 의미다. 이것은 9·11 테러 이후 미국의 여러 정보기관 사이의 연락 상황을 개선하기 위해 개설되었다. 스노든은 이 시스템의 상당 부분을 들여다볼 수 있는 NSA ˙시스템 관리자' 1000여 명 중 한 명이었다.(일급비밀 취급허가를 받은 사용자라도 모든 기밀 파일을 볼 수는 없었다.) 그는 흔적을 남기지 않고 파일을 열어볼 수 있었다. 한 정보 소식통의 말을 빌리면 그는 NSA라는 성지의 '유령 사용자'였다. 다시 말해 스노든이 GCHQ의 인트라넷인 GCWiki를 통해 영국 국가기밀에도 접속할 수 있었다는 의미다.

또한 그가 대단한 IT 실력자였다는 것을 의미한다. 그 삼엄한 NSA에 '유령 사용자'라니.

스노든이 정확히 어떤 방법으로 자료를 획득했는지 알 수는 없지만 NSA 문서는 USB 메모리에 저장되어 있었다. 바그다드 외곽에 위치한 전략무선 감청기지에서 25만 건에 이르는 미국 외교 전보문건을 '레이디 가가'라고 표시한 CD에 다운로드해 위키리크스로 보낸 매닝이 사용했던 방법과 동일하다. NSA 직원 대부분에게 USB 메모리 사용은 금지되어 있다. 하지만 '시스템 관리자'는 오류가 생긴 사용자 프로파일을 수정하고 백업을 해야 한다고 주장할 수 있었다. 이런 경우 NSA 시스템과 일반 인터넷 사이에 존재하는 '틈새'를 연결하기 위해 USB 메모리를 가져갈 수 있었다.

NSA가 잠들어 있었을까? 스노든은 하와이에 앉아서도 이른바 '신 클라이언트(thin client)' 시스템을 통해 8000킬로미터 넘게 떨어진 포트 미드에 있는 NSA 서버에 원격으로 접속할 수 있었다. 6시간 시차가 있는 하와이에서 스노든이 서버에 접속할 때면 직원 대부분은 이미 퇴근한 후였다. 그는 NSA가 잠시 방심한 틈을 타 활동을 개시했다. 게 다가 스노든은 자기 일에 무척이나 유능했다. 제네바 시절 친구 앤더 슨의 말을 빌리면 그는 'IT 천재'였으므로 광대한 내부 시스템 속에서 아무에게도 들키지 않고 움직일 수 있었다.

부즈에서 새로 일을 시작한 지 4주가 지났을 때 스노든은 상사에게 몸이 좋지 않다고 말했다. 그는 잠시 쉬고 싶다면서 무급휴가를 요청 했다. 자세한 이유를 물어보자 스노든은 간질을 앓고 있다고 말했다. 스노든의 어머니 역시 같은 증상으로 안내견의 도움을 받고 있었다.

그리고는 5월 20일, 그는 사라진다.

밀스의 블로그를 보면 E가 자기에게서 떠났다는 사실을 알았을 때 느낀 고통과 괴로움이 드러난다. 6월 2일에 밀스는 "나는 외롭고 길을 잃은 듯 어찌할 바를 모르겠다. 현재 내가 겪고 있는 조울 상태에서 간 절히 벗어나고 싶다."라고 썼다.

닷새 후 밀스는 블로그를 삭제한다. 자신의 트위터 계정을 지울지 공개적으로 물어보기도 한다. 지난 몇 년에 걸쳐 쌓아온 창작물 중에 는 자신의 사진 수십 장, 그리고 E의 사진도 몇 장 있었다.

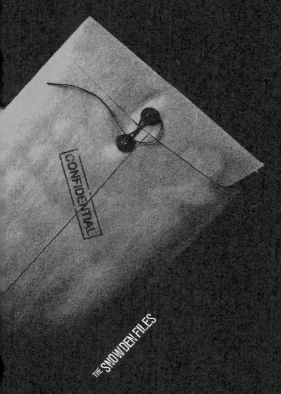

3장

정보원의
정체

THE SNOWDEN FILES

2012년 12월
브라질 리우데자네이루, 가베아

"무릇 진정한 인간이 되고자 하는 사람은 비순응주의자여야 한다."
—랠프 월도 에머슨, 《자기 신뢰》

-------------------------------------- 슈거로프 산 정상에서 내려다보는
리우데자네이루는 녹색과 갈색이 깎아지른 듯 뒤섞인 소용돌이처럼
보인다. 하늘에는 독수리들이 천천히 나선을 그리며 날아다니고, 아
래로는 시내와 고층 빌딩에서 나오는 불빛이 어른거린다. 그 가장자
리로 해변이 펼쳐지고 청록색 바다에서는 파도가 끊임없이 몰려와 하
얀 거품을 일으키며 부서진다. 그 위로 유명한 아르데코 조각품인 구
세주 그리스도상이 양팔을 활짝 벌리고 서 있다.

리우의 남서부인 가베아에서 플로레스타 다 티유카까지 구불구불
가파르게 길이 나 있다. 그 길을 계속 가다 보면 외딴 산장에 도착한
다. 개 보호구역 같은 곳인가? 금속 대문에 붙은 표지판에는 '개조심'
이라고 쓰여 있다. 그 집에서는 개들이 요란하게 짖어대는 소리가 났
다. 작은 개, 큰 개, 검은 개, 회갈색 개들이 방문객 다리에 기어오르며
손님을 맞았다. 옆으로는 계곡물이 콸콸 소리를 내며 흘렀다. 개를 위
한 천국이 있다면 이곳이 바로 그곳이었다.

이 집에 사는 사람은 글렌 그린월드다. 46세의 그린월드는 상당한

두각을 보이고 있는 미국 정치 평론가다. 스노든 기사로 유명세를 타기 훨씬 전부터 그린월드는 추종자들을 거느리고 있었다. 그린월드의 본업은 변호사로서 연방 법원과 주 법원에서 10여 년간 일해왔다. 유대인 부모 밑에서 태어난 그는 날카롭고 급진적이며 시민 자유권을 열렬히 옹호하는 동성애자다. 2005년 부시 정권 시절 그는 집필에 전념하기 위해 변호사 업무를 접었다. 그의 온라인 블로그는 독자들로 넘쳐났다. 그린월드는 리우에 살면서 정치전문가로 종종 미국 텔레비전에 얼굴을 비춘다. 사생활에서 그린월드는 상냥한 사람이다. 그는 불쌍한 동물을 보면 그냥 내버려두지 못한다. 다른 사람들의 개를 돌보기도 했고 고양이도 한 마리 키운다.

그린월드는 2005년 휴가로 두 달 동안 리우에 머무를 때 미란다를 만났다. 리우에 온 지 겨우 이틀째였지만 그들은 금방 사랑에 빠졌다. 당시 미국 연방법이 동성혼을 인정하지 않았기 때문에 미란다가 사는 브라질 해변 도시에 살았다고 했다.(지금은 인정한다.) 직접 만나보면 그린월드는 온화하고 쉽게 어울릴 수 있으며 수다스럽고 친절하다. 하지만 일에 대해서 그린월드는 완전히 다른 사람이다. 공격적이고 가차 없으며 냉소적이고 범죄를 수사하는 듯한 태도를 보인다. 그는 미국의 위선 행위를 집요하게 파고든다. 그린월드는 조지 부시 행정부, 그리고 오바마를 신랄하게 비판해왔다. 또한 미국 정부의 행적을 호되게 비판하고 있다. 그린월드는 시민의 권리, 무인정찰기 공습, 해외 전쟁, 참담한 결과를 가져온 미국의 이슬람 세계 개입, 관타나모 만, 국제 고문 체제 등을 통렬하게 비판한다. 그는 길고 맹렬한 글을 통해 미국 정부가 세계 도처에서 받고 있는 혐의의 범죄를 상세히 보도해왔다. 개인 프라이버시에 대한 그의 견해는 그를 정부 감시에 반대하는 가장 잘 알려진 미국인 비평가로 만들었다.

추종자들은 그를 용감한 기자 겸 집필자 토머스 페인의 혁신적인 전통을 잇는 급진적 영웅으로 본다. 적들은 그를 눈엣가시, '운동가', 심지어 반역자로 간주한다. 그가 쓴 책 중 두 권은 부시 집권 시절 외교정책과 행정부 권력 남용을 다뤘다. 세 번째 책인 《일부를 위한 자유와 정의With Liberty and Justice for Some》(2011)에서는 미국 형사사법제도의 이중 잣대를 다뤘다. 그는 힘없는 자들에게 적용되는 규정과 법이 모든 것을 어겨도 처벌받지 않는 고위층의 법의 규정과 다르다는 사실을 설득력 있게 주장했다. 이 책은 그린월드와 스노든 양쪽 모두가 중요하게 생각하는 주제, 즉 부시 행정부가 자행한 불법 도청 스캔들과 그로 인해 처벌받은 사람이 아무도 없다는 사실을 철저하게 파헤친다.

2012년 8월 그린월드는 살롱닷컴을 떠나 프리랜서 칼럼니스트로 〈가디언〉에 합류한다. 그린월드와 〈가디언〉은 무척 잘 맞았다. 〈가디언〉의 편집장 앨런 러스브리저는 "〈가디언〉이 다양한 목소리를 자유롭게 게재해야 한다는 원칙을 잘 수행해왔다고 나는 생각합니다. 이것이 그린월드가 〈가디언〉과 함께하게 된 이유입니다."라고 말했다. 그린월드는 블로거, 시민기자, 트위터로 넘쳐나는 디지털 출판 시대인 21세기에도 기자가 어떤 역할을 하는지를 보여주는 사람이다. 주류 출판업계 밖의 이와 같은 디지털 생태계를 '제5계급'이라고 부르기도 하는데, 할리우드는 위키리크스를 다룬 영화 제목으로 이 이름을 사용하기도 했다. 그린월드는, 기자가 의견을 가져서는 안 된다는 생각은 '잘못된 믿음'이라고 말한다. 그는 특히 특정한 계층, 즉 그의 관점에서 볼 때 백악관 끄나풀 노릇을 하는 기자들을 특히 경멸했다. 그는 이들을 '밉상'이라고 부른다. 그는 이런 워싱턴 언론 집단이 권력자들을 비판하는 대신 아첨꾼 역할을 수행하는 경우가 흔하다고 주장한다. 이러한 그린월드 특유의 저널리즘은 몇 달 후 상상 이상의 철저한 공개 조사를 받게 된다.

2012년 12월 그린월드의 독자 중 한 명이 그에게 이메일을 보내왔다. 메일은 그리 눈에 띄지 않았다. 매일 받는 수십 통의 메일과 다를 것은 없어 보였다. 발신자는 신원을 밝히지 않았다. 그는 "당신이 흥미를 가질 만한 정보를 갖고 있습니다."라고 썼다. 그린월드는 기억을 떠올리며 "그의 메일은 무척 모호했습니다."라고 말한다. 그는 이내 특이한 요청을 했다. 노트북에 PGP 암호 소프트웨어를 설치하라고 부탁해온 것이다. 이 암호 소프트웨어를 깔고 실행시키면 암호화된 온라인 채팅을 할 수 있었다. PGP 프로그램은 제3자에 의한 공격(악의적 사용자가 네트워크에 침입하여 데이터 스트림을 수정하거나 거짓 생성하는 컴퓨터 보안 침입 – 옮긴이)을 방지한다. 정보원은 왜 이런 별난 수단이 필요한지 설명하지 않았다.

그린월드는 암호 프로그램 설치에 불만은 없었다. 하지만 두 가지 문제가 있었다. 그린월드는 기본적으로 컴퓨터 기술에 문외한이었고, 더불어 암호 프로그램을 고집하는 부류는 살짝 정신 나간 사람일 가능성이 크다는 꺼림칙한 견해를 갖고 있었다.

며칠 후 통신원이 다시 이메일을 보냈다.

그는 '암호 프로그램을 설치했는지' 물었다.

그린월드는 하지 않았다고 답했다. 그는 좀 더 시간을 달라고 했다. 며칠이 더 흘렀다.

다시 이메일이 도착했다. '설치했습니까?' 그는 집요했다.

미지의 인물은 이제 다른 전략을 시도했다. 그는 정확한 암호 소프트웨어를 다운로드하는 방법을 단계별로 보여주는 유튜브 개인 교습 동영상, 왕초보를 위한 입문 가이드를 만들었다. 작자는 여전히 익명으로 화면에 모습을 드러내지 않았다. 필요한 설명만을 담고 있을 뿐이었다. 그린월드는 "컴퓨터 화면과 그래픽이 보였습니다. 손도 보이지 않았죠. 그는 무척 조심스러웠습니다."라고 회상한다.

그린월드는 동영상을 보았지만 다른 일들로 바쁜 상황이라 그 지시를 따라 할 짬이 나지 않았다. 그는 이 일을 잊었다.

"설치할 생각은 있었습니다. 하지만 그는 그 일을 제 우선순위 목록에 넣어둘 만큼 눈에 띄는 제보를 하지 않았습니다."

다섯 달 후 홍콩에서 에드워드 스노든을 만났을 때 그린월드는 2012년 말 자신에게 정보를 제공하고자 했던 이가 '그'였다는 사실을 알게 된다. 스노든은 그린월드 기사를 읽는 독자 중 한 명이었다. 그린월드의 세계관, 활력, 그리고 정부에 대한 단호한 접근 방식을 좋아하는 스노든이 그에게 접근하고자 했으나 실패하고 말았던 것이다. "스노든은 내게 '암호 프로그램을 설치하지 않다니 믿을 수가 없었습니다. 야, 이 바보야라는 심정이었어요.'라고 말했습니다."

스노든이 머물던 하와이에서 브라질은 수천 킬로미터 떨어진 곳이다. 직접 대면할 가능성은 크지 않았다. 온라인 연락은 필수였다. 하지만 스노든이 알려준 간단한 암호 가이드도 따라하지 못할 만큼 그린 월드는 산만한 상태였다. 스노든은 낙담할 수밖에 없었다.

"스노든은 분명 '나는 목숨을 잃을 수도 있는 사상 최대의 비밀 누설을 하려고 엄청난 위험을 무릅쓰려고 하는데, 그 자식은 암호 프로그램 하나 받으려 하지 않다니.'라고 생각했겠지요."

PGP 프로그램 설치가 실패로 끝나자 몇 주가 헛되게 지나갔다. 스노든이 그린월드에게 안전하게 연락을 취할 수 있는 방법은 없는 듯했다. 그린월드는 아무 눈치도 채지 못한 채 산속 외딴집에서 계속 격렬한 비판 기사를 쓰고 있었다. 사냥감을 찾아다니는 정글 원숭이들이 종종 쳐들어와 개들에게 싸움을 걸었고, 때로는 나뭇가지로 공격하거나 빽빽한 대나무 숲으로 후퇴했다. 가끔 그린월드는 동물들과 함께 뒹굴며 놀았다. 그는 이때가 정치와 끝없이 쏟아지는 트위터에서 벗어나 머리를 식힐 수 있는 고마운 시간이라고 말한다.

2013년 1월 말, 스노든은 그린월드에게 접촉하기 위해 다른 방법을 시도했다. 그는 로라 포이트러스에게 이메일을 보낸다. 그린월드의 친구이자 다큐멘터리 영화 제작자였다. 포이트러스 역시 미국 보안기관을 앞장 서 비판하는 인물이었으며 동시에 두드러진 피해자이기도 했다.

포이트러스는 거의 10년 동안 9·11 테러 이후 미국을 다룬 장편 영화 3부작에 매진해왔다. 첫 번째 영화 〈마이 컨트리, 마이 컨트리My Country, My Country〉(2006)는 사담 후세인 축출 이후 진행된 2005년 대통령 선거에 후보로 출마한 수니파 이라크 의사 이야기를 통해 미국 침공 이후 이라크의 모습을 그려 호평을 받았다. 이 영화는 친밀하고 감동적이며 홍미진진하고 용감했다. 빛을 발하는 작품으로 2007년 아카데미상 후보에 오르기도 했다.

포이트러스의 다음 영화 〈서약The Oath〉(2010)은 예멘과 관타나모만에서 촬영했다. 이 영화는 부시 대통령이 수행한 테러와의 전쟁에 휩쓸린 예멘 사람 두 명을 담았다. 살림 함단(Salim Hamdan)은 오사마 빈 라덴의 운전수라는 죄로 관타나모 수용소에 수감됐다. 나머지 한 명은 함단의 동서로 오사마 빈 라덴의 전 경호원이었다. 포이트러스는 이들을 통해 어두웠던 부시-체니 시절을 설득력 있고 인간미 넘치게 비평한 작품을 만들었다.

미국 당국은 경악스러운 대응을 했다. 2006년에서 2012년까지 포이트러스가 미국에 입국할 때마다 국토안보부 직원이 그녀를 구금했다. 포이트러스는 그 횟수가 40여 회에 이른다고 말한다. 매번 직원들은 포이트러스를 심문하고 노트북과 휴대전화를 압수하는가 하면, 누구를 만났는지 캐묻곤 했다. 카메라와 메모장도 몰수했다. 서너 시간 동안 붙잡혀 있기도 했다. 하지만 범죄행위가 발견된 적은 단 한번도 없었다.

2011년 뉴욕 JFK 국제공항에 구금됐을 때 포이트러스가 수정헌법 제1조를 들어 업무 관련 질문에 답하기를 거부했다. 국경 경비직원은 그녀에게 "우리 질문에 답변하지 않는다면 당신의 전자기기에서 원하는 답을 얻어낼 것입니다."라고 말했다.

이런 횡포에 대응하기 위해 포이트러스는 암호 분야에 전문가가 되었다. 그녀는 원천 자료와 민감한 정보를 보호하는 방법을 배웠다. 곳곳에 만연해 있는 NSA 첩보 역량을 고려할 때 암호화가 무척 중요할 때도 있다는 사실을 포이트러스는 알고 있었다. 그녀는 여행할 때 더 이상 전자기기를 가지고 다니지 않았다. 포이트러스는 다음 영화는 미국이 아닌 곳에서 편집하기로 결정하고 임시로 독일의 수도 베를린으로 이사했다.

2012년 포이트러스는 3부작의 마지막편 작업을 하고 있었다. 이번 작품의 주제는 미국, 그리고 걱정스러울 정도로 증가하고 있는 국내 감시였다. 포이트러스가 인터뷰한 대상 중에는 NSA 내부 고발자 윌리엄 비니(William Binney)도 있었다. 비니는 NSA에서 40년 가까이 근무해온 수학자로 국외 감청 자동화에 일조했다. 그는 2001년에 NSA를 떠나 국내 도청을 고발했다. 그해 여름 포이트러스는 〈뉴욕타임스〉 웹사이트에 발표할 '다큐멘터리 스타일의 오피니언'을 만들었다. 그 다큐멘터리와 함께 실은 기사에서 포이트러스는 NSA의 '표적'이 된다는 것이 어떤 것인지 설명했다.

멀리 떨어진 곳에서 스노든은 포이트러스가 받은 혹독한 대접을 목격했다. 그는 로라 포이트러스가 누구인지, 그리고 어떤 일을 겪어왔는지 알고 있었다. 나중에 〈뉴욕타임스〉 기자 피터 마스(Peter Maass)가 스노든에게 〈뉴욕타임스〉를 마다하고 그린월드와 포이트러스에게 접촉한 이유를 물었다.

"9·11 테러 이후, 미국에서 가장 중요한 뉴스 매체 대부분은 비애국적 매체로 간주되어 시장점유율 하락을 두려한 나머지 정부의 월권에 이의를 제기해야 하는 언론의 역할을 포기했습니다. 비즈니스 관점에서 볼 때 이는 명확한 전략이지만, 언론기관이 이득을 얻은 덕분에 결국 국민들은 큰 대가를 치러야 했습니다. 이제 주요 언론사들은 이 비참한 언론의 암흑기로부터 겨우 빠져나오려고 할 뿐입니다. 로라와 글렌은 이 시기에 혹독한 개인적 비난에 직면하고, 특히 포이트러스는 표적이 되면서도 논란의 중심에 있던 주제를 거침없이 다룬 몇 안 되는 인물입니다. 포이트러스는 아마도 개인이 담당할 수 있는 가장 위험한 임무, 즉 세계에서 가장 강력한 정부가 비밀리에 저지르는 악행 보도라는 과제를 감당하기 위해 필요한 용기, 실제 경험, 그리고 기술을 갖췄다는 사실을 보여주었습니다. 그녀를 선택한 것은 당연한 일이었어요."

베를린에서 포이트러스는 스노든이 보낸 이메일을 곰곰이 들여다보고 있었다. "나는 정보기관의 수석 요원입니다. 당신 시간을 낭비하는 일은 없을 겁니다."(이 주장은 약간 과장된 것이었다. 비밀자료에 접근할 수 있는 스노든의 권한은 과장이 아니지만 직책은 과장이었다. 그는 비교적 하급 기반시설 분석가였다.)

스노든은 포이트러스에게 암호 키를 요청했다. 포이트러스는 이를 제공했다. 그녀는 당시까지 익명의 정보원이던 스노든에게 자신이 보안을 지키며 통신하는 방법을 알고 있다는 사실을 확신시키는 다른 조치도 취했다.

"나는 금세 큰 흥미를 느꼈습니다. 당시 나는 메일 내용이 정말 진짜거나, 아니면 함정일 것이라 생각했습니다. 머릿속엔 두 가지 생각이 오갔죠. '아, 세상에 이건 진짜 같다.' 하는 생각도 있었습니다."

포이트러스는 "당신이 진짜인지, 미쳤는지, 나를 모함하려는 것인지 모르겠습니다."라고 썼다.

"나는 당신에게 아무것도 요구하지 않을 겁니다. 그저 당신에게 털어놓기만 할 것입니다." 스노든이 답했다.

포이트러스는 스노든에게 자신이 미국 입국 때 겪은 구금을 자세히 기록한 자료를 보았는지 물었다. 그는 본 적 없다고 말했다. 하지만 포이트러스가 겪은 부당행위 때문에 그녀를 '선택'했다고는 설명했다. 그는 보안기관들이 포이트러스뿐만 아니라 국경, 도시, 거리를 넘나들며 그 '누구든' 추적하고 감시할 수 있는 능력을 갖추고 있다고 말했다. "나는 당신이 이러한 일들과 시스템을 좋아하지 않는다고 확신합니다. 당신만이 이 이야기를 할 수 있어요."

사실 접촉 초기에 포이트러스는 심지어 스노든보다 더한 편집증 증세를 보이고 있었다. 그녀는 여전히 정부가 어떤 방식으로 자신을 '처리'할 것인가와 그 실행 계략을 의심하고 있었다. 한편 하와이에서 스노든은 극도로 조심스럽게 경계를 취하고 있었다. 그는 절대 집이나 사무실에서 연락을 취하지 않았다. 포이트러스는 "그는 연락을 취하는 일이 매우 어렵다는 사실을 명확히 했습니다. 이메일을 보내기 위해 별도의 장소로 갔죠. 평소에 사용하는 네트워크에서는 하지 않았습니다. 그는 일종의 위장막을 만들었죠."라고 말했다.

이메일 연락은 일주일에 한 통 정도 계속 이어졌다. 주로 스노든이 몰래 움직일 수 있는 주말에 도착했다. 한번은 스노든이 포이트러스에게 휴대전화를 냉동실에 넣으라고 충고했다.

"그는 글을 잘 씁니다. 그가 보낸 이메일은 재미있었죠. 내가 읽은 내용은 하나같이 스릴러 같았습니다."라고 포이트러스는 회상한다. 스노든은 정기적으로 연락을 취하기 위해 무척 노력했지만 글을 쓰기에 안전한 장소를 찾기란 분명 어려운 일이었다. 그는 정보를 많이 흘리지 않았다. 개인 신상정보는 전혀 없었다. 그러던 중 스노든이 폭탄선언을 했다. 그는 2012년 10월 발행된 18쪽짜리 일급비밀 서류인 대통령정책지침 20호(Presidential Policy Directive 20)를 입수했다고 했다. 이 문서는 오바마 대통령이 국가안보 및 정보기관의 고위층에게 미국의 잠재적인 해외 사이버 공격 대상 목록을 작성하라고 비밀리에 지시했다는 내용이었다. 방어가 아니라 공격이었다.

스노든은 NSA가 광섬유 케이블을 도청하고 전화통신 착륙 지점을 엿듣고 전 세계적 규모로 도청을 실시하고 있다고 했다. 그는 이 모든 사실을 증명할 수 있었다.

"나는 거의 기절할 지경이었죠."

당시 포이트러스는 이 정보의 신빙성을 확인하는 작업을 도와줄 사람을 찾고 있었다. 포이트러스는 뉴욕에서 미국시민자유연맹(American Civil Liberties Union: ACLU)에 의견을 구했다. 웨스트빌리지에서 저녁을 먹으면서 포이트러스는 〈워싱턴포스트〉의 바턴 겔먼(Barton Gellman)과 이야기를 나눴다. 국가안보 전문가인 겔먼은 그 정보원이 하는 말이 진짜 같다고 생각했다. 하지만 그는 모호한 태도를 취했다. 한편 정보원은 그린월드의 합류를 원한다고 명확히 밝혔다. 독일로 돌아온 포이트러스는 극도로 주의를 기울여 움직였다. 베를린 주재 미국 대사관이 어떤 방식으로든 그녀를 감시하고 있으리라는 생각은 분명했다. 최신작 다큐멘터리와 관련해 포이트러스는 미국 정부가 끔찍이도 싫어하는 줄리안 어샌지와 접촉하고 있었기 때문이다. 어샌지는 2012년 여름 이후 런던 주재 에콰도르 대사관에 몸을 숨기고 있었다. 포이트러스가 어샌지와 연락을 취하고 있다는 사실을 비롯해 다른 여러 이유로 그녀는 미국 보안기관이 주목하는 인물이었고, 그녀는 모든 전통적인 통신수단이 감시당하고 있으리라 확신할 수 있었다. 전화는 사용할 수 없었다. 이메일은 불안했다. 포이트러스는 어떻게 친구 그린월드에게 연락을 취해 이 불가사의한 통신원에 관해 이야기할 수 있을까?

결국 직접 만나는 수밖에 없었다. 3월 말 포이트러스는 미국으로 돌아갔다. 어떤 종류의 전자기기도 휴대하지 않은 채 만나자는 메시지를 그린월드에게 보냈다.

그린월드는 이슬람교도 시민권 단체인 미국이슬람관계협회(Council on American Islamic Relations: CAIR) 강연 일정으로 뉴욕에 올 예정이었다. 두 사람은 그린월드가 머물던 용커스 메리어트 호텔 로비에서 만났다. 미국 정보기관 역사상 최대 폭로 사건의 첫 단계가 될 만남의 장소로는 바람직하지 않은 '끔찍한' 곳이다.

포이트러스는 그린월드에게 이메일 두 통을 보여주었다. 포이트러스는 당시 이 익명의 정보원이 이미 그린월드에게 직접 연락을 시도하던 사람과 동일인이라는 사실을 몰랐다. 그는 진짜였을까? 아니면 그녀를 함정에 빠뜨리려는 사기꾼일까? 포이트러스는 들뜨고 초조한 상태로 검증을 시도하고 있었다.

"이메일에는 아무런 세부 정보가 없었습니다. 정보원은 자기 신원을 밝히지 않았죠. 그는 자기가 어디에서 일하는지 말하지 않았습니다."

이메일 내용은 사실관계가 아닌 철저한 개인 성명서였다. 기밀자료 폭로를 준비하고 있는 이유와 앞으로 초래될 일로 발생할 자신의 운명을 설명하는 지적 청사진이었다.

"성명서는 그가 무엇을 성취하고자 하는지, 왜 이런 위험을 무릅쓰고자 하는지 설명하는 내용이었습니다. 아무튼 로라와 나는 본능적으로 그 내용에 진정한 열정이 있다고 느꼈습니다. 우리는 둘 다 이메일 내용이 진실임을 깨달았죠. 날카롭고 지적인 말투였습니다. 횡설수설하거나 미친 것 같지 않았죠."

지적이고 정치 방면에 정통하며 이성적인 사람, 한동안 공들여 계획을 세운 사람의 모습이 그려졌다. 정보원은 계획을 단계적으로 밝히고 있었다. 두 사람은 각각의 새로운 에피소드를 기다려야 했다.

"그는 매우 중대한 폭로와 관련하여 자신이 엄청난 위험을 무릅쓰고 있다는 이야기를 했습니다. 경박하거나 망상을 품은 사람 같진 않았어요."

그린월드는 포이트러스와 이야기를 나누면서 앞으로의 계획을 세웠다. 그린월드는 이 이야기가 영향력을 갖기 위해서는 많은 사람들의 관심이 필요하다고 생각했다. 그리고 NSA가 민주주의 권한을 훨씬 뛰어넘는 잘못된 행위를 하고 있다는 확실한 증거를 보여주어야 한다고 판단했다. 가장 좋은 방법은 국가 보안문서를 손에 넣는 것이다. 증거문서가 없다면 이것은 건드릴 수도 없는 일이었다. 포이트러스는 그가 계속 익명을 고수할 것이라고 생각했다. 하지만 정보원은 예상치 못한 방식으로 행동했다. 어쨌든 이름을 밝히면 그는 법의 심판을 받게 될 것이다. 하지만 스노든은 포이트러스에게 "나는 메타데이터를 지우지 않을 것입니다. 나는 당신이 내 신원을 정확히 밝히고 내가 이 일을 단독으로 했다고 공언하길 바랍니다."라고 했다.

이메일에서 스노든은 문서를 빼돌리는 '어려운 부분'은 끝났지만 이제 다른 위험한 단계가 시작됐다고 했다. 그는 친구와 가족들이 연루될까 무척 염려하고 있었다. 그러면서도 다른 사람에게 책임을 떠넘기려 하지 않았다.

"앞으로 일정한 시기가 되면 나와 연락을 취할 수 없을 것입니다."

스노든은 자기 행동의 결과로 감옥에 가게 될 가능성이 높다는 사실을 알고 있었다.

일단 신뢰관계가 형성되자 포이트러스는 정보원에게 인터뷰를 권했다. 그녀는 왜 이런 위험을 무릅쓰면서까지 밝혀야 했는지 그 이유를 들어야 했다. 그 부분이 중요했다.

그때까지 스노든은 인터뷰를 하겠다는 생각은 하지 못했다. 하지만 좋은 생각이었다. 그 목표는 비밀문서를 세상에 알리는 것이다. 지난 4년 동안 생각해온 일이다. 이 자료를 어샌지에게 보내는 방법을 고려한 적도 있었지만 위키리크스로 자료를 보내는 사이트는 막혀버렸고, 어샌지는 외국 대사관에 갇힌 채 감시받고 있었다. 스노든은 어샌지가 보유한 보안기술을 동원하더라도 그에게 자료를 전하기란 어렵다는 사실을 깨달았다. 2013년 늦은 봄, 결정적인 만남을 계획하는 이야기가 나오기 시작했다.

"이 일을 실행할 준비를 마치기까지 6주에서 8주가 필요합니다."

스노든이 말한 '이 일'이 정확히 무엇을 의미하는지 여전히 불확실했다. 포이트러스는 베를린으로 돌아왔다. 그린월드는 리우로 돌아갔다. 그는 자기 생활을 계속했다. 이 어렴풋한 정보원은 흥미로웠다. 하지만 많은 기삿거리가 그렇듯 '이 일' 역시 보기보다 매력 없는 소재일 수 있었고 시작부터 망치게 될 수도 있었다.

"나는 그 일을 꿈에 그리고 있지는 않았습니다. 그가 가짜일 수도 있었으니까요."

몇 주가 흘렀고 무슨 일이 일어날 가능성은 크지 않았다.

4월 중순, 그린월드는 포이트러스에게 이메일을 받았다. 이메일은 페덱스로 소포가 도착할 것이라는 내용이었다. 그 사이 두 사람은 그리 자주 연락을 하지 않았다. 그린월드는 여전히 암호 프로그램을 설치하지 않았다. 하지만 페덱스 소포는 일이 진행되고 있으며 그린월드의 표현처럼 '독수리가 착륙'했다는 신호였다.

소포가 도착했다. 안에는 USB 메모리 두 개가 들어 있었다. 처음에 그린월드는 USB 메모리에 '여러 겹의 암호 및 리눅스 프로그램에 싸인' 일급비밀 문서가 들어 있을 것으로 생각했다. 하지만 실제 열어본 메모리에는 기본적인 암호 채팅 프로그램을 설치할 수 있는 보안 키트가 들어 있었다.

스노든은 다시 포이트러스에게 연락을 취했다.

"당신이 와야 해요. 나는 당신을 만날 겁니다. 하지만 위험한 일입니다."

스노든은 실제 문서 한 건을 누출하려고 했다. 그 파일은 NSA와 거대 인터넷 기업들이 프리즘(PRISM)이라는 비밀 프로그램을 통해 협력하고 있다는 사실을 밝히는 문서였다. 스노든은 "이는 엄청난 파장을 몰고 올 것입니다."라고 주장했다.

스노든은 이 일에 포이트러스가 직접 관여하지 않길 바랐다. 대신 그녀에게 출처를 밝히지 않고 기사를 게재할 다른 기자들을 추천해 달라고 요청했다. 그는 좀 더 폭넓게 여러 가능성을 고려하고자 했다. 포이트러스는 고위직 정보기관 관료와의 만남을 상상하며 다시 뉴욕으로 날아갔다. 그녀는 이 만남이 당연히 미국 동해안 어디에선가 이뤄질 것이라고 가정했다. 아마도 볼티모어, 아니면 메릴랜드에 위치한 어느 시골집 정도라고 생각했다. 포이트러스는 적어도 한나절, 가능하다면 하루 종일 촬영하고 싶다고 말했다. 그러자 정보원은 그녀에게 암호화된 파일을 보내왔다. 프리즘에 관한 파워포인트 파일이었다. 그리고 별도의 문서도 있었다. 거기에는 깜짝 놀랄 만한 말이 적혀 있었다.

"당신의 행선지는 홍콩입니다."

다음날 포이트러스에게 추가로 메시지가 도착했다. 이때 정보원은 처음으로 이름을 공개했다.

"나의 이름은 에드워드 스노든입니다."

이름을 아는 것으로는 아무 의미가 없었다. 포이트러스는 자기가 스노든의 이름을 구글에서 검색하면 즉시 NSA가 경계하리라는 사실을 알고 있었기 때문이다. 첨부 파일에는 지도, 접선 방법을 설명하는 계획서, 그리고 "이것이 내 정체입니다. 이것이 그들이 나에 관해 말할 내용입니다. 이것이 내가 가진 정보입니다."라는 메시지가 있었다.

스노든은 새로 설치한 암호화 채널을 이용해 그린월드에게 직접 연락을 취해왔다.

"그동안 당신 친구와 일을 진행해왔습니다. 긴급히 할 말이 있습니다."

스노든은 거의 6개월 동안 기다렸다.

"홍콩으로 올 수 있습니까?"

그린월드는 이 예기치 못한 요구에 정말로 당황했다. 미국 보안기관에서 일하는 사람이 이전 영국 식민지이자 공산주의 국가 중국의 일부이며 포트미드에서 멀리 떨어진 그곳에서 대체 무엇을 하고 있단 말인가? 그는 당시 중요한 일에 매진하고 있었다. 책 마감일이 다가오고 있었다.

스노든은 '지금 당장' 홍콩으로 그린월드가 날아오도록 포이트러스를 재촉했다.

언제든 발각될 수 있다는 생각에 중국 호텔 방에 홀로 앉아 있던 스노든은 제정신을 잃고 있었다. NSA 및 GCHQ 일급비밀 문서를 훔쳐 달아나는 그의 계획은 지금까지 놀라울 정도로 쉽게 진행됐다. 사실은 이 일이 어려웠어야 했다. 하지만 전혀 예기치 못하던 부분, 즉 호의적인 기자들에게 자료를 넘기는 일이 실로 더 까다로웠다.

"내가 왜 가야 하며 이 일이 왜 그처럼 가치 있는 일인지 좀 더 구체적인 이유를 알고 싶습니다."

이후 두 시간에 걸쳐 스노든은 그린월드에게 익명 토르 네트워크를 사용하는 가장 안전한 통신 형태 중 하나인 테일스(Tails) 시스템을 작동시키는 방법을 설명했다.

그 다음에 스노든은 무척 평범한 문장을 썼다.

"당신에게 몇 가지 문서를 보내겠습니다."

스노든이 보낸 문서에는 NSA 내부 성역에서 빼낸 대략 20건의 일급기밀이 들어 있었다. 그중에는 프리즘 슬라이드도 있었는데, 최근 그가 쓰고 있던 저서에서 처벌을 피해가는 고위층을 다룬 스텔라 윈드에 쓸 파일도 있었다. 그야말로 보물 그 자체, 엄청난 데이터의 보고였다.

한눈에 보기에도 NSA는 국내 스파이 활동의 본질에 관해 국회를 오도하고 있었고 거짓말을 했을 가능성이 높아 보였다.

"나는 언제나 상황을 개의 행동에 비견하곤 합니다. 스노든은 개를 대하듯 나를 대하면서 내 코앞에 비스킷을 놓았죠. 그는 NSA 일급비밀 프로그램을 내게 보여줬습니다. 믿을 수 없었죠. 그 자료는 나를 호흡곤란으로 몰아가기에 충분했죠."

스노든은 이 자료가 시작에 불과하며 엄청난 양의 비밀문서를 보유하고 있다는 사실을 암시할 만큼 충분히 영리했다. 그린월드는 이제 충분히 이해했다. 그는 〈가디언〉 뉴욕 지국 편집장 재닌 깁슨(Janine Gibson)에게 전화를 걸었다.

이틀 후인 5월 31일 금요일, 그린월드는 리우 갈레앙 국제공항에서 JFK 공항으로 날아가 〈가디언〉 미국 소호 본사로 직행했다. 그는 깁슨의 사무실에 앉았다. 그리고 홍콩으로 가면 〈가디언〉이 이 불가사의한 정보원에 대해 알아낼 수 있을 것이라고 말했다. 상당수 문서가 사실상 NSA 외부 사람들은 존재 자체도 모르는 프로그램, 도청 기법, 수단을 언급하는 전문적인 내용이었다. 대부분이 인간의 언어가 아니라 해독 방법을 알고 있는 사람들만 이해할 수 있는 기묘한 어휘로 표시되어 있었다. 어떤 문서는 고대 아시리아 서책만큼이나 전혀 이해할 수 없었다.

"이는 정말 중대한 문제였습니다. 동시에 상상 가능한 가장 흥미진진한 문제이기도 했죠. 스노든은 나를 완전히 흥분의 도가니로 몰아넣은 문서를 골랐습니다. 이는 〈가디언〉에서 일하는 모든 사람들에게 통했죠. 완전히 압도당한 이들도 있었습니다. 게다가 우리가 가지고 있는 문서는 빙산의 일각에 불과했죠."

〈가디언〉 미국 지사 부편집장 스튜어트 밀러(Stuart Millar)가 논의에 합류했다. 간부 두 명 모두 스노든의 성명서가 다소 지나치게 공들인 듯한 느낌이 든다고 말했다. 돌이켜 생각해보면 스노든이 이런 태도를 취한 것은 당연한 일이었다. 그는 지금 일급 지명 수배자가 될지도 모를 길을 가려 하고 있었다. 〈가디언〉 역시 어려운 길을 가게 될 것임을 짐작할 수 있었다. NSA, FBI, CIA, 백악관, 국무부, 그리고 공식적으로는 존재하지 않는 여러 일급비밀 정부 부서의 노여움을 사게 될 것임에 틀림없었다. 깁슨과 밀러는 신빙성을 확인할 수 있는 유일한 방법은 그를 직접 만나는 것뿐이라는 데 동의했다. 그린월드는 다음날 홍콩으로 가는 16시간의 비행길에 오를 예정이었다. 포이트러스 역시 함께할 것이다. 그러나 깁슨은 제3의 멤버로 〈가디언〉의 베테랑 워싱턴 통신원 이웬 매카스킬(Ewen MacAskill)을 팀에 합류시켰다. 61세의 스코틀랜드 출신 정치기자인 매카스킬은 노련한 전문가였다. 그는 침착했다. 그리고 한결같이 겸손했다. 모두가 그를 좋아했다.

하지만 포이트러스는 극도로 당황했다. 포이트러스 입장에서 제3의 인물은 이미 신경이 곤두서 있는 정보원을 흥분 상태로 몰아넣을 위험처럼 보였다. 매카스킬의 존재는 정보원과 불화를 초래하거나 자칫 잘못하면 작전 전체를 망칠 수도 있었다.

"포이트러스는 매카스킬을 합류시킬 수 없다고 고집했습니다. 극도로 흥분해서 화를 냈죠." 홍콩으로 가기 전날 포이트러스와 그린월드는 처음으로 언쟁을 벌였다. 갈등은 고조됐다. 그 당시 그린월드는 매카스킬이 〈가디언〉이라는 회사를 대표하는 신중한 인물이라고 생각하고 있었다. 하지만 나중에 알고 보니 매카스킬은 셋 중 가장 급진적이며 공공의 이익을 위해 많은 것을 공개할 각오가 된 사람이었다.

사이가 틀어진 세 사람은 JFK 공항에서 캐세이퍼시픽 항공기에 올랐다. 그린월드는 브라질에서 48시간 전에 뉴욕에 온 후 거의 잠을 자지 못했다. CX831편 항공기가 활주로 위에서 속도를 내 이륙하자 해방감이 맴돌았다. 하늘 위에는 인터넷이 없다. 적어도 2013년 6월에는 없었다. 그 무렵 비행기 안은 전능한 NSA라 할지라도 침투할 수 없는 공간이었다. 좌석 벨트 사인이 꺼지자 포이트러스는 프리미엄 이코노미석에 앉은 그린월드 자리로 갔다. 그가 앉은 좌석 앞에 공간이 있었다. 포이트러스는 두 사람 모두가 열어보고 싶어 안달 난 선물을 가져왔다. USB 메모리였다. 스노든은 포이트러스에게 두 번째 비밀 NSA 문서 묶음을 안전하게 전달했다. 이번 데이터 묶음은 처음에 보내온 것보다 훨씬 많았다. USB에는 3~4천 건에 달하는 문서가 담겨 있었다. 비행 내내 그린월드는 이 문서들을 읽었다. 수면은 불가능했다. 그는 완전히 매료됐다.

"잠시도 화면에서 눈을 뗄 수 없었습니다. 엄청난 흥분에 휩싸였죠."

다른 승객들이 잠든 사이에 포이트러스는 때때로 뒤쪽 자기 자리에서 그린월드 자리로 와 씩 웃어보였다.

"우리는 초등학생처럼 키득키득 웃곤 했습니다. 소리 지르면서 서로 얼싸안고 덩실덩실 춤을 췄죠. 나는 포이트러스에게 더 소란을 떨라고 부추겼습니다."

떠들썩하게 축하하는 바람에 주변 승객들이 깨기도 했다. 하지만 그들은 신경 쓰지 않았다.

이 일은 도박으로 시작했다. 하지만 이제 이 기삿감은 모든 특종을 잠재울 특종이 되고 있었다. 스노든이 폭로한 내용은 갈수록 그 일의 본질을 밝히기 위해 극적으로 걷힐 커튼처럼 보였다. 비행기가 착륙 준비에 들어가고 홍콩을 밝히는 빽빽한 불빛들이 아래에서 반짝이자 처음으로 확신이 들었다. 그린월드는 더 이상 의심하지 않았다. 스노든은 진짜였다. 그가 지닌 정보도 진짜였다. 모든 것이 진짜였다.

4장

퍼즐
팰리스

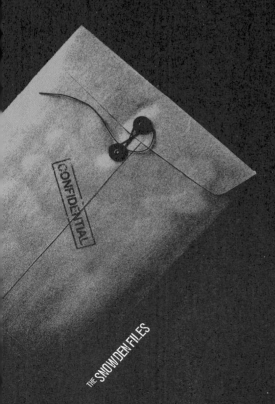

2001~2010년
메릴랜드 포트미드, 국가안보국

"그 능력은 언제라도 미국 국민을 향할 수 있으며 이는 전화통화, 전보를 막론하고 무엇이든 감시할 수 있는 능력이므로 모든 미국인이 더 이상 프라이버시를 누릴 수 없을 것이다. 숨을 곳이 사라질 것이다."
—상원 의원 프랭크 처치

-------------------------------------- 세계 인터넷 사용자들을 저인망식으로 감시하게 된 발단은 명확하다. 그것은 9월 11일에 시작됐다. 이후 10년 동안 미국과 영국 양국에서 개인 프라이버시 침해를 마다 않는 새로운 정치적 성향이 나타났다. 동시에 급격한 기술발달로 대규모 감청의 실현 가능성이 훨씬 커졌다.

위키리크스 줄리안 어샌지의 말처럼 복잡한 인터넷망은 '역사상 최대 염탐 기계'가 되었다. 이것은 과장된 표현이 아니다. 그러나 에드워드 스노든이 등장하기 전까지 진실은 극히 일부만 드러나 있었다. 미국 정보기관 중 가장 규모가 크고 비밀스러운 조직인 NSA는 2001년 9월 11일 알카에다가 뉴욕 쌍둥이 빌딩을 기습한다는 정보를 경고하지 못했다. 당시 NSA는 공군 장군 마이클 헤이든이 운영하고 있었다. CIA 국장이자 16개 정보기관 전체의 명목상 우두머리인 조지 테닛(George Tenet)은 NSA의 수장 헤이든에게 질문했다. 사실 이 질문은 부통령 딕 체니의 질문이었고 테닛은 전달자 역할에 불과했다. 질문은 간단했다. 테닛과 체니는, 헤이든이 NSA가 지닌 특수한 능력을 더

공격적으로 활용하여 막대한 전자통신 및 전화정보를 빨아들일 수 있는지 알고 싶어 했다.

1952년 설립 이래 50년 동안 NSA는 가공할 만한 기술 및 수학 전문지식을 축적해왔다. 1970년대에는 개혁론자 상원의원 프랭크 처치가 '미국에서 완전한 전제정치를 펼칠' 능력을 NSA가 지니고 있다고 경고했을 정도다.

NSA가 위치한 메릴랜드에는 미국 생물무기 프로그램의 본거지인 포트 디트릭(Fort Detrick)과 미국이 화학무기를 개발했던 에지우드 아스널을 비롯해 수많은 비밀 또는 민감한 미국 군사기지가 있다. 그러나 NSA는 그중에서도 가장 비밀스러운 기관이다. NSA 예산 및 직원정보 역시 국가기밀이다. NSA의 임무는 세계 도처에서 신호정보를 수집하는 일이다. 여기에는 무선, 극초단파, 위성 요격 등 모든 전자정보가 포함된다. 물론 인터넷 통신도 포함된다. 이런 은밀한 감시는 목표 대상이 모르는 사이에 진행된다. NSA는 미국 군사기지, 대사관을 비롯한 세계 곳곳에 도청기지를 갖고 있다.

NSA의 능력은 제2차 세계대전 직후로 거슬러 올라가는데 '파이브 아이즈(Five Eyes)'로 알려진 독특한 정보공유동맹으로 한층 힘을 받았다. 파이브 아이즈 동맹체제 하에서 NSA는 영어를 사용하는 4개국, 즉 영국, 캐나다, 오스트레일리아, 뉴질랜드와 정보를 공유한다. 원칙적으로 이 동맹은 서로를 염탐하지 않기로 되어 있다. 하지만 실제로는 서로를 염탐한다.

법적으로 NSA는 모든 일을 멋대로 처리할 수 없다. 미국 수정헌법 제4조는 미국 시민을 상대로 부당한 수색 및 압수를 금하고 있다. 통신감청을 포함한 수색은 '상당한 이유'와 법관이 발부한 영장이 뒷받침된 구체적인 혐의가 있을 때에만 합법이다.

이 같은 안전장치는 현실성이 없거나 시대에 뒤진 규제가 아니다. 1970년대 닉슨 대통령은 악명 높은 미너렛(Minaret) 작전 하에 자기 마음에 들지 않는 몇몇 미국인의 전화를 도청하라고 NSA에 명령함으로써 이런 권력이 어떻게 남용될 수 있는지 보여줬다. NSA가 불법으로 도청해온 감시 대상에는 미국 상원의원 일부, 권투 선수 무하마드 알리(Muhammad Ali), 작가 벤저민 스포크(Benjamin Spock), 영화배우 제인 폰다(Jane Fonda), 흑인 운동가 휘트니 영(Whitney Young)과 마틴 루터 킹(Martin Luther King), 그리고 베트남 전쟁에 반대하던 비평가들이 포함됐다. 미너렛 스캔들로 1978년 제정된 법에 따라 NSA는 영장이 없는 한, 미국 내 또는 미국인이 관련된 통신에 접근할 수 없게 됐다.

하지만 NSA의 영국 협력기관 GCHQ의 경우는 달랐다. GCHQ는 성문헌법이 없었고 영국의 보호를 받으며 정부각료들에게 원하는 것을 내놓으라고 압력을 가할 수 있었기에 자유로웠다. GCHQ는 나중에 밝혀진 문서에서 "영국의 감시체제는 미국과 비교할 때 가볍다."라고 떠벌렸다.

테러 공격 직후 체니와 테닛에게 질문을 받은 헤이든은 당시 아무런 답변을 할 수 없었다. 이후 테닛은 전화로 추가 질문을 했다.

"더 큰 권한이 주어진다면 무엇을 할 수 있겠는가?" 실제로 일어났듯 NSA는 엄청난 일을 할 수 있었다. 9·11 테러가 벌어진 후 72시간 내에 헤이든은 NSA를 기존 법적 권한의 한계까지 몰아갔다. 내부에서는 헤이든이 전임자들보다 '더 공격적으로 NSA를 사용'했다고 표현했다.

9·11 테러 공격 발생 전에 NSA는 '접속연쇄화(contact chaining)'라는 실험을 진행 중이었다. 이 실험은 사람들의 전화를 듣거나 이메일 내용을 읽지 않고도 사람의 관계도를 수립할 수 있는 프로그램이었다. 페이스북이 존재하기 훨씬 이전에 NSA는 소셜 네트워크를 '소셜 그래프'라는 이름으로 그려보았던 것이다. 하지만 이 실험에는 문제가 있었다.

1999년 법무부 소속 '정보정책과'는 이 실험이 전자감시 범주에 포함된다고 결정했다. 미국과 무관한 통신 대상 감시는 합법이지만, 미국인이 연관되면 NSA가 법을 어기게 되는 셈이라는 뜻이다. 그러나 9·11 테러가 발생한 후 상황은 달라졌다. 헤이든, 테닛, 체니, 그리고 조지 부시 대통령에게는 절호의 기회였다. 이들은 전쟁에 미쳐 있던 국회로 가서 해외정보감시법 개정을 통해 더 많은 권한을 달라고 요구했다. 쌍둥이 빌딩과 펜타곤에 연기가 채 가시지 않은 당시 국회와 하원은 연방 수사관에게 더 큰 수색 실시 권한을 부여하는 애국자법(Patriot Act)을 압도적인 지지로 통과시켰다. 이 여세를 몰아 해외정보감시법 개정까지 갈 수도 있었다. 하지만 부시 행정부는 공개적으로 더 큰 권한을 요구하지 않기로 결정했다. 그 대신 백악관은 헤이든에게 비밀리에 감시 프로그램을 강화하라고 지시했다.

헤이든이 이끄는 NSA는 철저한 비밀 보장과 동시에 전통적인 NSA의 한계를 벗어나는 새로운 작전을 준비하기 시작했다. 이 작전은 전화통화, 전화 메타데이터, 이메일과 웹 검색 같은 인터넷 통신, 인터넷 메타데이터라는 네 가지 방향으로 전개됐다. NSA는 이런 자료를 최대한 많이 수집했다. 외국인에게서 미국인으로 연결되는 접속연쇄화를 다시 시작했고 미국을 지나가는 외국 통신도 수집했다. 이 작전에 '스텔라 윈드'라는 우아한 코드명이 붙었지만 일부 NSA 기술자들은 이를 빅 애스 그래프(Big Ass Graph)라고 부르기 시작했다. 2001년 10월 4일 부시 대통령이 서명한 공식 허가서와 초기 경비 2500만 달러를 발판으로 스텔라 윈드 작전이 시작됐다. 공식적인 작전명은 10월 31일 할로윈에 붙었다.

스텔라 윈드에 관해 아는 사람은 많지 않았다. 부시가 서명한 허가서를 헤이든은 금고 속에 보관했다. 이 작전을 수행하던 NSA 직원 90여 명과 NSA 최고 변호사가 이를 알고 있었다. 그들은 이 일이 합법이길 바랐다. 하지만 법원의 승인은 없었다. 2002년 1월이 될 때까지 비밀 해외정보감시법 법원장은 이 작전에 대해 들어보지도 못했다. 법원장 동료들 역시 한 명을 제외하면 그 이후로도 4년 동안 이에 대해 알지 못했다. 심지어 NSA 내부 감시역인 감찰관조차 이 작전이 존재한 지 1년 후인 2002년 8월까지 알지 못했다.

국회의원 대부분 역시 마찬가지였다. 처음에는 상하원 정보위원회에 소속된 민주당 및 공화당 고위층 간부만이 이를 알고 있었다. 1월이 되자 NSA는 상원 예산을 관장하는 상원 세출위원회 위원장 켄 이노우에(Ken Inouye) 민주당 위원과 테드 스티븐스(Ted Stevens) 공화당 위원에게 스텔라 윈드의 존재를 알렸다. 2007년 1월이 되어서야 미국 국회의원 525명 중 60명이 스텔라 윈드의 구체적인 내용을 알 수 있었다.

하지만 스텔라 윈드는 처음 실행 단계부터 주요 통신회사 및 인터넷 서비스 제공 회사들로부터 열렬한 지원을 받았다. 이는 결정적인 문제였다. 구소련이나 현재 중국과 달리 미국 정부는 미국을 거쳐가는 인터넷 광섬유 케이블 및 교환기를 직접 소유하거나 운영하고 있지 않다. NSA가 전화 및 이메일 기록을 수집하고자 하는 경우 이런 회사들의 협력은 필수였다.

NSA 내부 기록에 따르면 익명의 '민간부문 협력자들'이 해외에서 들어온 전화, 인터넷 통신 내용은 스텔라 윈드 작전을 시작한 2001년 10월부터, 미국 내에서 발생한 전화 및 인터넷 메타데이터는 그 다음 달부터 NSA에 제공하기 시작했다고 한다.

민간 회사들이 NSA에 공개한 통신 소통량은 엄청났다. NSA가 '기업 협력자'라고 부르는 3사가 제어하고 있는 기반시설은 미국을 통과하는 국제전화 중 어림잡아 81퍼센트에 해당됐다. 통신사와 밀접하고 비밀스럽게 협력하는 관계는 NSA에 전혀 새로운 일이 아니다. 사실 NSA 설립 이래 줄곧 이어진 운영 방식이다. 이렇게 다년간 맺어진 관계가 9·11 테러 이후 상처받은 국가의 애국심과 결합하여 더 커졌을 뿐이다.

그 증거로 '기업 협력자' 3사 중 두 곳은 스텔라 윈드 작전이 공식적으로 시작되기도 전부터 NSA에 연락을 취해 "도움이 되기 위해 우리가 무슨 일을 할 수 있겠습니까?"라고 물었다.

이후 2년 동안 스텔라 윈드는 적어도 3개 이상의 통신회사에 지원을 요구했다. 그러나 이 같은 추가적 데이터 요구는 법원의 명령으로 이뤄진 것이 아니었다. 이는 NSA의 일방적인 요구로서, 정기적으로 스텔라 윈드 작전을 갱신하던 법무부 장관 존 애시크로프트(John

Ashcroft)가 공문을 덧붙였을 뿐이었고 애시크로프트는 판사도 아니었다. NSA 내부 기록 초안에 따르면 NSA가 이메일 내용을 제공하라고 요구했던 한 곳은 '기업 책임 문제'를 들어 반기를 들었다. 나머지 한 곳은 외부 변호사들에게 의뢰해 요구 수락의 적법성을 검토하고자 했다. 노출 위험이 너무 크다고 여긴 NSA는 고민했다. 법무부 내부에서도 스텔라 윈드의 적법성에 관한 우려가 있었다. 법무부 차관 제임스 코미(James Comey)는 장관 애시크로프트가 병가 중일 때 갱신을 승인하는 서명을 거부한 것으로 알려졌다. 하지만 NSA 책임자인 헤이든뿐만 아니라 부시 대통령 자신도 스텔라 윈드 작전에 관한 폭로 기사 게재를 금지하기 위해 〈뉴욕타임스〉에 압력을 가하는 시도에 직접 개입했다. 차후 라이즌과 함께 〈뉴욕타임스〉에 이 스캔들을 폭로한 기자 중 한 명인 에릭 리크트블라우(Eric Lichtblau)는 "부시 행정부는 이 도청작전이 합법이라는 사실에 의심의 여지가 없었다고 주장하면서 우리를 적극적으로 오도했습니다."라고 말한다.

2005년 12월 NSA가 우려하던 최악의 사태가 마침내 일어났다. '부시 대통령 법원 영장 없는 발신자 염탐 허용'이라는 헤드라인이 〈뉴욕타임스〉 1면을 장식했다. 이 기사는 전체 그림 중 일부만을 보여준다. 기사는 기본적으로 NSA가 미국 내 모든 사람 및 그들과 연관된 해외 거주자들의 소셜 네트워크를 제공하는 메타데이터를 대량으로 수집해왔다는 사실을 밝히지 않은 채 미국 내 국제전화 및 이메일 소통을 영장 없이 감청한 행위에만 초점을 맞추었다.

부시는 〈뉴욕타임스〉를 맹렬하게 비난하는 가운데 해당 작전이 9·11 테러 이후 수행한 가장 큰 정보 성과라고 강력하게 옹호하기 시작했다. 부시는 한층 약삭빠르게 스텔라 윈드 작전 중 〈뉴욕타임스〉가 보도한 부분의 존재를 공식화하고 비평가들을 수세로 몰아넣을 정치적으로 강력한 새로운 이름을 부여했다. 바로 테러리스트 감시 작전(Terrorist Surveillance Program)이었다. 부시가 취한 거의 모든 국가안보 정책 요소가 그랬듯 뒤이어 벌어진 소란은 대부분 당파적이고 예측 가능했다. 공화당 측은 테러리스트의 허를 찌르기 위해서는 무영장 감시가 필요하다고 안간힘을 다해 옹호했다. 민주당 측은 서둘러 이를 헌법 유린 행위라고 규탄했다. 캘리포니아 출신 민주당 하원 원내대표이자 책사 낸시 펠로시(Nancy Pelosi)는 하원 정보위원회 소속 최고위 민주당원으로 2001년 10월 헤이든이 실시한 초기 브리핑에 참석했다. 부시 행정부 간부 및 협력자들은 위선과 기회주의의 냄새를 풍기며 펠로시가 비밀을 지켜왔음에도 이 작전을 저버렸다고 비난했다.

펠로시는 반격했다. 그녀는 스텔라 윈드 작전이 가동된 지 며칠 후에 자신이 헤이든에게 보낸 서한을 공개했으며, 이는 우려를 표하는 내용이었다.

"이 일을 진행하는 적절한 수단을 결정하는 데 있어 그 권한이 충분한지에 대한 법률 분석을 더 잘 이해할 때까지 나는 계속해서 우려를 표할 것입니다."

폭로로 인해 개인적 영향을 받은 인물이 펠로시뿐만은 아니었다. 비토 포텐차(Vito Potenza) 역시 〈뉴욕타임스〉가 이 기사를 게재한 당시 문제를 겪고 있었다. NSA의 법무 자문위원인 포텐차는 통신회사 및 인터넷 서비스 제공 회사와 소통하고 그들이 NSA에 협력하는 행위가 합법임을 보증하는 책무를 담당하고 있었다. 비밀리에 유지하기엔 손

쉬운 협의였다. 하지만 이제 〈뉴욕타임스〉가 내막을 보도했으므로 통신회사들은 손익과 법정 분쟁을 걱정해야 하는 상황이 되었다. 그러나 이들은 NSA와의 협력관계 청산을 고려하지도 않았다.

이중 한 통신회사가 포텐차에게 잠재적인 해결책을 전해주었다.

"우리에게 전화 메타데이터를 제공하라고 요청하지 말고 우리가 그렇게 할 수밖에 없도록 만들라." NSA 내부 기록에는 "그 회사는 법원 명령에 따라 강제로 데이터를 제공하게 하라고 요청했다."라는 언급이 있다.

2006년 초 법무부와 NSA 소속 변호사들은 현재 스텔라 윈드에 관해 자세한 정보를 보고받고 있는 비밀 해외정보감시 법원의 철저한 조사를 잘 넘길 수 있는 법적 허가를 꾸며내는 데 골몰했다. 그 해답이 바로 악명 높은 애국자법 제215조, 이른바 '업무 기록 조항'이었다.

9·11 테러 이후 통과되어 이미 시민 자유주의자들의 혐오를 받고 있던 제215조. 정부는 이제 그 어느 기업에라도 '진행 중인' 테러 수사와 '관련 있는' 사항을 넘기도록 강제할 수 있는 권한을 갖게 되었다. 대규모 메타데이터 수집을 이 법적 요건에 모두 끼워 맞추기란 어려워 보였다. 모든 미국인의 전화 기록이 실제 진행 중인 수사와 관련이 있는지 밝혀내는 것도 쉬운 일이 아니다. 메타데이터는 수사에 앞서 발생하며 수사 실마리를 찾아내기 위한 환경을 만드는 일괄적인 정보에 더 가까웠다.

하지만 새로 정보를 보고받은 해외정보감시 법원은 수용적인 태도를 보였다. 해외정보감시 법원의 마이클 하워드(Michael Howard) 판사는 2006년 5월 24일 기밀 판결문에서 통신회사들이 원하던 법원 명령을 발부하면서 "청구된 구체적인 사항이 FBI가 실시하고 있는 승인 받은 테러 수사와 관련 있다고 믿을 타당한 근거가 있다."라고 썼다.

헤이든 다음으로 NSA 국장을 맡은 키스 알렉산더(Keith Alexander)는 2013년 10월 29일에 열린 하원 정보위원회 청문회에서 통신회사 및 인터넷 제공 회사와의 관계를 설명했다.

"우리는 업계에 도움을 요청해왔습니다. 요청? 좋습니다. 좀 더 정확하게 말해서 우리는 법원 명령에 따라 이런 방식으로 우리에게 협조하도록 업계에 강요해왔습니다."

정확하게 표현하자면 법원 명령에 따라 업계에 강요하도록 '업계'가 강요했다고 말하는 편이 더 옳을 것이다.

이후 맹렬한 논쟁을 불러일으킨 해외정보감시법 수정안(FISA Amendments Act: FAA)은 미국인과 외국인 사이에 일어나는 모든 통신 도청을 합법화하고 승인했다. 외국인은 테러 용의자일 필요가 없었다. 단지 외국 첩보정보를 보유하고 있다고 '타당하게' 의심받고 있기만 하면 됐다. 또한 실제로 외국에 거주하고 있을 필요도 없다. 도청 당시 외국에 있었다고 '타당하게' 의심받고 있기만 하면 됐다. 이에 대한 승인은 해외정보감시 법원으로부터 1년에 한 번 한꺼번에 떨어질 것이다.

이 법안에서 가장 중요한 한 조항은 대규모 감시 행위에 참여하는 모든 전자 통신회사에 명시적으로 면책특권을 부여했다는 점이다. 면책은 소급적 효력과 장래 효력을 동시에 지녔다. 기본적으로 NSA에 협력한 모든 민간기업이 향후 형사고발이나 재정적 피해에 직면할 일은 없었다. 해외정보감시법 수정안은 미국의 대통령 선거전이 한창이던 2008년 중반에 통과됐다. 이는 NSA가 거둔 대단한 성공이었다. 행정부의 전적인 주도 하에 아무런 제재도 받지 않은 채 비밀스럽게 시작된 작전이 이제 국회로부터 명백한 승인을 얻었고, 상당수 국회의원들은 그 중대성을 거의 모르고 있었다. 이제 NSA 사전에는 '702'라는 새로운 용어가 등장했다. 이는 해외정보감시법 수정안이 변경한 해외정보감시법의 법조문을 가리키는 용어로, 이제부터 NSA가 수행하는 해외 및 표면상 테러 관계 정보수집의 상당 부분을 용인해주는 근원이 될 것이었다.

시민 자유주의자들은 치열하게 겨루던 경쟁에서 후퇴했지만 패배했다.

"분명 이 법안은 대규모 통신 정보수집을 할 것이다. 그중에는 분명 미국인과 관련된 정보도 있을 것이며 개별적인 혐의가 없어도 실행될 수 있다. 그리고 이런 문제에 이의를 제기할 수단도 없다."라고 미국시민연맹은 격렬히 경고하고 나섰다. 마치 그 옛날 영국 식민지 정부가 발부했던 일반 영장(General Warrants)과도 같았다. 이는 미국의 독립혁명과 헌법 제정을 가져왔던 매우 불합리한 압수수색의 근거였다.

6월 하원에서 해외정보감시법 수정안은 239 대 129라는 표 차이로 통과했다. 반대표를 던진 129명 모두가 민주당원이었다. 하지만 정보위원회 소속 민주당원들은 대개 찬성표를 던졌다. 그중에는 위원회 베테랑 제인 하먼(Jane Harman)과 그녀의 전임자이자 현 하원 대변인 낸시 펠로시도 있었다. 초기에 가졌던 의구심을 극복한 듯했다.

상원에서 이 수정안은 69 대 28이라는 압도적인 차이로 통과됐다. 반대표는 모두 민주당에서 나왔다. 그러나 주목할 만한 부분은 NSA

를 지지한 민주당원들이었다. 그중에는 다음 해 정보위원회 위원장이된 다이앤 파인스타인(Dianne Feinstein)도 있었다. 법안 통과 당시 정보위원회 위원장이었던 제이 록펠러(Jay Rockefeller) 역시 찬성표를 던졌지만 〈뉴욕타임스〉가 똑같은 감시 활동을 폭로했을 당시 그는 이를 맹비난했었다.

세 번째 인물은 21세기 초 진보진영의 기대주, 초선 일리노이 주 연방 상원의원이자 헌법학 교수였다.

버락 오바마는 2007년 초기 대통령 선거운동 당시 가두연설에서 이렇게 맹세했다.

"미국 시민을 불법으로 도청하는 일은 더 이상 없을 것입니다. 범죄 혐의가 없는 미국 시민을 염탐하는 국가보안서신은 더 이상 없을 것입니다. 잘못된 전쟁에 항의할 뿐인 시민을 추적하는 일은 더 이상 없을 것입니다. 귀찮다고 해서 법을 무시하는 일은 더 이상 없을 것입니다."

당시 민주당 대통령 후보 지명을 내다보고 있었고, 이후 대통령에 오른 오바마는 2008년 7월 9일 해외정보감시법 수정안에 찬성표를 던졌다.

해외정보감시법 수정안 통과로 무영장 감시를 둘러싼 정치 논쟁은 주변으로 밀려났고, 이에 쏠려 있던 대중의 관심과 이목은 이미 다른 관심사들로 옮겨갔다. 오바마 집권 중에 애국자법 및 해외정보감시법 수정안 갱신 등 감시 관련 투표가 주기적으로 있었지만 관심을 가진 사람은 비교적 소수에 불과했다. 오바마는 자신이 관장한 대규모 감시활동에 대해 그 어떤 정치적 대가도 치르지 않았다. 그 이유 중 하나는 해외정보감시법 수정안 통과로 NSA가 실행하는 대규모 정보수집 활동이 다시 비밀에 휩싸였다는 점이었다. 몇몇 강박적인 사람들은 스텔라 윈드라는 작전명을 알았지만, NSA가 모든 미국인의 전화 메타데이터를 비밀리에 저장하고 있다는 공개적인 증거는 없었다. NSA가 순조롭게 착수한 프리즘이라는 프로그램 하에서 모든 주요 인터넷 서비스 회사와 정보를 쓸어 담는 협정을 맺었다는 공개적인 증거도 없었다.

하지만 경고는 있었다. 2011년 정보위원회 일원인 오리건 주 민주당 소속 상원의원 론 와이든(Ron Wyden)이 〈와이어드WIRED〉 기자 스펜서 애커먼(Spencer Ackerman: 그는 얼마 지나지 않아 〈가디언〉 국가안보 편집자가 된다)과 나눈 이야기다.

그는 애국자법에 대한 중요 표결 직전 한 원내 연설과 인터뷰에서 "정부가 비밀리에 애국자법을 기존의 법조항과 완전히 다르게 해석하는 바람에 국회가 표결로 승인하지 않은 새로운 법이 되어버렸다."라고 완곡하게 말했다.

"국민들이 생각하는 애국자법의 내용과 미국 정부가 비밀스럽게 만들어버린 애국자법의 내용에는 차이가 분명합니다. 이런 차이는 문제를 발생시킵니다."

그는 그 차이를 미국 국민들이 알게 되면 깜짝 놀라고 충격에 빠질 것이라고 덧붙였다. 하지만 기밀정보를 보호하겠다고 서약한 와이든은 자기 말이 어떤 의미인지 정확히 설명하기를 거부했다. 결국 온갖 의혹과 불가사의한 논란에도 불구하고 미국 국민들은 그들의 이름으로 실행되고 있는 미국 최대 규모의 국내외 감시 프로그램의 실상에 접근하지 못했다.

이러한 많은 이유 때문에 2013년 에드워드 스노든이 홍콩행 비행기에 오를 때 그의 노트북에 저장된 자료는 고성능 폭탄과도 같았다.

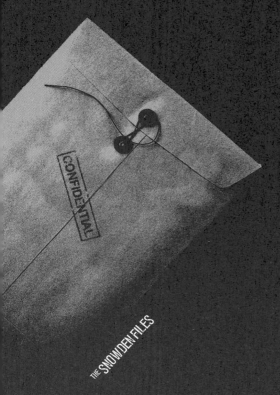

5장

방 안의
남자

2013년 6월 4일 목요일
홍콩 네이선 거리, 미라 호텔

매카스킬: "앞으로 당신에게 어떤 일이 일어날 것 같습니까?"
스노든: "좋은 일은 하나도 없겠죠."

-------------------------------------- 이웬 매카스킬에게 홍콩은 낯선 곳
이 아니다. 1980년대 초 당시 영국령 시절 홍콩에 방문할 때 그가 사
용하던 이름은 위안 마이(Yuan Mai)였다. 이 이름은 〈중국일보China
Daily〉에 기고할 때 사용하는 공식적인 중국 필명이다. 당시 젊은 매카
스킬은 베이징에 살았다. 명목상으로 그는 중국 공산당 선전부 일원
이었다. 실제로 그는 에든버러 유수의 신문 〈스코츠먼Scotsman〉에서
온 파견 직원이었다. 그는 그곳에서 영어권 기자를 모집하는 광고를
보았다. 〈중국일보〉 근무는 생각보다 스트레스가 많지 않았다. 정치
에 관한 모든 언급 자체가 금기사항이었기 때문이다. 매카스킬이 담
당한 업무는 중국 기자들을 지도하는 일이었다. 그들은 현대적인 영
문 신문을 만들고자 했다. 그곳에서 일하는 동안 흥미진진한 이야기
를 많이 만났다. 티베트 지역 곡물 생산에 관한 의무 기사를 취재하면
서 중국 마지막 황제의 남동생을 만났고, 중국에서 처음 에베레스트
산 정상에 오른 산악인과 인터뷰도 했다. 회개의 뜻으로 어린이를 위
한 놀이 기구를 설계했던 핵물리학자에 관한 기사도 썼다.

5장 방 안의 남자

"그때만 해도 사람들은 여전히 인민복을 입고 자전거를 타고 있었습니다."

쌀쌀한 글래스고의 다세대 주택 건물에서 자란 젊은 스코틀랜드 사람에게 그곳은 색다른 세계였다. 매카스킬은 〈가디언〉에서 가장 명망 높은 기자로 성장했다. 영국 신문업계는 전화 도청, 강탈, 속임수, 기타 비열한 배신행위가 들끓는 곳으로 악명 높았지만 매카스킬은 공명정대한 사람이었다. 높게 평가되는 경력을 쌓아오면서 매카스킬은 정도를 벗어난 일은 한번도 하지 않았다. 매카스킬이 청렴결백한 성격을 지니게 된 이유는 자유장로교회 신자인 부모님에게 받은 영향인 듯하다. 그러나 매카스킬은 15살 때 무신론자가 됐고 더 이상 교회에 나가지 않았다. 대학교를 졸업한 이후에는 〈글래스고 해럴드Glasgow Herald〉에 수습직원으로 입사했다. 당시는 1970년대였다. 지금은 인기 칼럼니스트가 스타 자리를 차지하고 있지만, 전통적인 저널리즘 시대였던 그때는 폭음 문화가 만연해 있었고 기자가 왕이었다. 작성할 기사가 없는 기자들은 근처 어두운 술집에 가곤 했다.

〈글래스고 해럴드〉에서 자리를 잘 잡았지만 1978~1979년에 파푸아뉴기니에서 기자들을 교육하며 보냈다. 중국 근무 이후 그는 〈스코츠먼〉으로 이직했고 정치부 기자로 런던에 갔다. 1996년 그는 〈가디언〉 정치부 기자에 지원했다. 편집장이었던 러스브리저는 매카스킬의 인터뷰를 '지금까지 내가 봤던 면접 중 최악'이었다고 회상한다. 그럼에도 불구하고 매카스킬은 〈가디언〉에 합격했다. 그는 1997년 영국 총선을 보도했고 2000년 외교부 담당 기자가 되었으며 이라크와 이스라엘, 팔레스타인 민중봉기를 취재했다. 2007년 워싱턴으로 옮긴 그는 오바마를 '꽤 괜찮은 대통령'이라며 긍정적인 평가를 보냈다. 하지만 이후 오바마 대통령이 기자와 비밀정보원을 강압적으로 추궁하는 모습에 환멸을 느꼈다. 행정부와 언론계의 관계는 점점 더 암울해졌고 그 갈등의 중심에 디지털 정보통제가 있었다.

그는 지금 그린월드가 말하는 불가사의한 'NSA 내부고발자'가 실제 인물인지 입증하는 난해한 임무를 맡았다. 6월 3일 월요일 그린월드와 포이트러스가 처음으로 수수께끼 정보원을 찾으러 간 동안 매카스킬은 주룽 W 호텔에 편히 머무르고 있었다.

매카스킬은 그날 지하철을 타고 홍콩 섬으로 가서 옛날에 자주 가던 곳을 돌아보며 시간을 보냈다. 덥고 습한 날이었다. 그날 저녁 그린월드는 터무니없게 젊긴 하지만 스노든이 진짜 같다는 소식을 가지고 돌아왔다. 스노든은 매카스킬을 만나는 데 동의했다. 그들은 다음날 아침 택시를 타고 미라 호텔로 갔다. 1014호실로 들어갔을 때 매카스킬은 침대 위에 앉아 있는 누군가를 보았다. 그 젊은이는 하얀색 티셔츠에 청바지를 입고 운동화를 신은 캐주얼 차림이었다. 그가 묵는 방은 비좁았다. 침대와 화장실이 있고 바닥에 작은 여행 가방이 놓여 있었다. 소리를 낮춘 대형 TV가 켜져 있었다. 스노든 방 창문을 통해 본 주룽 공원에는 부모와 함께 잔디밭에서 거니는 아이들이 보였다. 부슬비가 왔고 하늘은 구름이 잔뜩 뒤덮여 흐린 날이었다.

하와이를 떠날 때 스노든은 그리 많은 짐을 챙겨오지 않은 것이 분명했다. 노트북 4대가 있었고, 그중 가장 큰 노트북에는 하드케이스가 딸려 있었다. 그는 책을 딱 한 권 챙겨왔는데 〈워싱턴포스트〉 기자 바턴 겔먼이 쓴 《낚시꾼: 그림자 대통령 딕 체니Angler: The Shadow

Presidency of Dick Cheney》였다. 이 책은 부통령 체니가 9·11 테러 이후 '특별 프로그램'을 도입한 경위와 더불어 〈뉴욕타임스〉가 일부 폭로했던 스텔라 윈드 사건을 담고 있다. 스노든이 여러 번 읽어 손때가 묻은 제6장 가운데는 "미국 정부는 미국 국민이 자국 내에서 주고받는 이메일, 팩스, 전화통화 정보를 쓸어 담고 있다. 전화 로그 및 이메일 표제 같은 거래 데이터 역시 대량으로 수집했다. 테러리스트 위협과 관계 있는 정보를 발견하는 경우는 거의 없었다."라는 내용이 들어 있었다.

매카스킬과의 만남은, 그가 아이폰을 꺼내 보일 때까지는 순조롭게 진행됐다. 스노든은 전기 꼬챙이에 찔리기라도 한 듯 기겁했다.

"그때 내가 아이폰을 가지고 그를 만나러 간 행동은 NSA를 그의 호텔방으로 불러들이는 것과 마찬가지였습니다."

스노든은 NSA가 휴대전화를 마이크 달린 추적 장치로 바꿔놓을 수 있다고 경고했다. 철저한 보안을 요구하는 이 일에 휴대전화를 가지고 들어온 일은 매우 초보적인 실수였다. 매카스킬은 즉시 방을 나가 휴대전화를 밖으로 던져버렸다.

스노든은 놀라울 만큼 신중을 기했다. 방 외부 복도에서 누군가가 도청할 수 없도록 문에 베개를 쌓아놓았다. 베개는 문 양쪽 절반 높이까지 쌓여 있었고 아래쪽에도 놓여 있었다. 컴퓨터에 암호를 입력할 때는 몰래카메라로 암호를 알아낼 수 없도록 자기 머리와 노트북 위로 거대한 자루처럼 생긴 커다란 붉은색 모자를 썼다. 그는 웬만해선 노트북에서 떨어지려고 하지 않았다. 그가 방을 비운 세 번의 경우엔 고전적인 스파이 수법을 아시아 환경에 맞게 바꿔서 사용했는데, 컴에 물을 담아 문 뒤에 놓고 그 옆에 휴지조각을 놓는 방법이었다. 휴지조각에는 간장으로 특정한 무늬를 표시해두었다. 물이 휴지에 쏟아지면 그 무늬가 달라지므로 눈치챌 수 있었다. 하지만 스노든은 편집중에 시달리고 있지는 않았다. 그는 자신이 어떤 문제에 봉착해 있는지 알고 있었다. 주룽에 머무르는 동안 언제라도 누군가 문을 부수고 쳐들어와 자신을 끌고 갈 수 있다는 예상을 하고 있었다.

"나는 CIA에 붙잡힐 수 있습니다. CIA 요원이 뒤쫓아올 수도 있고 제3의 협력자가 추격할 수도 있죠. CIA는 여러 국가와 긴밀하게 협력하고 있습니다. 삼합회(홍콩을 거점으로 한 중국의 범죄 조직 – 옮긴이)나 그들의 협력자에게 의뢰할 수도 있어요. 근처에 있는 홍콩의 미국 영사관에도 CIA 근거지가 있습니다. 다음 주면 그들은 무척 바빠지겠죠. 얼마나 오래 계속될지 몰라도 아마도 평생 동안 짊어져야 할 공포일 겁니다."

그는 매카스킬에게 자기 친구 중 한 명이 이탈리아에서 진행된 CIA 용의자 인도 작전에 참여했었다고 밝혔다. 2003년 밀라노에서 백주대낮에 잡혀 현지 미국 공군기지에서 송환된 뒤 고문까지 당했던 이슬람 종교지도자 아부 오마르(Abu Omar) 체포 작전이 거의 확실했다. 2009년 이탈리아 판사가 납치 혐의로 기소된 CIA 밀라노 지부장 로버트 셀던 레이디(Robert Seldon Lady)와 CIA 요원 22명에게 유죄를 선고했다. 레이디는 "물론 이것은 불법 작전이었습니다. 하지만 그것이 우리 일입니다. 우리는 테러와 전쟁 중입니다."라고 했다.

스노든은 전화 회사 버라이즌(Verizon)으로부터 미국이 메타데이터를 대량으로 수집하고 있다는 첫 번째 기사가 나가기 직전까지 심리적으로 극도로 취약한 상태였다. 왜냐하면 스노든의 NSA 폭로 기사가 나가면 그를 찾아내려는 각고의 움직임이 시작될 것이기 때문이었다. 하지만 한편으로는 언론이 일종의 보호막이 되어줄 것이라는 기대도 했다. 기사가 나가기 전까지 기자들에게도 분명히 위험이 존재했다. 비밀정보를 가지고 있다가 잡히면 어떤 일이 벌어지겠는가? 포이트러스는 촬영을, 매카스킬은 공식적인 인터뷰를 시작했다. 그는 한 시간 반에서 두 시간 정도 질문을 했다. 스노든은 만화와 게임에 관한 이야기를 할 때가 되어서야 겨우 숨을 돌리는 듯했다. 매카스킬은 체계적이고 보도에 충실한 인터뷰를 진행했다. 그는 스노든에게 여권, 사회보장번호, 운전면허증을 보여줄 수 있는지, 최종 주소지는 어디인지, 연봉은 얼마였는지와 같은 기본적인 질문을 했다.

스노든은 부즈 앨런 해밀턴에 합류하기 전 기반시설 분석가로 받았던 연봉과 주택 수당이 20만 달러였다고 설명했다.(그는 부즈 앨런 해밀턴에 들어가기 위해 연봉 삭감을 받아들였다. 매카스킬이 스노든의 예전 연봉과 현재 연봉을 합치는 바람에 일부 사람들이 스노든이 수입을 부풀렸다고 부당하게 비난하는 사태가 벌어지기도 했다.)

매카스킬은 뒤이어 스노든에게 어떻게 정보기관 일을 하게 되었는지, CIA에 들어가게 된 것은 몇 년도였는지 물었다. 스노든은 스위스와 일본에서 파견근무를 했으며, 가장 최근 근무지는 하와이였다고 말했다. CIA 신원이 무엇이었냐는 질문에도 답했다. 가장 이해할 수 없는 부분, 즉 홍콩에 있는 이유가 무엇인지도 물었다. 스노든은 홍콩이 중화인민공화국의 일부임에도 불구하고 자유롭다는 평판과 언론의 자유를 존중하는 전통을 지니고 있기 때문이라고 했다. 또한 미국인인 자신이 결국 홍콩에 올 수밖에 없었던 상황은 '매우 큰 비극'이라고 말했다. 그렇다면 그는 언제 내부고발자가 되겠다는 운명적인 결정을 하게 되었을까?

"마음에 걸리는 사실을 알게 됩니다. 모든 사실을 알고 나면 그중 일부는 권력 악용이라는 걸 깨닫게 되죠. 부정행위를 인식하는 경우가 점점 많아집니다. 어느 날 갑자기 아침에 일어나서 폭로해야겠다고 결심한 것은 아닙니다. 자연스러운 과정이었죠."

스노든은 2008년 대선에서 오바마에게 표를 던지지는 않았지만 오바마의 공약을 믿었다. 그는 자신이 발견한 사실을 폭로하려고 생각했지만 오바마 당선 후 추이를 살펴보기로 했다.

"오바마 당선 이후 저는 환멸을 느꼈습니다. 그는 전임자가 수행하던 정책을 계속 이어갔습니다."

이 모든 이야기에 이해가 됐다. 하지만 스노든 경력에는 이상한 부분이 있었다. 스노든은 대학교에 가지 않았으며 대신 메릴랜드 지역 대학에 다녔다고 말했다. 매카스킬은 의아했다. 어떻게 스노든 같은 똑똑한 사람이 학위가 없으며, 또 어떻게 그렇게 짧은 시간에 이처럼 대단한 경력을 가질 수 있었을까?'

스노든은 스파이로 일하면서 놀랄 만큼 짧은 기간 동안 계약직이든 정규직이든 간에 NSA, CIA, 국방정보국(Defense Intelligence Agency: DIA)에 이르기까지 사실상 모든 정보기관에서 일했다. 그러자 스노든은 미국 특수부대에 들어가기 위해 기본적인 훈련을 받았지만 다리가 부러지는 바람에 포기할 수밖에 없었다는 사실을 언급했다.

"세상에! 이건 정말 판타지 같다고 생각했습니다. 그의 이야기는 모험소설과도 같았습니다."

매카스킬은 믿기 어려운 소설 같은 이야기가 진실이라는 확신이 들기 시작했다. 그는 핵심 쟁점으로 옮겨갔다.

"당신이 하려는 일은 범죄입니다. 남은 평생을 감옥에서 보내게 될 것입니다. 이 일을 하는 이유는 무엇입니까? 정말 그럴 만한 가치가 있습니까?"

스노든이 대답했다.

"우리는 정부에서 저지르고 있는 범죄행위를 충분히 보아왔습니다. 내게 혐의를 씌운다면 그 주장이 위선이죠."

그는 앞으로 자기에게 좋은 일은 하나도 일어나지 않을 것이라고 인정했다. 하지만 자기가 내린 결정을 후회하지 않으며 '내가 하는 모든 일과 모든 말이 기록되는' 세상에 살고 싶지 않다고 했다.

"NSA는 거의 모든 것을 도청할 수 있는 기반시설을 구축해왔습니다. 이런 능력을 바탕으로 사람들이 주고받는 의사소통 대부분을 자동적으로 집어삼키고 있습니다."

그는 연방 기관들이 인터넷을 장악했다고 말했다. 그들은 인터넷을 인류 전체를 감시하는 기계로 변화시켰다. 매카스킬은 영국 하원 통신원으로 일하던 시절부터 누설자들을 만났다. 정치인이 대부분이었다. 야심을 위해 정보를 유출하는 이들도 있었고 복수심에서 유출하는 이들도 있었다. 많은 사람들이 불만을 늘어놓았고, 무시당했다고 느끼거나 출세 기회를 놓쳤다는 등 폭로의 원인은 대부분 천박했다. 하지만 스노든은 달랐다.

"그는 이상주의 관점을 지녔습니다. 그의 폭로는 애국심에서 우리

난 행동이었죠."

스노든은 인터넷이 자유로워야 한다는 가장 중요한 믿음을 강조했다. 스노든의 검은색 노트북 중 하나에는 이런 그의 입장을 나타내는 표시가 있었다. 인터넷 투명성을 옹호하는 미국 집단인 전자자유포럼(Electronic Freedom Forum)이 배부하는 스티커였다. 스티커에는 "나는 온라인 권리를 지지합니다."라는 문구가 쓰여 있었다.

워싱턴 통신원인 매카스킬은, 스노든이 지닌 열정을 어느 정도 이해했다. 매카스킬은 2008년 오바마 대통령 선거운동을 취재했다. 그는 스노든을 비롯한 미국인들에게 미국 헌법이 특별한 의미를 지닌다는 사실을 알고 있었다. 미국 헌법은 기본적인 자유를 소중히 간직하고 있다. 스노든은 미국 헌법을 몰래 공격하는 미국 정부의 행동이 영토를 점령하는 공격과 맞먹을 정도로 끔찍하고 위법적인 침입이라고 믿었다. 그는 자기가 하는 일을 명백한 애국행위로 보았다. 자신의 폭로는 배신행위가 아니라 제 기능을 못하는 스파이 시스템에 필요한 교정행위라고 보았다. 나중에 비평가들은 NSA의 비밀을 스노든이 폭로한 동기가 관심을 끌기 위한 욕구라고 주장하면서 그가 자아도취에 빠져 있다고 비난할 것이다. 하지만 매카스킬은 동의하지 않는다. 오히려 스노든은 주목받을 때보다 노트북 앞에 있을 때 훨씬 더 편안함을 느끼는 사람이다.

"스노든은 품위 있고 정중한 사람이었습니다. 그는 천성적으로 상냥한 사람입니다. 그리고 무척이나 수줍음을 탔어요. 많은 사람들이 그가 유명 인사가 되고 싶어서 일을 벌였다고 하겠지만 그는 그런 사람이 아닙니다."

매카스킬이 스노든의 사진을 몇 장 찍었을 때 그는 눈에 띄게 불편한 모습이었다. 사실 스노든은 감시를 뒷받침하는 기술적인 세부 사항을 이야기할 때 가장 즐거워 보였다.

"스노든에게는 정말로 컴퓨터광 같은 부분이 있습니다. 그는 컴퓨터와 있을 때 편안함을 느끼죠. 컴퓨터야말로 그의 세계입니다."

그린월드와 매카스킬은 인터넷 바보였다.(반면 포이트러스는 어마어마한 전문기술을 갖추고 있었다.) 두 사람은 프리즘 슬라이드의 상당 부분을 이해하는 데 어려움을 겪었다. 스노든은 복잡한 도해를 그려 약어 해설과 경로 도청 기법을 설명했다. 외부인들이 보기에 이해하기 힘든, 불가해한 알파벳으로 도배된 문서였다. 매카스킬은 이 대규모 데이터 수집작전에 영국의 역할이 있는지 궁금했다. 영국인 대부분은 GCHQ를 생각하면 트위드 재킷을 입고 파이프 담배를 피우며 전시 나치 암호를 풀고 체스를 하는 과학자 이미지를 떠올린다. 매카스킬도 예외는 아니었다. 하지만 허를 찌르는 스노든의 대답이 이어졌다.

"GCHQ는 NSA보다 더 심합니다. 한층 더 깊이 침투하고 있어요."

이것은 또 하나의 깜짝 놀랄 정보였다.

매카스킬과 그린월드는 스노든을 방문할 때 그가 체포되어 어두컴컴한 현대판 강제수용소에 갇혀 사라지고 없을지 모른다는 상상을 했다. 하지만 다음날인 6월 5일 수요일에도 스노든은 여전히 미라 호텔에 있었다. 아직 그 누구도 그를 잡아가지 않았다. 이는 좋은 소식이었다. 나쁜 소식은 NSA와 경찰이 하와이의 스노든 집에 있는 여자 친구를 찾아갔다는 것이었다. 자동으로 작동되는 NSA의 절차는 스노든이 출근하지 않는다는 사실에 주목했다. 스노든은 평소와 다름없이 차분한 모습이었지만 경찰이 밀스에게 집요하게 질문하고 위협했음을 짐작했다. 스노든은 그동안 자신의 사생활에 대해서는 말하지 않았다. 그저 NSA 비밀 폭로와 그 내용이 미국의 감시 상황과 관련해 무엇을 이야기하는지에만 초점을 맞췄다.

이제 그는 몹시 고뇌했다.

"가족들은 무슨 일이 일어나고 있는지 모릅니다. 내가 가장 걱정하는 문제는 내 가족, 친구, 애인을 그들이 추적할 것이라는 사실입니다. 나와 관계 있는 사람이라면 누구든 쫓겠죠. 이런 생각으로 밤에 잠을 이루기 힘듭니다."

달갑지 않은 NSA가 집으로 찾아온 일은 놀랄 일이 아니었다. 그리고 이제 스노든이 그들 레이더에 걸려들었으므로 홍콩 은신처 역시 곧 발각될 가능성이 훨씬 높아졌다. 이유야 어찌 됐든 스노든은 NSA의 최고 기밀문서를 대규모로 빼내왔다. 매카스킬은 스노든에게 동정심을 느꼈다. 여기 곤경에 처한 젊은이가 있다. 그의 미래는 암울했다. 스노든은 매카스킬의 자녀와 거의 같은 나이였다. 아직 CIA는 그를 찾아내지 못하고 있었다. 이것은 스노든 사건에서 이해하기 힘든 부분 중 하나다. 왜 미국은 더 빨리 스노든에게 접근하지 않았을까? 스노든이 사라졌다는 사실을 알았다면 그들은 그가 홍콩으로 갔다는 비행 기록을 볼 수 있었을 것이다. 스노든은 1박에 330달러짜리 미라 호텔에 자기 이름으로 투숙했다. 심지어 숙박대금을 개인 신용카드로 결제하고 있었으며, 추적자들이 카드를 막을까 걱정하고 있을 정도였다. 설명할 수 있는 한 가지 가설은, 미국이 공산국가인 중국에서 활동하기를 꺼린다는 추측이다. 또는 미국이 보기보다 그리 전능하지 않다는 추측도 가능하다. 이후에 백악관이 홍콩에서 스노든을 송환하려는 시도에 실패했다는 사실을 감안하면 관료적 무능함이라는 결론이 더 맞을 듯하다.

논쟁하길 좋아하는 동성애자 미국인, 오스카상 후보에 오른 영화 제작자, 〈스타트렉Star Trek〉에 나오는 스코틀랜드 사람처럼 '예스Yes'가 아니라 '아이Aye'라고 말하는 전문기자 겸 등산가, 서로 어울리지 않는 듯한 언론인 세 명은 지구를 반 바퀴 돌아 스노든을 만났다. 그리고 일련의 특종기사를 써가는 과정에서 친밀한 유대관계를 형성했다. 오싹하고 두려운 일을 겪으며 생겨나는 동지애이기도 했다. 이 세 사람은 커다란 위험이 수반되는 작업에 발을 들인 셈이다. 매카스킬의 침착한 성격은 이후 많은 일들을 겪는 데 큰 도움이 되었다. 포이트러스가 가졌던 반감은 더 이상 사라지고 없었다. 그날 저녁 그린월드는 재빨리 기사 초고를 작성했다. 스노든이 제시한 기밀문서에 따르면 NSA는 미국 최대 통신회사인 버라이즌으로부터 비밀리에 모든 기록을 수집하고 있었다. 세 사람은 엄청난 폭로전에 버라이즌을 첫 번째 글로 선택할 생각이었다. 하지만 시간이 그들 편이 아닐까 봐 걱정이 되었다. 매카스킬과 그린월드는 늦은 시간까지 내용을 논의했다. 그들은 항구와 중국 본토 언덕이 내려다보이는 W 호텔의 그린월드 방에 앉아 있었다. 홍콩 섬의 고층 빌딩들과 공항으로 이어지는 다리도 보였다. 붐비고 반짝이는 도시 경관이었다.

그린월드는 노트북으로 기사를 작성해 매카스킬에게 넘겼다. 매카스킬 역시 컴퓨터로 기사를 작성해 메모리 스틱에 담아 그린월드에게 건넸다. 모든 문서는 메모리 스틱을 이용해 주고받았다. 이메일로는 아무것도 보내지 않았다. 두 사람은 시간 가는 줄 모르고 일했다. 스노든은 〈뉴욕타임스〉 기자 피터 마스에게 "당시 며칠이나 잠도 자지 않고 일하는 그린월드의 능력은 특히 인상적이었습니다."라고 말했다.(사실 그린월드는 너무 피곤해서 오후에 나가떨어져 잠이 들곤 했다.) 그들은 뉴욕에 있는 재닌 깁슨에게 최종 원고를 보냈다. 이 기사가 나가면 분명히 전례도 없고 예측할 수도 없는 대소동이 벌어질 것이 틀림없었다.

문제는 〈가디언〉이 실제로 이 모두를 보도할 준비를 갖추고 있는가였다.

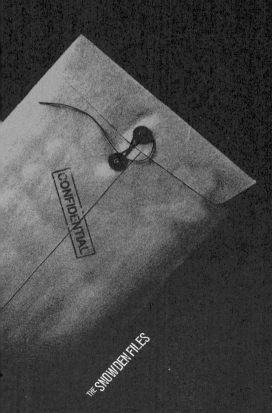

6장
—
역사상
최고의
특종

2013년 6월
뉴욕 소호, 〈가디언〉 미국 사무실

히긴스: "자넨 지금 걸어갈 수 있네만 과연 그들이 보도할까?"
터너: "보도할 겁니다."
—〈콘돌Three Days of Condor〉, 1975

-------------------------------------- 33세의 스펜서 애커먼은 10년 넘게
미국 국가안보 분야를 취재해왔다. 그는 연줄을 쌓았고 상원의원들과
수다를 떨기도 하고 9·11 테러 이후 부시 및 오바마 행정부의 정책을
추적해왔다. 이 일은 좌절감을 줄 수 있는 일이기도 했다. 2005년 〈뉴
욕타임스〉가 부시 대통령이 영장 없이 가동하던 감시 프로그램, 암호
명 스텔라 윈드가 존재한다는 사실을 폭로한 것은 사실이다. 하지만
이 폭로 기사는 매우 드문 경우로 사실상 침투 불가한 비밀 세계로 들
어온 한 줄기 빛에 불과했다.(〈뉴욕타임스〉는 1년 동안 이 기사를 그냥 붙들고만
있었다. 소속 기자 제임스 라이즌이 스텔라 윈드에 관한 책을 쓰기로 계획하자 그제야 어
쩔 수 없이 기사를 내보냈다.)

스트레스가 극심한 순간이면 팔굽혀펴기를 하는, 다루기 어려운 성
격의 애커먼은 뉴욕 출신이었다. 뉴욕 쌍둥이빌딩에 비행기가 충돌했
을 때 그는 21세였고 근처 뉴저지 소재 대학에 다니고 있었다. 〈더 뉴
리퍼블릭The New Republic〉에서 일하다 잡지 〈와이어드〉와 군사안보
블로그 〈데인저룸Danger Room〉에서 활약하던 애커먼은 NSA 감시 프

로그램을 캐내는 데 상당한 에너지를 쏟아왔다. 단서는 있었다. 하지만 이를 입증할 수 있는 사실이 너무 부족했다. 게다가 NSA는 묵상으로 유명한 카르투지오회 수도사만큼이나 침묵을 지켰다.

2011년 애커먼은 론 와이든 민주당 상원의원 사무실로부터 한 통의 전화를 받았다. 그는 정부 감시를 앞장서서 비판하는 사람이었다. 이전 인터뷰에서 와이든은 "지금 국회가 연장하려고 하는 애국자법에 심각한 우려를 표한다."라고 말했었다. 당시 그는 국가기밀을 폭로할 수 없는 입장이었다. 와이든은 행정부가 애국자법의 실제 내용과 근본적으로 상충되는 법률 해석을 하고 있다고 말했다. 하지만 정부가 어떻게 해석하고 있는지는 말하지 않았다. 하지만 그는 데이터 수집 프로그램의 규모를 감추기 위해 백악관이 속임수를 사용하고 있다고 넌지시 알려주었다.

애커먼은 〈와이어드〉에 실린 글에서 정부가 일반 시민의 정보를 대규모로 빨아들이고 있다고 추측했다. 하지만 NSA는 미국 시민을 염탐하고 있다는 의견을 단호하게 부인했다. 2012년 알렉산더 NSA 국장은 라스베이거스에서 열린 해커 대회에 예기치 않게 모습을 드러냈다. 알렉산더 국장이 데프콘 행사장을 방문한 것은 처음이었다. 주름을 잡아 빳빳하게 다린 대장 군복을 벗고 티셔츠와 청바지로 갈아입은 알렉산더가 무대에 올랐다. 그는 청중들에게 NSA는 '절대로' '수백만 또는 수억' 미국 시민들에 관한 '파일'이나 '서류'를 보관하지 않는다고 확언했다.

이 발언은 뻔뻔한 거짓말이었을까? 아니면 '파일'이 예를 들어 전화기록의 대규모 수집과는 다른 의미라는 의미론적 회피였을까? 애커먼을 비롯한 국가안보 담당 기자들에게 이 발언은 커다란 퍼즐의 감질 나는 몇 조각에 불과했다. 분명 정부는 비밀 법원, 혼동 작전, 그리고 정당한 정보공개 요청을 피하기 위한 기밀분류 방법을 혼합해서 사용하고도 남을 것이다. 하지만 증거가 없다. NSA에서 누군가 정보를 누출한 적이 없기 때문에 정부의 감시 범위가 어느 정도인지 밝혀질 가망은 거의 없었다.

5월 말 애커먼은 〈와이어드〉를 그만뒀다. 〈가디언〉에서 미국 국가보안 담당 기자 자리를 맡을 수 있는 새로운 기회가 왔다. 새 직장은 오바마 대통령이 있는 백악관에서 겨우 세 블록 떨어진 패러컷 광장에 위치한 〈가디언〉 워싱턴 사무실이었다. 미국 〈가디언〉 편집장 재닌 깁슨은 애커먼에게 먼저 뉴욕으로 오라고 요청했다. 깁슨은 그에게 일주일 정도 '오리엔테이션'을 받으러 왔으면 좋겠다고 말했다. '오리엔테이션'이 무엇인지 확실하지는 않았다. 그렇지만 좋은 인상을 심어주고 싶었고 아이디어가 넘치던 애커먼은 출근하기 위해 뉴욕으로 향했다.

그의 첫 출근일인 2013년 6월 3일은 특별한 날이 되었다.

애커먼은 브로드웨이 536에 위치한 건물 6층으로 출근했다. 〈뉴욕타임스〉 사무실과 비교하면 〈가디언〉 미국의 오피스는 좁고 절제된 분위기였다. 뒤집힌 L자 모양을 한 개방형 사무실에 컴퓨터 몇 대, 회의실, 그리고 피지팁스(PG Tips: 영국의 대중적인 홍차 브랜드 – 옮긴이), 비스킷, 커피 머신을 갖춘 주방이 있었다. 벽에는 자매지 〈옵저버Observer〉의 유명 사진기자 제인 바운(Jane Bown)이 찍은 흑백 인물 사진이 걸려 있었다. 빈정대는 듯한 표정의 편집장 머독의 사진은 이후 NSA 특종 기사가 실린 가디언 1면 기사를 넣은 액자를 걸기 위해 치워졌다.

〈가디언〉은 편집 인원 31명과 500만 달러라는 적은 예산을 기반으로 오로지 디지털 방식으로 운영되고 있다.(반면 〈뉴욕타임스〉 뉴스 부문 직원 수는 1150명이다.) 빙하기를 지나 홀연히 사라진 공룡들처럼 〈가디언〉의 사무실은 앞으로 살아남을 신문사의 새로운 형태를 보여주는 듯했다. 기자들 중 절반 정도가 미국인으로 대부분이 젊고 디지털 기기에 익숙하다. 팔 절반에 문신을 새긴 기자들이 많고 팔 전체를 덮는 문신을 한 대담한 사람도 있다. 깁슨의 표현대로 이들의 임무는 세상에 대한 반대 목소리를 전하는 영국 〈가디언〉의 완전한 미국판을 만드는 것이다.

2011년 7월 출범 이래 미국 독자는 늘고 있지만 영국 태생의 이 언론사는 〈뉴욕타임스〉, 〈워싱턴포스트〉, 〈월스트리트저널〉 같은 거대 언론사와 경쟁하기에는 턱없이 작았다.

하지만 워싱턴 클럽의 일원이 아니라서 누릴 수 있는 장점도 있다.

"어차피 아무도 우리 전화를 받지 않아요. 그러니 우리는 접근성 측면에서 말 그대로 아무것도 잃을 것이 없죠."

〈가디언〉은 에드워드 스노든 사건이 터지기 한참 이전부터 세계에서 세 번째로 큰 신문 웹사이트였다. 하지만 백악관은 〈가디언〉이 신문인지, 무가지인지 블로그인지도 잘 모르고 혁신적인 영국인 편집장 재닌 깁슨의 성격도 잘 모르는 듯했다.

애커먼은 깁슨이 약속한 '오리엔테이션'을 받지 못했다. 그는 깁슨과 스코틀랜드 출신 부편집장 스튜어트 밀러가 깁슨의 사무실에 은밀하게 앉아 있는 모습을 몇 시간째 보고 있었다. 문은 굳게 닫혀 있었다. 가끔씩 깁슨이 나와 분주하게 뉴스 실로 향했다가 다시 반투명 유리창 너머로 사라지곤 했다.

"화장실을 가거나 물을 마시러 밖으로 나올 때 우리 모습은 책상에서 튀어 올라와 경계 신호를 보내는 미어캣 같았습니다."

분명 대단한 사건이 머지않아 일어날 듯했다. 점심때가 되어서야 깁슨은 애커먼을 불렀다. 세 사람은 모퉁이를 돌아 로브스터 바에 갔다. 식당은 만석이었다. 세 사람은 식사하는 사람들 틈에 끼어서 바닷가재 롤을 시켰다. 애커먼이 잡담을 시작하자 두 사람이 곧 말을 끊었다. 그리고 깁슨이 폭탄선언을 했다.

"오리엔테이션은 없습니다. 당신이 참여해주었으면 하는 좋은 기삿감이 있습니다."

깁슨은 지금 어떤 일이 벌어지고 있는지, 즉 확인되지 않은 제3국에 체류 중인 내부고발자가 있다고 차근하게 설명했다. 내부고발자는 현재 그린월드, 매카스킬과 접촉 중이며 그들은 지금 NSA 감시 프로그램에 관한 기사를 준비 중이라고 말했다. 이런 세상에!

애커먼은 너무 놀라 어리둥절했다. 후에 그는 "나는 할 말을 잃었습니다. 바로 이 일, 무영장 감시 프로그램을 7년 동안 보도해왔기 때문이에요. 이 문제에 정말 깊이 발을 들여놓았지만 그것뿐이었죠."라고 말했다. 깁슨은 애커먼에게 프리즘 슬라이드 내용과 버라이즌의 미국 고객 전부의 전화기록을 넘기도록 강요한 비밀법정 명령을 알려주었다. 애커먼은 양손으로 머리를 감싸 쥐고 위아래로 흔들면서 "이런 제길! 이런 제길!"이라고 중얼거리다 겨우 평정을 되찾았다. 그는 오랫동안 의심해왔던 가설이 진실이었다는 사실에 흥분했다. 오바마 행정부는 부시 행정부가 자행하던 감시 행위를 비밀리에 계속 실시하고 심지어 확대하고 있었다. 애커먼은 깁슨에게 스텔라 윈드라는 단어가 무슨 뜻인지 아느냐고 물었다. 깁슨은 그렇다고 답했다. "이는 내가 7년 동안 찾아내려고 했던 모든 것이었습니다. 그리고 '흰돌고래가 작살 끝으로 다가오고 있구나!'라고 생각했습니다. 알고 보니 고래가 떼를 지어 왔죠."

이 사실이 함축하는 것은 대단했다. 버라이즌 비밀법정 명령은 2013년 4월 25일자였다. 이 명령은 미국 고객 수백만 명의 전화기록을 NSA에 넘겨주라고 미국 최대 통신회사에 강제하는 내용이었다. 버라이즌은 '지속적으로 매일 같이' 세부적인 개인 정보를 넘겨주고 있었다. 버라이즌은 자사 시스템을 거쳐 미국 내, 그리고 미국과 외국을 오간 모든 전화에 관한 정보를 NSA에 넘겨주고 있었다. 이는 NSA가 범죄나 테러에 연루되었는지 여부에 관계없이 미국 시민 수백만 명의 기록을 저인망식으로 수집해왔다는 충격적이고도 명백한 증거였다. 문서는 해외정보감시 법정에서 발행한 것이었다. 로저 빈슨(Roger Vinson) 판사가 서명한 이 문서는 미국 행정부가 90일 동안 전화 메타데이터를 수집할 수 있는 무제한 권한이었다. 기한은 7월 19일에 끝났다.

애커먼은 이렇게 말했다. "그 문서는 내가 지금까지 본 것 중에서 가장 흥미진진했습니다. 관계자 외에 해외정보감시 법정 명령을 본 사람은 아무도 없었죠. 지나친 억측과 음모 같은 상상을 할 때에도 정부가 이런 일을 하리라고는 생각하지 않았습니다."

3개월짜리 이 권한은 일회성일까? 이와 비슷한 명령이 또 있을까?

스노든은 최근 문서 한 건만을 제공했다. 하지만 NSA는 다른 주요 전화회사에도 이와 동일한 방식으로 데이터를 제공하라고 강요했을 것이다. 뉴욕 사무실에서 깁슨은 신중하게 계획을 세웠다. 계획은 법률자문 모색, 백악관 접근전략 수립, 홍콩 체류 기자들에게 기사 초안 수령, 이 세 가지 기본 요소로 이루어졌다. 아직까지 NSA는 그들을 집어삼킬 쓰나미가 몰려오고 있다는 사실을 인식하지 못한 듯했다. 아이러니하게도 〈가디언〉은 전통적인 정보기관처럼 움직이기 시작했다. 칸막이로 둘러싸인 별실에서 은밀한 암호를 주고받으며 비밀리에 일했다. 일반 인터넷이나 전화선을 이용한 이메일과 대화는 배제했다. 깁슨은 화이트보드에 잠정적인 일정을 썼다. 미국 비밀주의의 심장을 파고드는 스노든 프로젝트를 알고 있는 집단은 극소수였다. 언론계 사람들은 천성적으로 구제불능의 수다쟁이다. 하지만 이 경우 모든 정보는 레닌 시절 감옥만큼이나 철저하게 통제됐다. 직원들 대부분은 동료들이 무언가 급박한 상황 속에 놓여 있다는 사실을 눈치채지 못했다.

〈가디언〉은 버라이즌 기사를 가장 먼저 보도할 생각이었다. 수많은 문서 가운데 이 기사가 가장 이해하기 쉬웠다.

"이 문서는 명백하고 아주 분명했습니다."

다음에는 프리즘이라는 암호명이 붙은 인터넷 프로젝트에 관한 기사를 내보낼 예정이었다. 그 다음으로 미국이 적극적으로 사이버 전쟁에 관여하고 있다고 폭로하고자 했다. 마지막으로 할 수 있다면 국경 없는 정보원(BOUNDLESS INFORMANT)이라는 위장막 뒤에 숨은 진실을 보도할 예정이었다. 이 특종을 담당하고 있는 기자들이 홍콩, 미국,

영국 등 세계 도처에 흩어져 있다는 사실 때문에 문제가 산적했다. 애커먼은 워싱턴 DC로 돌아갔다. 그는 버라이즌에 접촉할 준비를 하라는 지시를 받았다. 그리고 때가 되면 백악관에 연락을 취할 준비 역시 해야 했다. 런던에서는 〈가디언〉 편집장 앨런 러스브리저와 외교부 담당 기자 줄리언 보거(Julian Borger)가 다음번 뉴욕행 비행기에 타기 위해 공항으로 향하고 있었다. 이전에 〈가디언〉의 웹사이트 guardian.co.kr의 온라인 편집자를 담당하던 깁슨에게 이 모든 과정은 분명 손에 땀을 쥐게 하는 롤러코스터였다. 실수 하나가 모든 일을 망칠 수 있었다.

"이런 문서를 본 적 있는 사람은 아무도 없었습니다. 해외정보감시 법원 문서는 극비사항이었기 때문에 비교할 대상이 아무것도 없었죠."

그녀는 법원 명령 내용이 사실이라고 하기에는 너무나 그럴 듯하다며 거짓일 가능성을 불안해 했다. 미국 규제제도는 영국 규제제도에 비해 느슨했다. 영국이라면 정부는 간단히 법원에 금지명령, 즉 출판을 중지하는 보도 금지령을 요청할 수 있었다. 하지만 수정헌법 제1조의 본고장인 미국에서도 극도로 민감한 NSA 기밀문서였다. 보도가 가져올 잠재적 파문은 거대했다. 이는 역사상 최대 규모의 정보 누출이기 때문이다.

문제는 미국 방첩법(US Espionage Act)이다. 미국 정부가 소환장을 청구할 가능성이 높았다. 그 다음에는 대배심을 구성할 것이다. 목적은 〈가디언〉이 정보원 신원을 밝히도록 하는 데 있을 것이다. 밀러와 깁슨은 언론 전문 일류 변호사 두 명을 만났다. 데이비드 코제닉(David

Korzenick)과 데이비드 슐츠(David Schulz)였다. 그들은 〈가디언〉과 연루된 모든 가능성을 고려할 수 있도록 도움을 주었다.

방첩법은 제1차 세계대전 중에 제정된 특이한 법률이다. 방첩법은 미국 정보기관 자료를 외국 정부에 '제공, 전송 또는 전달'하는 행위를 범죄로 규정했다. 법률은 다소 모호했다. 예를 들어 국가안보 기사를 보도하는 기자에게 해당 법이 적용되는지의 여부가 명확하지 않았다. 판례법 역시 별로 도움이 되지 않았다. 이런 건으로 기소된 전례는 거의 없었다.

하지만 사태를 낙관할 만한 근거가 전혀 없는 것은 아니었다. 먼저 방첩법 제정 이래 96년 동안 이 법이 언론기관에 적용된 적은 단 한번도 없었다는 사실이다. 오바마 행정부가 첫 번째 사례를 만들고 싶어 할 가능성은 낮았다. 둘째, 정치적으로 유리한 상황이었다. 백악관은 탐사보도 전문기자들을 박해한다는 공격을 한창 받고 있는 중이었다. 법무부는 실패한 알카에다 음모를 보도한 〈연합통신사Associated Press〉 기자들의 전화 기록을 입수해왔다. 이는 믿기 힘들 만큼 중대한 뉴스 취재업무 침해다. 게다가 다른 사건에서 법무부가 폭스 뉴스 기자를 겨냥했다는 사실도 밝혀졌다. 격렬한 항의가 있자 에릭 홀더(Eric Holder) 법무장관은 국회에서 법무부는 언론에 종사하고 있는 기자들을 기소하지 않을 것이라고 말했다.

〈가디언〉은 미국 국가안보를 해치는 상황을 피하기 위해 필요한 모든 타당한 조처를 취했다는 사실을 보여줘야 했다. 그리고 미국 정부 작전의 세부사항에 해를 끼치지 않으면서 정부 감시정책의 윤곽을 폭로하는 문건만 보도했다는 사실을 증명해야 했다. 문제는 일반인이 수정헌법 제1조에 따라 참된 알 권리를 지니는가의 여부였다. 〈가디언〉이 추구하는 유일한 목표는 스노든과 와이든, 상원 정보위원회 동료인 마크 유달(Mark Udall)을 비롯한 사람들이 오랫동안 제기해오던 문제에 대한 논의였다. 사건은 빠르게 진행됐다. 〈가디언〉의 매카스킬은 홍콩에서 문자 메시지를 보내왔다.

"기네스는 맛있습니다."

이는 스노든이 진짜라는 확신의 암호였다. 깁슨은 NSA가 부인할 기회를 가질 수 있도록 네 시간의 여유를 주었다. 영국 기준에서 이 시간은 통했다. 전화를 몇 통 걸고 입장을 정하기에 충분히 긴 시간이었다. 하지만 기자와 행정부의 관계가 친밀하고 때로는 컨트리클럽 분위기를 풍기기도 하는 워싱턴 기준에서 네 시간은 터무니없이 짧았다. 수요일, 애커먼은 워싱턴 사무실에서 공식적인 첫 근무를 시작했다. 그는 새 동료인 〈가디언〉 워싱턴 지국장 댄 로버트에게 인사를 건넸지만 본인이 맡은 초현실적 임무에 관해서는 아무것도 밝힐 수 없었다. 오후 1시경 그는 버라이즌에 전화를 걸었다. 그 다음 백악관에서 일하는 케이틀린 헤이든에게 전화했다. 헤이든은 대통령이 의장을 맡고 미국 국가안보와 외교정책 전략조정을 책임지는 국가안보회의(National Security Council: NSC) 대변인이었다. 헤이든이 전화를 받지 않자 애커먼은 긴급 이메일을 보냈다. 제목은 '최대한 속히 전할 말이 있습니다'였다.

"안녕하세요, 케이틀린.

조금 전 당신에게 음성 메시지를 남겼습니다. 나는 〈가디언〉에서 일하고 있습니다. 나는 미국 감시 활동을 다룬 기사와 관련된 긴급한 사항으로 연락을 했습니다. 전화로 이야기하는 것이 최선일 것 같네요. 최대한 빨리 전화 부탁드립니다."

헤이든은 바빴다. 그날은 우연히도 백악관이 국가안보위원회 책임자인 국가안보 보좌관으로 수전 라이스(Susan Rice) 대사를 지명한다고 발표한 날이었다. 헤이든은 이메일로 한 시간 후 전화하겠다는 답을 보내왔다. 오후쯤 통화에서 애커먼은 헤이든에게 〈가디언〉이 해외정보감시 법원의 비밀문서를 가지고 있으며 이를 당일 오후 4시 30분에 보도할 예정이라는 사실을 전했다. 케이틀린은 노발대발했다. 대체 〈가디언〉은 정확히 뭘 하는 곳이며 이 성가신 영국인들은 대체 어디에서 그 문서를 입수했을까? 충격이 가시고 나자 헤이든은 프로답게 자세한 사항을 받아 적었다. 4시에 헤이든은, 백악관이 법무부와 NSA가 최대한 속히 대화하길 바란다고 했다. 애커먼은 법무부에 전화를 걸고 NSA 언론 담당 책임자 주디 에멜(Judy Emmel)과 이야기를 나눴다. 에멜은 아무런 반박도 하지 않았다. 애커먼은 심장이 쿵쾅거리는 것을 느꼈다. 애커먼은 헤이든에게 오후 5시 15분까지 보도를 미룰 수 있다고 알렸다. 그러자 헤이든은 백악관과의 전화 회담을 제안했다. 백악관은 일인자들을 보내왔다. 회의에는 보스턴 출신으로 마약수사관, 대 테러 요원, 프라하 대사관 법률 담당관을 거친 행동파 FBI 부국장 선 조이스(Sean M. Joyce)가 참석했다. 조이스는 범죄 및 국가안보 위협과 싸우는 75개 국내외 FBI 임무를 책임지고 있었다. NSA 부국장인 크리스 잉글리스(Chris Inglis)도 참석했다. 잉글리스는 기자와 교류하는 일이 거의 없어서 불가사의한 존재로 여겨졌다. 잉글리스의 경력은 화려했다. 기계공학과 컴퓨터공학 학위를 보유하고 있으며 NSA 내에서 고속 승진했다. NSA 부국장이 되기 전 2003년에서 2006년까지 런던에서 GCHQ 및 영국 정보기관과 연락을 취하는 미국 최고위 정보관인 수석 미국 연락장교(SUSLO) 직책을 맡았다. 아마도 런던에서 복무하는 동안 〈가디언〉을 봤을 것이다.

로버트 리트 국가정보국 법무자문위원도 참석했다. 하버드와 예일 대학교를 졸업한 리트는 1990년대 중후반 법무부에서 6년간 일한 경험으로 해외정보감시 법원이 어떻게 작동하는지 알고 있었다. 리트는 똑똑하고 호감을 주는 사람으로 달변에 표정이 풍부한 변호사 타입이었고 화려한 미사여구를 많이 사용했다. 〈가디언〉 측에서는 영국인 기자 두 명, 깁슨과 밀러가 있었다. 그리고 애커먼이 워싱턴 DC에서 참석했다. 하지만 외지인 몇 명이 워싱턴 거대 조직에 맞선 모습은 승산이 희박해 보였다.

백악관은 권력 실세들을 내보냄으로써 적어도 확실히 며칠, 어쩌면 영원히 〈가디언〉이 버라이즌 기사 보도를 늦추도록 비위를 맞추거나 필요하면 협박할 수 있다고 생각했을 것이다. 이는 타당한 전략이었다. 하지만 이 전략은 몇 가지 추정에 근거하고 있었다. 먼저 백악관이 상황을 통제하고 있다고 가정했다. 그리고 아마도 깁슨을 과소평가한 듯하다. 애커먼은 "이런 때야말로 편집자들이 어떤 성격인지 알 수 있는 순간이죠."라고 말한다.

그들의 주된 내용은 〈가디언〉의 버라이즌 기사가 결코 공정하지 않다는 것이었다. 오해를 불러일으킬 소지가 있고 부정확하다고 했다. 행정부 요인들이 전체적인 세부상황에 대해 설명할 용의가 있다고 했다. 요컨대 깁슨을 백악관 담소에 초대하겠다는 제의였다.

　과거 미국 언론계, 특히 2004년 〈뉴욕타임스〉가 처음으로 부시 대통령의 무영장 감시 프로그램을 발견했을 당시 그 신문사에는 이런 책략이 통했다. 〈가디언〉 측도 '담소'를 나누고 나면 이 사건을 보도하려는 열의가 식을 것이라고 했다. 행간에는 너희 영국인들은 이곳 일이 어떻게 돌아가는지 잘 모른다는 의미가 담겨 있었다.

　"그들은 대강 둘러대서 나를 설득할 수 있다고 생각했던 것 같습니다." 깁슨이 회고했다.

　이번 접촉은 국가안보 우려를 제기할 수 있는 좋은 기회였다. 그녀는 백악관 대표에게 일반 대중들 또한 해외정보감시법의 비밀을 밝히는 데 엄청난 관심을 보이고 있다고 말했다. 하지만 깁슨은 열린 마음으로 미국 정부 측의 우려를 듣고자 했다.

　정부 측 대표들은 자기들 뜻대로 무엇이든 움직이는 데 익숙한 터라 깁슨의 태도에 크게 당황한 듯했다. 이 상황에서도 깁슨 편집장은 상대방을 무장해제시키는 명랑하고 경쾌한 어조를 유지했다. 깁슨은 권력을 휘두르려는 수많은 사람들을 대해왔다. 그중에는 시끄러운 CNN 앵커 피어스 모건(Piers Morgan)과 현 영국 국무총리 데이비드 캐머론(David Cameron)도 있었다. 그러나 압박이 심해질수록 깁슨의 말투는 뻣뻣한 영국 억양으로 변했다. 그들과 떨어진 워싱턴 DC에서 지켜보던 애커먼은 깁슨의 대처에 깊은 인상을 받았다. 그는 지챗(G-chat: 구글 채팅 프로그램 – 옮긴이)으로 격려의 말을 보냈다. 20분이 지나자 백악관 측은 좌절했다. 대화가 제자리에서 맴돌았다. 리트와 잉글리스는 비밀 버라이즌 문서에 관해 '논의'만 하더라도 중죄가 된다는 이유를 들어 그 어떤 것도 거부했다. 그러고는 마치 경찰 프로그램에 나오는 배우처럼 버럭 화를 냈다.

"이 사건은 보도할 필요가 없소! 생각 있는 보도기관이라면 이 건은 보도하지 않는다고!"

깁슨은 결심을 굳혔다. 앞서 보여주던 품위와 부드러운 태도는 사라졌다. 그녀는 "최대한 경의를 가지고 우리가 무엇을 보도할지는 우리가 결정하겠습니다."라고 차갑게 대답했다.

"미국 행정부가 본질적인 내용은 아무것도 제공하지 않을 것은 분명했죠. 우리는 기사를 보도하기로 했습니다. 누가 이길지 모르는 게임이었죠."

백악관 측은 이 문제를 더 윗사람과 논의하고 싶다는 의사를 건넸다. 깁슨은 "내가 최종 결정권자입니다."라고 말했다. 기분이 상한 상대편은 전화 회담을 접었다. 깁슨은 정당한 전술을 고수하는 한편, 냉정을 유지하면서 자신을 회유하려는 미국 행정부의 시도에 저항했다. 애커먼은 이렇게 전했다.

"깁슨은 꿈쩍도 하지 않았어요. 대쪽처럼 꼿꼿했죠. 오바마 행정부는 이 상황을 통제하는 것이 자기들이 아니라 깁슨이라는 사실에 적응하는 데 오랜 시간이 걸렸습니다. 미국 행정부가 자기네 무리에 속하지 않은 사람들과 이런 상황에 놓이는 일이 얼마나 있었겠어요?"

이번 접촉은 미국과 영국 간 신문 문화의 차이를 잘 드러냈다. 미국에서는 3대 신문사가 사실상 독점을 누리는 상황이다. 경쟁이 거의 없는 상황에서 3사는 느긋하고, 심지어 신사다운 속도로 편안하게 선두를 유지할 수 있다. 정치적 문화 역시 달라서 언론이 대체로 대통령을 존중하는 분위기를 띤다. 누군가가 오바마에게 어렵거나 곤란한 질문을 하면 그 자체가 뉴스가 됐다. 반면에 영국 신문업계의 풍경은 이와는 무척 다르다. 런던에는 전국의 12개 신문이 생존하기 위해 고단하고 기나긴 전투, 죽을 때까지 계속되는 투쟁에 갇혀 있었다. 종이 신문 판매부수가 감소하면서 이러한 경쟁은 한층 더 극렬해졌다. 특종을 잡았다면 게재한다. 우리가 하지 않으면 다른 신문이 낼 것이기 때문이다. 이는 서로 먹고 먹히다가 결국에는 뼈까지 가루로 만드는 싸움이었다.

미국은 이제 영국 정부에 압력을 행사하려 했다. 영국 보안기관 MI5가 〈가디언〉의 런던 본부에 있는 안보 담당 기자 닉 홉킨스에게 전화를 걸었다. FBI 역시 〈가디언〉의 2인자 부편집장 폴 존슨에게 전화를 걸었다. 그러나 이 결정이 깁슨에게 달렸다는 사실이 확인될 뿐이었다. 워싱턴 DC에 있던 애커먼은 초조해졌다. 그는 총을 들고 선글라스를 낀 사람들이 자기를 어두운 방에 가두고 심문할 준비를 한 채 자기 아파트 밖에 서 있지 않을까 걱정했다.

"우리는 막강한 권력자 세 명과 전화통화를 끝냈고, 그들을 극도로 불쾌하게 만들었으며, 그중 한 명은 FBI 부국장이었으니 아찔한 생각이 들 수밖에 없었죠."

바다 건너 홍콩에 있는 스노든과 그린월드 역시 불안에 떨고 있었다. 그들은 벌집을 쑤시는 격이 될 이 기사를 보도할 대담함을 〈가디언〉이 지니고 있는지 확신할 수 없었다. 그린월드는 〈가디언〉이 만약 망설인다면 이 특종을 직접 보도하거나 다른 언론사로 가져갈 용의가 있었다. 그러나 시간이 없었다. 그리고 스노든은 언제라도 발각될 수 있었다.

저녁 7시를 막 지났을 때 미국의 〈가디언〉은 기사를 실었다. 이 기사는 어느 기준으로도 엄청난 특종이었지만, 한편으로는 단지 시작에 불과했다. 그린월드 이름으로 발표된 그 기사는 "NSA는 4월에 발부된 일급비밀 법원 명령에 근거해 미국 최대 전화 서비스 제공업체인 버라이즌의 미국 고객 수백만 명의 전화기록을 수집하고 있다."라는 문장으로 시작했다. 전화 회담이 실패로 끝나긴 했지만 백악관은 분명히 〈가디언〉이 비밀명령을 기사화하는 대담함을 갖추고 있다고는 생각하지 않았을 것이다. 기사가 나간 지 몇 분이 지났을 때 헤이든은 애커먼에게 "당신들 일을 진행하고 있나요?"라는 짧은 메일을 보냈다.

이처럼 뒷북치는 내용은 이후 백악관의 대응을 함축하고 있었다. 고위관리들은 무모할 정도로 빠른 보도 속도를 믿지 못하겠다는 반응을 보였고, NSA는 〈가디언〉이 일급비밀 문서를 단 한 건이 아니라 수천 건이나 가지고 있다는 사실은 몰랐다.

"우리는 극도로 빠르게 움직였습니다. 범인 수색이 시작되기 전까지 기사를 낼 수 있는 시간은 지극히 제한되어 있다는 사실을 알고 있었죠."

스노든은 버라이즌 폭로가 사람들 사이에서 폭발적인 반응을 일으킬 것이라고 주장했다. 깁슨과 밀러는 그 정도로 확신하지는 않았다. 대단한 기사임에는 틀림없지만 얼마나 큰 영향을 미치겠는가? 그날 업무가 끝나고 애커먼은 아내 맨디를 만나 저녁 식사를 하기로 하고 한국 식당에 가서 마음을 진정시킬 대용량 맥주를 시켰다. 그는 아이폰으로 오늘 나간 버라이즌 기사를 찾았다. 그리고 아내에게 보여줬다. 그녀는 "어머나, 세상에!"라고 소리쳤다. 애커먼은 트위터를 보았다. 〈가디언〉 기사는 순식간에 사방으로 퍼졌다.

"청천벽력 같은 이 뉴스는 세상으로 빠르게 퍼지고 있었습니다."

그는 주위를 둘러보았다. 옆 테이블에 앉은 남자 두 명이 FBI일까? 이런 증세는 당연했다. 지금부터 〈가디언〉은 NSA의 철저한 조사대상이 될 것이다. 갑자기 세계가 다르게 느껴졌다. 신경과민 증세가 올 것 같았다. 어떤 법률적 근거로 NSA가 염탐할지 알 수 없었다. 7시 50분에 밀러는 사무실에서 빠져나와 지하철을 타고 브루클린에 있는 집으로 돌아왔다. 쌍둥이 딸들이 다섯 번째 생일을 맞이했고, 아이들이 잠자리에 들기 전에 보고 싶었다.

밀러는 20분 후 다시 사무실로 향했다. 불가사의하게도 굴착 인부들이 브로드웨이 536에 와 있었다. 그들은 〈가디언〉 사무실 바로 앞에 있는 인도를 뜯어내고 있었다. 수요일 저녁에 하기에는 수상한 행동이었다. 그들은 능숙하게 보도 블록을 교체했다. 브루클린 집 밖에도 인부들이 와 있었다. 〈가디언〉 워싱턴 사무실 밖에도 건설 인부들이 시끄러운 소리를 내며 공사를 시작했다. 곧 스노든 팀 전원이 이상한 이야기들을 들려주었다. 길을 모르고 요금 청구를 까먹는 택시 운전사, 편집장 사무실 옆에서 오랜 시간 머무르다 다시 돌아와 서성거리는 창문닦이 등 특이한 사건들이었다. 이후 〈가디언〉의 모든 노트북은 지속적으로 작동을 멈췄다. 깁슨의 경우는 특히 더했다. 그린월드 및 다른 사람들과의 암호 채팅이 갑자기 멈추곤 했다. 깁슨은 고장난 기계에 포스트잇을 붙였다.

"해킹 당함! 사용하지 말 것."

스노든에게 받은 문서를 통해 NSA가 사실상 모든 것을 해킹, 즉 양자 간 대화에 끼어들어 개인 데이터를 빨아들일 수 있다는 사실은 분명했다. 스노든 기사에 관여하는 모든 사람들이 암호 초보에서 암호 전문가로 거듭났다.

"우리는 아주 빨리 스파이 기술에 능숙해져야 했습니다."

한밤중에 러스브리저와 보거가 들어왔다. 비행기를 타고 오는 동안 러스브리저는 미국 법률과 방첩법을 벼락치기로 공부했다. 그날 저녁 피곤으로 눈이 게슴츠레해진 기자들은 다음번 기사를 가다듬기 시작했다. 이 기사 역시 주목할 만했다. NSA는 구글, 페이스북, 애플을 비롯한 미국 거대 인터넷 기업의 시스템에 접속할 수 있는 비밀 직접 접근 권한을 요구하고 있었다. 비밀에 붙여진 이 프로그램 하에서 NSA 분석가들은 이메일 내용, 검색 기록, 실시간 채팅 및 파일 전송 내역을 수집할 수 있었다. 〈가디언〉은 일급비밀로 분류되어 외국 동맹국에게 보여주어서는 안 되는 41쪽짜리 파워포인트 파일을 가지고 있었다. 분석가 교육에 사용된 자료 같았다. 문서는 미국 주요 서비스 제공 회사의 '서버로부터 직접 수집'이라고 명시되어 있었다. 실리콘 밸리는 이를 강력하게 부인할 것이다.

다음날 아침 팀이 다시 모였을 때 편집과 관련된 어려운 결정을 내려야 했다. 슬라이드 내용을 공개한다면 〈가디언〉은 몇 장이나 보도해야 할 것인가? 이전에 밝혀진 적 없는 해외 정보작전의 구체적인 내용을 담고 있는 슬라이드도 있었다. 이런 정보를 노출함으로써 얻을 수 있는 공익은 없었다. 또한 법적으로, 또 공정함을 도모하기 위해서도 미국 기술회사들이 대응할 수 있도록 그들에게 접촉하는 것도 중요했다. 〈가디언〉의 미국 경제부 기자 도미니크 러시(Dominic Rushe)가 이 임무를 맡았다. 그리고 백악관 문제도 있었다. 프리즘은 버라이즌 보다도 더 큰 비밀이었다. 기사를 내보내기에 앞서 백악관에는 어느 정도 수준으로 미리 통지를 해야 할까? 깁슨은 어려운 대화를 하기 위해 전화를 들었다. 통화 대상은 밥 리트와 국가정보국 언론 대변인 션 터너(Shawn Turner)였다. 다른 보안기관들도 연결됐다. 깁슨은 이번 역시 백악관이 구체적인 국가안보 우려를 제기할 수 있는 기회라고 설명했다. 누군가 깁슨에게 친근한 농담조로 "우리가 좀 살펴볼 수 있도록 기사 사본을 보내주실 수 있나요?"라고 물었다. 깁슨은 "그렇게는 하지 않을 겁니다."라고 답했다.

많은 슬라이드에 쟁점이 있었다. 문제는 백악관이 갖고 있는 슬라이드와 〈가디언〉이 갖고 있는 슬라이드 장식이 서로 일치하지 않는다는 점이었다. 색깔이 달랐다. 놀랄 일도 아니지만 NSA는 슬라이드 공개에 전면적으로 반대했다. NSA 입장에서는 재수 없는 한 주가 본격적인 대참사로 바뀌고 있었다. 하지만 깁슨은 마이크로소프트, 야후를 비롯한 거대 기술기업들이 개인을 침략하는 프리즘 프로그램에 참가한 날짜까지 명백하게 밝혀야 한다고 고집했다. 깁슨은 "작전과 관련된 부분은 모두 빼겠습니다. 그러나 우리는 이 슬라이드를 공개해야 합니다. 그것이 우리의 최종 결정입니다."라고 말했다.

보아 하니 오바마 행정부 측은 아직도 수많은 NSA 일급비밀 문건이 자기들 통제권 밖으로 벗어났다는 사실을 완전히 파악하지 못한 듯했다. 〈가디언〉은 슬라이드 41장 가운데 단 석 장만 공개하기로 결정했다. 백악관에는 저녁 6시에 기사가 나갈 것이라고 말했다. 비슷한

6장 역사상 최고의 특종

기삿거리를 붙들고만 있던 〈워싱턴포스트〉가 몇 분 빨리 나름대로의 기사를 냈다. 행정부 내부인이 〈워싱턴포스트〉에 귀띔을 했을 거라는 의심이 바로 들었다. 그러나 〈워싱턴포스트〉 기사에는 한 가지 중요한 요소가 빠져 있었다. 페이스북을 비롯한 거대 기술기업들이 NSA 감시 연루 의혹을 강경하게 부인했다는 사실이다.

오후 중반, 깁슨과 러스브리저를 비롯한 스노든 팀이 사무실 끝에 있는 대회의실에 모였다. 그들은 특집기사를 쓰는 중이었다. 분위기는 밝았다. 엄청난 특종이 2편 나갔고 스노든은 아직 잡히지 않았으며 백악관과 교섭이 오갔다. 기나긴 낮이 후텁지근한 밤과 이어지는 날이 계속되면서 근무 환경은 너저분한 학생 기숙사를 닮아갔다. 지저분한 종이 피자 박스가 테이블을 어지럽혔다. 일회용 컵을 비롯해 쓰레기들이 널려 있었다. 누군가가 카푸치노를 엎자 러스브리저가 가까이에 있던 신문을 집어들더니 연기하듯이 커피를 닦고는 "우리는 말 그대로 〈뉴욕타임스〉로 바닥을 훔치고 있습니다."라고 했다.(바닥을 훔치다wipe the floor with'는 '상대를 납작하게 누르다'라는 의미 – 옮긴이)

스노든 폭로는 기세를 몰아갔다. 금요일 아침 〈가디언〉은 2012년 10월에 발행된 18쪽짜리 대통령정책지침 20호, 스노든이 포이트러스에게 공개했던 바로 그 서류를 내보냈다. 이 문서는 오바마 대통령이 관료들에게 미국의 잠재적인 해외 사이버 공격 대상 목록을 작성하라고 지시했다는 내용을 담고 있었다. 다른 일급비밀 작전과 마찬가지로 이 정책에도 공격형 사이버 효과 작전(Offensive Cyber Effects Operations)을 의미하는 OCEO라는 고유의 두문자어가 붙어 있었다. 이 지침은 '상대 또는 대상에게 경고를 거의 또는 전혀 하지 않은 채 세계 곳곳에서 미국을 위한 특별하고 독특한 역량'을 담고 있다. 그러나 문서는 그 잠재적인 효과가 '미묘한 정도에서 심각한 피해까지' 다양하다고 호언장담했다.

이 기사로 인해 백악관은 이중으로 난처한 상황에 처했다. 먼저 미국은 펜타곤을 비롯한 여러 미국 군사 기반시설을 표적으로 하는 침략적이고 해로운 중국발 사이버 공격에 관해 집요하게 불만을 제기해왔다. 이제 이런 불만 제기가 명백한 위선임이 드러났다. 미국 역시 똑같은 태도를 취하고 있었다. 더 곤란한 사실은 오바마 대통령이 그날 오후 캘리포니아에서 열리는 정상회담에서 중국 시진핑(習近平) 국가주석을 만날 예정이라는 점이었다.

베이징은 벌써 미국의 비난을 되받아치고 있었다. 고위관리들은 과격한 중국 해커들이 비난받았던 사이버 공격에 버금가는 심각한 공격을 미국 역시 하고 있다는 증거라고 떠들었다. 폭로기사가 오바마 대통령의 관심을 끌게 된 것은 분명했다. 오바마는 NSA 작전이 미국을 테러리스트의 공격으로부터 수호하고 있다고 말했다. 또한 100퍼센트 보안과 100퍼센트 프라이버시를 양립하기란 불가능하다고 덧붙였다. "우리는 적절한 균형을 취해왔습니다."

러스브리저와 깁슨은 TV 모니터를 통해 오바마를 보았다. 〈가디언〉이 얼마나 엄청난 일을 시작했는지 충분히 이해가 됐다. 깁슨은 "갑자기 오바마가 우리 이야기를 하고 있었죠. 우리는 '이런, 젠장' 하는 마음이었습니다. 하지만 이제는 돌이킬 수 없었죠."

깁슨이 헤이든에게 다시 전화를 걸어 후속 기사가 또 나갈 예정이며, 이번에는 국경 없는 정보원을 다룰 것이라고 예고했다. NSA는 프로그램을 통해 컴퓨터와 전화 네트워크에서 수집한 방대한 정보를 나라별로 표시한 지도를 만들어 가지고 있었다. 이 프로그램은 메타데이터를 사용해 NSA가 사방에서 벌이고 있는 스파이 활동을 보여주는 동시에 어느 지역에 집중되어 있는지 보여준다. 주된 활동지는 이란, 파키스탄, 요르단이다. 이 슬라이드는 2013년 3월 NSA가 세계 전역의 컴퓨터 네트워크로부터 믿기 어려울 정도로 엄청난 970억에 이르는 정보 데이터 포인트를 수집했다는 사실을 밝혀냈다.

깁슨은 백악관에 "우리는 그저 할 말을 할 겁니다."라고 말했다. 헤이든은 "제발 그러지 마세요."라고 대답했다. 그날 저녁에는 잉글리스가 직접 전화를 했다. 용건은 국경 없는 정보원이었다. 이번 기사는 다음 주 금요일에 내보낼 예정이었다. 기자들이 모이고 러스브리저는 원고 초안을 소리 내어 한 줄씩 읽어 내려갔다. 얼마 지나지 않아 추가 작업이 필요하다는 결론이 났다. 홍콩에서 그린월드는 도움이 될 만한 문서 검색에 착수했다. 그는 몇몇 자료를 찾아 기사를 고쳐 쓴 후 다음날 아침에 보내왔다. 깁슨은 스노든 사건에 관여하지 않는 직원들에게 주말에 쉬라고 말했다. 하지만 사실상 모든 기자들이 출근했다. 그들은 특별한 한 주의 특별한 대단원을 직접 목격하고자 했다.

이제 스노든은 자기 정체를 공개하려는 의지를 표명했다. 그는 자신의 신원을 세계에 알리겠다고 제안했다.

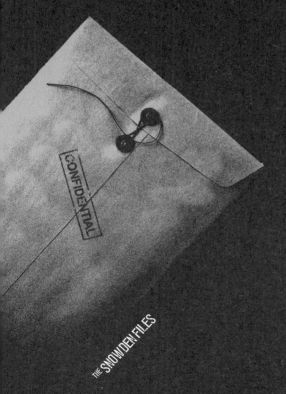

CONFIDENTIAL

THE SNOWDEN FILES

2013년 6월 5일 수요일
홍콩 네이선 거리, 미라 호텔

"만약 내가 중국 스파이라면 왜 곧바로 베이징으로 가지 않았겠습니까?
지금쯤이면 불사조를 쓰다듬으면서 대궐에 살고 있을 텐데요."
—에드워드 스노든

-- 스노든이 폭로한 NSA 기사를 〈가
디언〉이 처음 터트린 것은 홍콩 현지 시간으로 새벽 3시경이었다. 이
튿날 아침 일찍 스노든이 묵고 있는 홍콩의 호텔 방으로 돌아온 기자
세 명은 무아지경에 빠진 스노든을 발견했다. 그가 폭로한 문건이
CNN 톱뉴스를 장식하고 있었다. 스노든은 TV의 볼륨을 높였다.
CNN 앵커 울프 블리처가 전문가 세 명 옆에 앉아 있었다. 그들은 〈가
디언〉에 기삿거리를 제공한 수수께끼 정보원이 과연 누구인지 논하
고 있었다. 누가 폭로자인가? 백악관 내부인? 불만을 품은 장군?
KGB 첩자? 아이러니가 느껴지는 순간이었다. "장본인 바로 옆에 앉
아서 전문가들이, 폭로자가 누구인지 추측하는 광경을 지켜보자니 우
습더군요." 매카스킬이 말했다.

일반인들의 반응은 스노든조차 놀랄 정도였다. 인터넷에 올라오는
글의 대부분은 호의적이었다. 수정헌법 제4조를 회복하자(Restore the
Fourth Amendment)라는 민중운동이 벌써 생겨나고 있었다. 빠른 보도는
스노든과 〈가디언〉의 관계를 돈독하게 만들었다. 덕분에 〈가디언〉이

신념에 따라 충실하게 움직인다는 확신을 스노든은 갖게 되었다. 그의 목표는 줄곧 논쟁을 일으키는 것이었다. 그는 버라이즌 기사가 커다란 반향을 불러일으킴으로써 자신의 목표를 달성했다고 생각했다. 매카스킬은 세계를 들썩이게 만든 대사건의 중심에 선 스노든이 스스로를 보며 우쭐하거나 짜릿한 기분을 맛보지 않을까 궁금했다. 놀랍게도 그는 완전히 무표정했다. 그는 열중해서 CNN 뉴스를 들었다. 그는 지금 일어나고 있는 일의 심각성을 이해하는 듯했다. 이제 이 순간부터 돌아갈 길은 없었다. 지금 그가 하와이 집으로 돌아간다면 이내 구속 수감될 것이다. 스노든의 삶은 다시는 전과 같을 수 없었다.

그렇다면 다음에는 어떤 일이 일어날까? 가능성이 가장 높은 시나리오는, 중국 경찰이 홍콩에서 그를 구속하는 것이다. 다음에는 법정 분쟁이 따를 것이다. 몇 달은 걸릴 것이다. 어쩌면 1년이 걸릴 수도 있다. 그 다음에는 미국으로 송환될 것이다. 이후에는 수십 년 동안 감옥에 갇히겠지.

스노든은 휴대용 드라이브에 엄청난 분량의 자료를 담아왔다. 여기에는 NSA 내부 자료뿐 아니라 GCHQ에서 나온 자료와 영국이 미국 협력기관으로 신탁해 넘긴 것으로 보이는 자료도 있었다. 매카스킬은 "여기에 영국 관련 문서는 얼마나 있습니까?"라고 물었다.

스노든은 "대략 5만에서 6만 건 정도 됩니다."라고 답했다.

그는 몇 달에 걸쳐 언론과의 교섭을 미리 계획했다. 그는 까다로웠다. 비밀자료 취급에 엄격한 조건도 달았다. 스파이 행위를 폭로하는 NSA/GCHQ 문서가 각각의 감시 대상에게 넘어가야 한다고 강조했다. "홍콩 언론은 홍콩에 관한 스파이 행위와 관련된 정보를 알아야 하고, 브라질 관련 문건은 브라질 언론으로 가야 한다." 그는 이 같은 점을 분명히 했다. 반면에 자료가 러시아나 중국처럼 제3자의 손에 들어가게 되면 배반자 또는 외국 스파이에 불과하다는 치명적인 비난을 초래하게 될 것이다.

스노든은 자기가 갖고 있는 파일을 외국 정보기관이 찾을 수도 있다는 가능성을 염두에 두었고, 결단코 그 사태를 막고자 했다. 스파이로서 그의 임무 가운데 하나는 미국의 비밀을 중국의 공격으로부터 지키는 것이다. 그는 미국의 적들이 지닌 능력을 알고 있었다. 스노든은 미국의 해외 정보작전에 해를 끼치고 싶지 않다는 생각을 재차 명확하게 밝혔다.

"나는 NSA에서 일하는 모든 직원들의 근무 당번표에 접근할 수 있었습니다. 세계 도처에서 일하는 정보기관과 비밀 첩보요원들을 알고 있었죠. 우리가 갖고 있는 모든 근거지의 위치, 그리고 그들이 맡은 임무를 알고 있었습니다. 만약 내가 미국에 해를 입히고 싶었다면 한나절 만에 감시 시스템을 폐쇄할 수도 있었습니다. 하지만 그럴 생각은 전혀 없습니다."

이후 '반역'이라는 비판을 받았을 때 그는 이런 내용을 한층 더 생생한 언어로 표현했다. "스스로에게 물어보세요. 만약 내가 중국 스파이라면 왜 곧바로 베이징으로 가지 않았겠습니까? 지금쯤이면 불사조를 쓰다듬으면서 대궐에 살고 있을 텐데요."

그는 〈가디언〉과 다른 협력 언론사들에 미국의 해외 주요 작전과 관계가 있거나 정당한 정보활동에 해를 끼칠 수 있는 모든 내용을 걸러내라고 요구했다. 그것이 스노든이 내세운 조건이었다. 그리고 모두가 동의했다. 기술적인 예방 조치도 취했다. 파일은 메모리 카드에 담겼다. 비밀번호를 여러 겹으로 만들고 강력하게 암호화했다. 파일에 접근하기 위한 모든 비밀번호를 아는 사람은 아무도 없었다. 스노든과 접촉했던 미국 프리랜서 기자들은 이제 대규모 기밀문서를 손에 넣었다. 2010년 런던에서 〈가디언〉이 보도한 위키리크스 폭로 문건은 아프가니스탄과 이라크에서 빼낸 미국 외교 전보문건과 전시 군수 기록으로 미육군 일병 첼시 매닝이 유출한 것이었다. 이중 단 6퍼센트만이 비교적 중간등급인 '극비'로 취급되는 문서였다. 스노든 파일은 수준이 달랐다. '일급비밀' 또는 그 이상이었다. 예전에 케임브리지에서 교육받은 스파이 버지스(Burgess), 매클린(Maclean), 필비(Philby)가 변절해 소련 모스크바로 망명한 멜로드라마 같은 사건이 있었다. 그러나 이 정도 아찔한 수준의 대량 문서 누출은 지금껏 한번도 없었다. 6월 6일 목요일, 스노든은 그린월드가 준비한 잘 다려진 회색 셔츠를 입었다. 호텔에서 늘 앉아 있던 침대를 떠나 의자로 옮겨 앉았다. 그의 뒤에는 거울이 놓였다. 덕분에 방이 덜 좁고 덜 답답해 보였다.

스노든의 첫 번째 공개 인터뷰를 녹화하려는 참이었다. 자신을 세계에 소개하고 NSA 폭로 사건의 정보원임을 고백하거나 자랑스럽게 인정하는 순간이었다. 그는 이렇게 말했다.

"내가 누구인지 숨길 의도는 전혀 없습니다. 잘못된 행동을 하지 않았다는 걸 알고 있으니까요."

대담하고도 오랫동안 생각해온 일이기도 했다. 그의 용기는 기자 협력자들에게 깊은 감명을 주었다. 먼저 스노든은 매카스킬에게 자기는 익명의 정보원을 추적하는 조사가 동료들에게 끔찍한 업무가 되는 과정을 가까이서 지켜보았다고 했다. 그는 동료들이 그런 시련을 겪게 하고 싶지 않다고 말했다.

둘째, 그는 NSA가 지닌 엄청난 기술 능력을 잘 알고 있었다. 그들이 스노든을 추적하는 것은 시간문제일 뿐이다. 그렇다고 해서 2010년에 구속된 뒤 감옥에서 혹독한 대우를 받고, 스노든이 면밀하게 지켜보기도 했던 첼시 매닝의 전철을 밟겠다는 뜻은 아니었다. 스노든은 "매닝은 품위 있는 내부 고발자였습니다. 그는 공익을 위해서 행동했죠."라고 말했다. 매닝은 포트미드, NSA 본부 바로 옆에서 군법회의에 회부되어 곧바로 징역 35년형을 선고받았다.

스노든은 매닝 사건이야말로 미국에서 내부고발자가 공정한 재판을 받기란 불가능하다는 사실을 증명한 것이라고 말했다. 장기간 복역하게 된다면 스노든이 원하는 공개토론 역시 좌절될 것이었다. 포이트러스는 처음 만났을 때부터 스노든을 촬영해왔다. 처음 촬영 때 카메라로 얼굴을 가리던 스노든은 이제 렌즈를 정면으로 바라보고 있었다. 이전에 기자와 언론의 모든 접촉을 피하고, 심지어 여자 친구의 블로그에도 얼굴 노출을 극도로 꺼리던 그였다. 하지만 이제 그는 궁극적으로 중요한 것은 공공의 판단임을 기꺼이 받아들였다.

그린월드는 스노든 맞은편에 앉았다. 그가 질문을 했다. 변호사이자 노련한 방송인인 그린월드는 텔레비전 인터뷰에 익숙했다. 하지만 스노든이 화면에 어떻게 비칠지는 알 수 없는 문제였다. 스노든은 그의 질문에 유창하게 답변했다. 또한 이러한 행동의 동기가 무엇인지 설득력 있게 설명했다. 언론 노출의 초보자로서는 놀라울 만큼 뛰어난 모습이었다. 가장 중요한 점은 그가 무척이나 제정신으로 보였다는 사실이다.

왜 내부 고발자가 되기로 결심했는가, 하는 질문이 던져졌다.

"저는 시스템 내부에서 힘겹게 싸웠지만, 결국 밖으로 나가는 것 말고는 대안이 없다는 결론을 내렸습니다. 기밀정보에 접근할 수 있는 위치에서 일반적인 직원보다 훨씬 광범위한 규모의 정보를 보았기 때문입니다." 스노든은 말을 이어갔다.

"아무런 잘못을 하지 않았어도 감시를 받고 행적이 기록됩니다. 이런 시스템의 저장 능력은 매년 지속적으로 크게 증가합니다. 어떤 잘못을 해야 감시를 받는 것이 아닙니다. 그냥 실수로 잘못 건 전화 한 통만으로도 혐의를 받게 됩니다. 그러면 정보기관은 이 시스템을 이용해 특정 시점으로 돌아가 혐의 대상이 내린 모든 결정, 그가 무언가를 상의해오던 모든 친구들을 면밀히 조사할 수 있습니다. 그리고 이를 바탕으로 무고한 삶에서 어떤 혐의를 이끌어내 공격할 수 있다는 겁니다. 범법자로 꾸밀 수 있는 거죠."

그는 자기 여생을 따라다닐 앞으로의 일과 내부고발을 결정한 배경을 설명하면서 이렇게 덧붙였다.

"여러분은 이런 세상을 만드는 데 일조했습니다. 그리고 세대가 거듭될수록 이런 탄압 기술 능력이 확대되리라는 사실을 깨닫게 될 것입니다. 저는 이러한 상황이 점점 더 악화될 것이라는 사실을 깨달았죠."

그린월드, 포이트러스, 매카스킬 세 명에게 홍콩에서 보낸 밤낮은 흥분과 아드레날린, 두려움으로 범벅된 대단히 고된 시간의 연속이었다. 미라 호텔에서 포이트러스는 편집한 동영상을 다른 두 명에게 보여줄 준비를 하고 있었다. 포이트러스는 스노든의 인터뷰를 멋지게 편집하고 맨 앞에는 홍콩 항구와 부드러운 하늘을 보여주는 장면을 넣어 17분짜리 영상으로 만들었다. 제목은 단순하게 '프리즘 내부 고발자'라고 붙였다. 그들은 잘라낼 부분을 상의하는 한편, 포이트러스가 최종적으로 인터뷰를 12분 30초로 압축하고 나중에 두 번째 인터뷰를 내보내기로 했다. "나는 스파이 영화 속으로 스노든이 들어간 것 같다는 느낌을 받았습니다." 매카스킬이 말했다.

그런데 어떻게 이 중요한 영상을 안전하게 뉴욕과 런던으로 보낼 수 있을까? 암호 채팅을 통해 〈가디언〉 편집장과 이야기하던 매카스킬은 기술적인 도움이 필요하다고 말했다. 〈가디언〉의 시스템 전문 기자인 데이비드 블리셴(David Blishen)은 현업 기자들은 보유하고 있지 않은 기술을 지닌 사람이었다. 또한 편집 과정이 어떻게 돌아가는지도 이해했다. 위키리크스 취재 과정에서 블리셴은 미국 외교관과 이야기를 나눈 경험도 있고, 아프가니스탄, 이라크, 벨라루스 같은 국가에 신원이 노출되면 위험에 처할 수도 있는 정보원들의 이름 교정을 정리하는 작업을 도왔다. 블리셴은 다음날 홍콩에 도착했다.

"나는 내가 왜 홍콩에 가는지 전혀 알지 못했습니다. 이웬 매카스킬은 아무 말도 하지 않았어요."

이후 매카스킬은 블리셴에게 휴대전화를 호텔 접수처에 맡기고 잠시 산책하자고 제안했다. 밖으로 나간 뒤 매카스킬은 블리셴에게 작고 납작한 네모난 칩 형태의 메모리 카드를 건네주었다. SD카드는 그리 크지 않았다. 하지만 용량은 32기가바이트로 상당히 컸다.

블리센은 스노든 인터뷰 영상을 뉴욕에 있는 〈가디언〉 미국 사무실로 가져가야 했다. 블리센은 동영상을 보면서 깊은 감명을 받았다.

"스노든은 생각을 분명하게 표현했습니다. 원칙적인 사람 같았죠. 어샌지와 매닝 같은 경우에는 그들이 제정신을 갖고 있는지 의문이 들었습니다. 그러나 스노든은 전적으로 정상이었고 진실을 말하는 듯 보였습니다."

편집본을 받아든 블리센은 센트럴에 있는 자기 호텔로 돌아가기 위해 황급히 택시에 올라탔다. 란콰이퐁 호텔로 돌아온 블리센은 뉴욕에 근무하는 〈가디언〉 기자 제임스 볼(James Ball)에게 암호화된 메시지를 보냈다. 그는 보안접속을 통해 암호화된 폴더에 동영상 파일을 업로드했다. 그리고 비밀번호를 별도로 보냈다. 그러나 〈가디언〉 미국 팀은 그 파일을 열어볼 수 없었다. 시간이 없었다. 결국 보안접속을 통하긴 했지만 NSA로부터의 해킹 위험을 무릅쓰고 동영상 파일을 암호화하지 않은 채 다시 보내야 했다. 파일은 다행스럽게도 공격받지 않은 채 도착했다. 스노든은 줄곧 자기 정체를 밝힐 것이라는 점을 분명히 했다. 그럼에도 불구하고 스노든이 실제로 말하는 기록을 받아든 뉴욕 팀은 카타르시스를 느꼈다. 그리고 확신했다.

"우리는 완전히 넋이 나갔습니다. 우리는 스노든이 냉정하고 믿음직하다고 생각했죠. 그에 관한 모든 사실이 믿을 만하게 느껴졌어요."

영상을 내보낼 준비를 마쳤을 때 깁슨은 "무척 겁나는 순간이었습니다."라고 회상했다.

과연 이것이 옳은 일일까? 스노든은 다시 한 번 스스로 전략적 선택을 하고 있었다. 갈수록 줄어드는 패를 나름의 방식으로 헤아리고 있었다. 러스브리저를 포함한 다섯 명이 사무실에 있었다. 동영상은 현지 시간으로 오후 3시경에 올라갔다.

"폭탄이 발사되는 듯했습니다. 폭탄이 터진 후 아무 일도 일어나지 않은 채 몇 초가 흘러갔습니다."

텔레비전 모니터에서는 서로 다른 채널이 나오고 있었다. 거의 한 시간 동안 그들은 미리 녹화해둔 일요일 뉴스를 내보냈다. 그러다가 오후 4시 정각에 기사가 터져나왔다. 모든 방송국이 스노든의 모습을 내보냈다. CNN은 동영상 12분 전체를 내보냈다.

동영상을 온라인에 올렸을 때 홍콩은 새벽 3시였다. 트위터는 즉시 폭발했다. 이는 〈가디언〉 역사상 가장 많은 시청자가 본 기사가 될 것이다.

매카스킬은 "정보원이 이렇게 신원을 공개하는 일은 무척 드뭅니다. 그래서 우리는 이 동영상이 큰 반향을 불러일으킬 것으로 예상했죠."라고 회상한다. 스노든을 아는 사람은 친구와 가족, 그리고 몇몇

목숨 걸고 진행된 인터뷰. 로라 포이트러스가 촬영 중인 이 동영상에서 스노든은 자신의 신원을 분명히 밝혔다. 언론매체에 익숙하지 않았음에도 차분하고 인상적인 모습을 보여주었다. 이 동영상은 〈가디언〉 역사상 최다 조회 수를 기록한 기사다.

© Guardian

동료밖에 없었다. 갑자기 그는 세계적으로 유명 인사가 되었다. 더 이상 한 개인이 아니라 국가와 프라이버시, 보안의 경계, 심지어 전반적인 현대 사회의 상황과 관련해 온갖 상충된 관점으로 공격을 받는 인물로 변모한 것이다.

스노든은 모든 상황을 냉정과 유머로 받아들였다. 그는 1014호실에 앉아 그린월드, 매카스킬과 온라인으로 채팅을 하며 동영상을 보았다.(포이트러스가 미리 스노든에게 동영상을 보냈지만 인터넷 연결에 문제가 있어서 보지 못했다.) 피할 수 없는 필연적인 결과가 뒤따를 것이다. 이제 스노든의 신원이 밝혀졌고 그는 지금 이 순간, 전 세계 수배 대상 1순위가 되었다.

추적은 이미 시작되었다. 그린월드가 해온 수많은 TV 인터뷰 중 하나인 CNN은 '글렌 그린월드, 홍콩'이라는 자막을 내보냈다. 현지 중국 언론과 국제 기자들은 단서를 찾기 위해 동영상의 모든 장면을 샅샅이 뒤졌다. 그들은 처음에 포이트러스가 W 호텔에서 촬영한 시작 장면에 주목했다. 그리고 스노든 역시 그곳에 있을 것이라고 추측했다. 하지만 어떤 모험심 강한 기자가 전등에서 단서를 발견하고 미라 호텔을 찾아냈다.

6월 10일 월요일, 스노든은 포이트러스가 마지막으로 그를 촬영하는 동안 호텔을 떠나기 위해 짐을 싸고 있었다. 포이트러스는 그를 보호하고 싶었다. 그녀는 무리 중에서 그를 가장 오랫동안 알아왔고 처음부터 그가 하는 말을 신뢰했다. 포이트러스는 스노든을 포옹했다. 그녀는 "나는 그 순간 그가 어떤 계획을 세웠는지 몰랐습니다. 다음에 어떤 행동을 할지 전혀 몰랐어요."라고 말했다.

스노든이 사라졌다.

W 호텔에서 매카스킬은 커피와 정장 셔츠를 사기 위해 잠시 외출했다. 쇼핑을 마치고 돌아왔을 때 그는 대혼란의 현장 속에 서 있게 되었다. 방송국 직원과 기자들이 로비에 진을 치고 있었다. 뿐만 아니라 호텔 관리자는 지금 호텔이 '만실'이라고 알려줬다. 그들은 직원용 승강기를 타고 빠져나와 대기 중이던 택시를 타고 셰러턴 호텔로 옮겼다. 저녁이 되자 기자들이 다시 그들을 찾아냈다. 잠자리에 들기 전 매카스킬은 문 앞에 의자를 쌓아두었다.

이틀이 흘러갔다. 그리고 그린월드, 매카스킬, 포이트러스는 항구가 내려다보이는 포이트러스 방에서 와인과 치즈로 출장의 마지막을 장식했다.

미국 정부가 그를 붙잡기 전까지 얼마나 더 오래 버틸 수 있을까?

© David Blishen/Guardian

숨 막힐 듯 긴장된 며칠을 보낸 뒤 홍콩에서 찍은 사진.
줄줄이 대형 특종을 터트린 뒤라 기진맥진한 상태이지만 그들은 희열에 차 있었다.
왼쪽부터 〈가디언〉 기자 이웬 매카스킬, 미국 칼럼니스트 글렌 그린월드, 다큐멘터리 영화 제작자 로라 포이트러스.

7장 전 세계 수배 대상 1순위

8장

모든 신호,
모든 시간

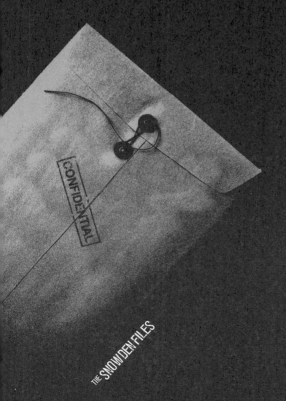

2007년 이후
노스 콘월, 뷰드

"우리에겐 인재가 있다. 그들에겐 돈이 있다. 이는 무척 궁합이 잘 맞는 조합이다."
—데이비드 오맨드 경, 전 GCHQ 본부장

-------------------------------------- 절벽 꼭대기에 위치한 그곳은 주변
몇 킬로미터 떨어진 곳에서도 눈에 띈다. 대서양 쪽으로 툭 튀어나온
콘월의 지리상 '발'에 해당하는 위치다. 웅장하게 서 있는 도청기지는
한눈에도 예사롭지 않아 보인다. 거대한 위성 안테나가 30미터에 걸
쳐 별천지처럼 늘어서 있다. 얼굴 없는 신 앞에 올린 봉헌물 같은 느낌
이다. 경비가 삼엄한 울타리가 기지 주변을 둘러싸고 있다. 몇 미터마
다 CCTV 카메라가 있다. 입구 표지판에는 'GCHQ 뷰드'라고 적혀 있
다. 보초가 서 있다. 방문객은 환영받지 못한다.

　주변은 나무가 우거진 계곡으로 해안 길에서 바라보면 파도, 회색
바다, 삐죽삐죽한 바위 단층이 보인다. 갈매기들이 날아다니고 때로
는 황조롱이가 바람이 몰아치는 곳 주변을 맴돌기도 한다. 스노든이
GCHQ 인트라넷 저장소에서 빼낸 흥미진진한 파일 중 하나에는 스파
이 훈련생 그룹이 작성한 뷰드(Bude) 여행 보고서가 들어 있다. 그들은
레이돔 내부를 들여다보기도 하고 대규모 위성 안테나에 오르기도 했
다. 집으로 돌아오는 길에 그들은 아이스크림을 먹고 대서양에 발을

8장 모든 신호, 모든 시간

담그기도 했다. 여행기는 통신위성회사 콤샛(Comsat)을 시진트 기계로 바꾸는 데 공헌한다는 뷰드의 원래 목적을 언급하고 있다. 다시 말해 도청한 위성통신을 영국과 미국 정보기관으로 보내는 역할을 한다. 이곳은 오랫동안 감시 활동에 사용되었다. 18세기 세관 공무원들은 밀수업자를 감시했다. 빅토리아 시대의 목사 로버트 스티븐 호커는 난파선을 발견하기 위해 직접 통나무 오두막을 지었다. 제2차 세계대전 중에는 클리브 캠프(Cleave Camp)라는 군사기지가 건설됐다. 나치 침입자를 지켜보던 유령이 나올 듯한 사격진지도 있었다. 1960년대 후반 GCHQ는 상업위성 경로를 도청하기 위해 이곳 국가 소유지에 기지를 세웠다. 전 세계 국제전화 통화량 중 상당 부분을 지원했지만 설비 노후로 2008년 폐쇄됐다. 하지만 뷰드는 지금 영국이 개발한 새롭고 야심만만한 비밀 프로젝트의 중심에 있다. 그 결과물은 런던에 있는 미국 돈줄에게 건네진다. 이 프로그램은 극도로 민감한 작전이어서 스노든이 이를 폭로했을 때 영국 관리들은 불안과 분노로 발작

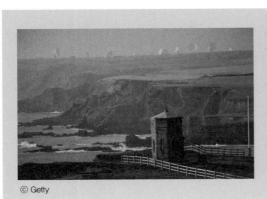

© Getty

노스 콘월 해안에 위치한 영국 스파이 기지인 GCHQ. 영국과 미국 정보요원들이 '인터넷을 정복'할 일급기밀 프로그램 템포라의 성능을 시험한 장소가 바로 이곳이다. 템포라 덕분에 정보기관 분석가들은 개인 이메일과 메타데이터 수십억 건을 수집 및 보관할 수 있게 됐다.

중세를 보일 정도였다. 이들의 꿈은 인터넷 정복이다. 그들이 직접 표현한 이 문구는, 스노든이 홍콩에서 영국의 GCHQ가 NSA보다 더 심각하며, 한층 더 깊이 관여돼 있다고 말한 이유다.

뷰드 자체는 서핑과 수영을 즐기는 사람들에게 인기 있는 자그마한 바닷가 휴양지다. 이곳에는 골프 코스, 신선한 게를 파는 가게가 즐비한 중심가, 야외 수영장, 세인스버리 매장이 있다. 하지만 뷰드의 가장 중요한 역할은 눈에 보이지 않는다. 상쾌한 바다에서 첨벙이며 여가를 즐기는 행락객 중에 이 해변의 진짜 모습을 아는 이는 없다.

그러나 미국 동부 해안지방의 해저 통신 케이블이 이곳으로 흐른다. 이들 케이블의 이름은 아폴로 노스(ApolloNorth, TAT-8, TAT-14), 그리고 AC-2로도 알려진 옐로/애틀랜틱 크로싱-2(Yellow/Atlantic Crossing-2)다. 대서양을 횡단하는 다른 케이블들은 근처 랜즈엔드(Land's End) 해안으로 흐르고 있다. 거대 민영 통신회사들이 협력해 수천 킬로미터에 달하는 광섬유 케이블을 운영하고 있다. 이 해저 케이블이 도착하는 지점은 무척 중요해서 미국 국토안보부는 미국의 중요 국가기반시설로 기록하고 있다.(유출된 미국 외교 전보문건에 따른 정보.) 인터넷 기반 통신이 주를 이루는 이 신세계에서 대서양 서쪽 끝에 위치한 영국은 중추적인 역할을 한다. 현재 전 세계 인터넷 통신량의 25퍼센트가 미국, 유럽, 아프리카, 그리고 동쪽 모든 지점으로 가는 도중 이 케이블을 통해 영국 영토를 지나간다. 나머지 통신량 대부분은 미국으로 들어가거나 미국에서 나간다. 따라서 영국과 미국이 지구상의 데이터 대부분을 관리하는 역할을 한다.

과거 사례를 볼 때 양국의 정보기관들은 이런 이점을 이용해 당연한 듯 도청에 필요한 모든 해저 케이블에 접근해왔다. 기술 변화에 따라 과거에는 무선통신을, 다음으로 마이크로 전자 방사선, 그리고 현재에는 위성 경로까지 지속적으로 도청해왔다. 더 나아가 인터넷과 전화 데이터까지 흡수하려는 의도는 어쩌면 필연적 흐름이었다.

제2차 세계대전 후 영국은 키프로스, 실론 섬, 홍콩, 남아프리카공화국, 디에고가르시아, 어센션 섬, 그리고 오만 같은 중동 의존국 등 지구상에 있는 도청기지 네트워크에 접속할 수 있는 권한을 이양함으로써 처음부터 오스트레일리아, 캐나다, 뉴질랜드와 함께 이른바 '파이브 아이즈'라는 전자 스파이 팀에 한 자리를 확보했다. 그러나 대영제국 해체와 함께 이런 이점이 일부 사라졌다.

영국은 영국 본토 요크셔데일스 남쪽 끝에 위치한 멘위드 힐(Menwith Hill)과 CIA 통신을 취급하는 크로턴(Croughton)에 있는 위성기지 두 곳도 미국에 넘겼다. 그러나 영국 측은 끊임없이 현금을 요구했다. GCHQ 본부장을 지낸 데이비드 오맨드 경(Sir David Omand)은 낙천적으로 "우리에겐 인재가 있다. 그리고 그들에겐 돈이 있다."라고 했다.

스노든 덕분에 적어도 우리는 부분적으로나마 그 규모를 알게 됐다. 2009년에서 2012년까지 미국 정부는 GCHQ에 최소한 1억 파운드를 지불했다. 2009년 NSA는 GCHQ에 2290만 파운드를 건넸다. 다음해 NSA가 지불한 액수는 3990만 파운드로 증가했다. 여기에는 아프가니스탄 주둔 나토 병력을 위한 업무 후원비용 400만 파운드와 '인터넷 정복'에 필요한 자금 1720만 파운드가 포함된다. 또한 NSA는 GCHQ 뷰드의 재개발비용 1550만 파운드를 추가로 지불했다. 데이비드 캐머런 정권은 긴축정책을 실시하던 기간에도 'GCHQ의 핵심 예산을 보호'했다. 2011년과 2012년 NSA는 GCHQ에 다시 3470만 파운드를 건넸다. 영국 정부는 이 금액이 매우 적다며 코웃음을 쳤다. 하지만 2010년 작성된 문서에 따르면 GCHQ는 NSA의 기대를 여전히 충족시키지 못한다고 쓰여 있다. 미국의 불만은 언제나 있었다. 다른 문서를 보면, 영국의 가장 큰 공포는 '미국이 영국과의 접촉 축소와 그에 따른 투자 감소'였다. 다시 말해 영국은 자체적인 노력으로 미국과의 관계를 유지하기 위해 애를 썼다. 규모로도 GCHQ는 NSA의 10분의 1에 지나지 않는다. 영국이 기술적으로 뒤처진다면 강력한 NSA는 정보 공유를 끝내버릴 수도 있고, 영국이 어느 나라보다 성과를 잘 발휘하고 있다는 평가도 끝날 것이다.

GCHQ는 2009년 5월 19일 '인터넷 정복' 책임자로서 새로운 프로젝트에 돌입한다. GCHQ의 본부장은 그들 모두가 기술 변화에 애써왔다고 주장했다. 그는 이렇게 말했다.

"GCHQ는 영국 정부와 군대 내부, 그리고 해외에서 우리의 협력자들을 지원하기 위한 풍부한 정보자료 획득이 점점 어려워지는 것을 느낀다."

GCHQ는 돌파구를 찾아냈다. 뷰드에서 실행해오던 2년간의 실험이 결실을 맺은 것이었다.

"인터넷 케이블을 파고드는 것은 더 이상 문제가 아니다. 미국과 영국 양측 모두 할 수 있다. 문제는 초당 최저 10기가바이트 속도로 빗발치듯 빠르게 지나가는 데이터를 읽고 분석하는 방법이었다."

GCHQ는 거대한 인터넷 완충기억장치를 만드는 데 성공했다. 이 완충기억장치는 통신량을 저장할 수 있다. 이렇게 저장된 내용은 분석가와 데이터 담당자가 디지털 정보 덩어리를 소급해 자세히 살펴볼 수 있다. 이메일 메시지는 3일간, 이메일 연락처 및 제목처럼 용량이 적은 메타데이터는 최대 30일까지 보관할 수 있다. 개인적 호불호로 선택되는 영화 다운로드처럼 무관심한 데이터는 걸러냈다.

이 시스템은 놓친 방송을 언제든 다시 볼 수 있는, 거대 규모의 TV 다시 보기 서비스와 유사했다. 대서양을 횡단하는 몇몇 광섬유 케이블이 닿는 지점은 뷰드 근처에 있다. 따라서 GCHQ는 자국 내에서 저렴한 비용으로 이 프로그램을 운영할 수 있었다. 빼낸 데이터는 록히드마틴(Lockheed Martin)과, BAE 시스템스 자회사 데티카(Detica), 소프트웨어 회사 로지카(Logica: 민간회사 합작으로 비밀리에 신설된 데이터 처리 센터 RPC-1)로 전환된다. 은밀한 데이터 추출 과정에는 SSE라는 고유한 문자가 붙어 있는데, 이것은 특별 자원(special source exploitation)을 뜻했다.

2010년 3월경 이 프로젝트에 NSA 분석가들은 예비 단계로 접속할 수 있었다. 이 작업은 'GCHQ/NSA 공동조사 계획'으로 불렸다. 프로젝트는 독특했다. 인터넷 통신량의 '소급 분석'이 가능했기 때문이다. 곧이어 GCHQ는 커다란 성취에 자축했다. 이제 인터넷 정복은 명확하게 실현될 현실이 되었다. 문서에 따르면 전 세계 인터넷 사용자는 20억에 달하고, 페이스북을 정기적으로 사용하는 사람은 4억 명이며, 전년도에 비해 휴대전화 통신량이 600퍼센트 증가했다는 내용이 담겨 있었다. GCHQ는 이런 성장 상황을 완전히 장악하고 있었다. 보고서는 영국이 현재 '파이브 아이즈 중 가장 큰 인터넷 접속 능력'을 보유하고 있다고 주장했다. 하지만 미국 서비스 업체들이 말레이시아와 인도로 옮겨가고 있었으며, NSA가 이런 상황의 대처 방안으로 해당 지역의 부동산을 구입하고 있다는 메모가 있었다. 메모 작성자는 "그렇다면 인터넷 통신량이 모두 영국으로 건너오지 않겠군. 이런 세상에."라고 말하면서 영국이 이제 '해외에 설비를 구매'해야 한다고 제안했다.

그럼에도 GCHQ 2010~2011년 연중 보고서의 전반적인 분위기는 쾌활했다. 보고서는 GCHQ가 24시간 내에 데이터 '390억 건 이상'을 처리하고 저장할 수 있으며 '표적 대상의 인터넷 사용 기록으로부터 특별한 정보를 생산하는 능력까지 향상'시켰다고 언급했다. 이 문건에서 중요한 쟁점은 GCHQ가 하루 동안 390억 건의 정보를 수집하고 있다는 사실이다.

NSA는 영국 측의 활동에 깊은 인상을 받았다. 2011년 작성된 '공동협력활동' 보고서에서 NSA는 현재 영국이 'NSA보다 더 많은 양의 메타데이터를 생산'한다고 언급했다. 2012년 5월 GCHQ는 거대한 최신식 원형 첼트넘 본부 단지 내에 두 번째 인터넷 완충기억장치 센터를 건설했다고 보고했다. 세 번째 해외처리 센터 역시 중동에 성공적으로 건설됐다. 전체 프로그램이 '수많은 데이터!'를 수집할 수 있도록 건설된 것이다. 이제 GCHQ 분석가 300명과 NSA 분석가 250명 이상은 템포라(TEMPORA)를 이용해 '표적 색출 임무를 위한 엄청난 양의 데이터'에 접근할 수 있게 되었다.

스노든 파일은 영국과 미국의 정보기관 직원들이 서로 얼마나 긴밀하게 일하는지 보여준다. 스노든은 제네바 CIA에서 일하던 중 노샘프턴서 시골에 위치한 크로턴 CIA 통신기지를 직접 방문했다. 이때 스노든은 푸른 들판에서 셀 수 없이 많은 양들이 풀을 뜯는, 전형적인 영국 풍경을 한참동안 바라보았다고 TheTrueHOOHA의 이름으로 글을 올렸다.

NSA는 1950년대부터 GCHQ 첼트넘 본부에 작전기지를 운영해오고 있는데, 런던에도 기지가 있다. GCHQ 직원들도 멘위드 힐 위성기지에서 일한다. 사전에 통보하면 첼트넘에서 일하는 GCHQ 직원도 경계가 삼엄한 미국 기지를 방문할 수 있다.

NSA에는 영국 정보기관과 연락을 담당하는 수석 미국 연락장교인 SUSLO가 있다. 이에 대등하는 영국 직위는 SUKLO라고 하며, 외교직으로 워싱턴에서 활동 중이다. 하위직 GCHQ 직원들은 사실상 모든 NSA 시설에서 일하고 있다. 이들을 가리켜 '인티그리(integree)'라고 한다. 스노든이 일하던 하와이의 NSA 열대 기지에도 GCHQ 직원이 있었다. 일반적으로 GCHQ 직원은 적어도 한 번은 NSA 기지에서 근무한다. NSA는 GCHQ 직원들을 위해 미국 생활에 도움이 되는 용어 목록을 제공한다. 차량 임대에 관한 정보도 제공하는데, 영국에서는 '부트(boot)'라고 부르는 자동차 화물칸을 미국에서 '트렁크(trunk)'라고 한다. 합동회의, 교육과정, 교환방문, 암호 워크숍, 축하만찬 행사도 있다. 그리고 스노든 문서에는 나오지 않지만 이따금씩 기관 간 로맨스도 있을 것이라는 추측도 가능하다. 1947년까지 거슬러 올라가는 정보교환협정은 성공적이었다. NSA와 GCHQ 사이에서의 우수 협력 사례를 다룬 다른 문서도 있다. 영국과 미국의 시진트 동반자 관계는 개인적인 유대관계로도 이어졌다. 이것은 모두에게 이익을 주었으며, 역사적으로 오랫동안 지속되어왔다. 결혼 같은 개인적 행사에 초대할 정도로 보아도 좋다.

스노든 파일은 격리된 영국 정보기관까지 들여다볼 수 있는 드문 기회를 제공했다. GCHQ 직원들의 급여는 낮은 편이지만 소속 언어학자와 수학자들은 술집에서 열리는 퀴즈 행사, 케이크 판매, 파리 디즈니랜드 여행, 크립토스(Kryptos)라고 불리는 내부의 다양한 여가 활동을 제공받았다. 한 가지 흠이 있다면 GCHQ 근무지가 지방이라는 사실이다. GCHQ 채용 안내서에는 "글로체스터셔가 어디에 있는지 설명할 수 있도록 준비하라."는 내용이 있었다.

템포라의 특별하고 민감한 부분은, 광섬유 케이블을 소유하고 있거나 관리 중인 통신회사들과의 비밀 협력이다. GCHQ는 이런 통신회사들을 '도청 협력자'라고 불렀다. 이들과의 관계는 '민감관계 팀'에서 담당했다. 이들 회사 중에는 세계적인 유명 기업도 포함되어 있다. 주요 도청 협력자인 BT에는 레머디(REMEDY), 버라이즌에는 데이크론(Dacron), 보다폰 케이블(Vodafone Cable)에는 제론틱(GERONTIC)이라는 암호명이 붙어 있다. 이보다 소규모인 업체 네 곳 역시 암호명을 부여받았다. 2009년 당시 글로벌 크로싱(Global Crossing)은 피니지(PINNAGE), 레벨3는 리틀(LITTLE), 비아텔(Viatel)은 비트리어스(VITREOUS), 인터루트(Interoute)는 스트리트카(STREETCAR)였다.

이들 회사는 영국과 접하는 케이블 회선 대부분을 도청하도록 협력했다. 이들은 로스토프트, 페번시 베이, 홀리헤드(영국과 아일랜드공화국을 VITREOUS 연결), 화이트샌즈 베이, 군힐리 외 여러 해변 도시에 케이블 상륙지점을 보유하고 있다.

협력 회사명은 일급비밀보다 더 높은 등급인 '스트랩2 ECI'(exceptionally

controlled information: 특별통제 정보)로 분류되어 있다. 회사명이 노출되면 아마도 고객 불만으로 이어질 것이다. 누출된 문서 중에는 협력 회사의 정체가 공개되면 '엄청난 규모의 정치적 파장'이 일어날 수 있다는 경고 내용이 있었다. 그러나 자료에 따르면 이 회사들은 무사할 것으로 보인다. 미국의 경우와 마찬가지로 이들 역시 법적 규제에 따랐다고 변명할 수 있었다. 영국 대부분의 요금 납세자들 덕분에 2012년 GCHQ는 하루 6억 건에 달하는 '전화통화 정보'를 취급하고, 또한 영국과 접하는 200개 이상의 광섬유 케이블을 도청할 수 있었다. 이 양은 하루 21페타바이트(1페타바이트는 1024테라바이트 - 옮긴이)로, 영국도서관이 소장하고 있는 모든 정보를 24시간마다 192회 보내는 것과 맞먹는 데이터다.

템포라 담당 팀원이 정리한 GCHQ의 성장 일기는 대단했다. "새로운 기술 덕분에 GCHQ는 엄청난 양의 새로운 데이터, 즉 이메일, 전화통화, 스카이프 대화에 접근할 수 있었다. 지난 5년간 GCHQ의 접근은 7000퍼센트 증가했다. 현재 분석 및 처리되는 자료량은 3000퍼센트 증가했으며 이것은 정말 놀라운 수치다.'"

이렇듯 GCHQ는 정보 흡입 방면에서 신세계를 열었다. 하지만 그들은 월등히 뛰어난 수준을 유지하기 위해 고군분투해야 했다. "우리 임무는 기존 관리 목적에 부합하지 않는 수준까지 복잡해졌다."라고 적혀 있었다.

2011/2012년 내부 보고서에서도 같은 문제가 지적되어 있었다. "GCHQ가 내년에 직면하게 될 두 가지 위험은, 인터넷 어디에서나 암호화 기술이 널리 사용되고, 또한 휴대용 인터넷 기기인 스마트폰

사용이 폭발적으로 늘어날 것이라는 점이다. 시간이 흐르면서 이 두 가지 기술은 현재 우리의 스파이 활동에 필요한 기술에 중대한 영향을 미칠 것이다.”

GCHQ는 2015년쯤이면 모든 인터넷 통신량의 90퍼센트가 휴대전화를 통해 나올 것으로 예측한다. 2012년 전 세계에서 사용되는 스마트폰은 1억 대에 이른다. 휴대전화는 지금까지 발명된 제품 중 가장 많이 사용되는 소비품이다. 이 문서에 따르면 GCHQ는 휴대용 기기를 이용하기 위한 새로운 프로젝트를 시작하고 있다. 이는 아이폰과 블랙베리가 제공하는 모든 특수 기능으로부터 정보를 입수한다는 뜻이다. GCHQ가 추구하는 최종 목표는 ‘언제, 어디에서든 모든 전화를 이용’하는 것이다. 이 프로그램을 발명한 첩보기관들은 더 큰 그림을 그리고 있다. 즉 국가가 사전 고지나 동의 없이 수많은 국민들의 의사소통을 무차별적으로 수집할 수 있도록 하는 것이다. 과거 영국 스파이들은 도둑이나 악당 또는 테러리스트의 통화를 도청하기 위해 구리선에 전기계측용 악어 클립을 부착했다. 이들은 개별 영장에 따라 승인받은 표적으로서 신원이 확인된 범죄자였다. 하지만 현재 NSA와 GCHQ는 모든 사람들로부터 거대한 규모로 데이터를 빨아들이고 있다. 여기에는 완전히 무고한 대다수 사람들로부터 수집한 데이터가 포함되어 있다.

정부 측은 모든 사적 통신을 일일이 살펴볼 수 있을 만큼의 분석가를 보유하고 있지 않다고 주장한다. 한 관료는 〈가디언〉과의 인터뷰에서 “데이터 대부분은 보지도 않고 버려집니다. 그걸 다 살펴볼 인원이 없어요.”라고 말했다. 그는 “우리가 이메일 수백만 통을 읽고 있다는 인상을 받았을지 몰라도 사실 그렇지 않습니다. 영국 내 통신량, 영국인들이 서로 이야기하는 내용을 살펴보기 위해 이 프로그램을 사용하려는 의도는 전혀 없습니다."라고도 언급했다. GCHQ 본부장 이언 로반 경(Sir Ian Lobban)은 공개적으로 스파이들이 가장 좋아하는 비유인 '지푸라기에서 바늘 찾기'라는 표현을 되풀이했다. 물론 이 건초더미는 영국인과 외국인들의 의사소통을 뜻한다. 구글과 야후에 소속된 국제 데이터 센터를 연결하는 케이블 역시, 영국 영토를 거치므로 GCHQ가 쓸어 담고 있다. GCHQ는 2000년에 제정된 외국 정보수집을 무제한적으로 허용하는 영국 법안을 근거로 든다. GCHQ는 수사권한규제법이 모든 '대외' 인터넷 의사소통을 대량으로 수집할 수 있는 근거라고 말한다. 한 직원은 "우리는 법의 형식과 내용 모두에 따르고 있습니다."라고 말했다. '대외'라는 단어는 적어도 한쪽이 외국과 접해 있는 케이블에서 수집한 모든 것을 의미한다고 해석(일부는 곡해라고 말할 수도 있겠다.)된다. 인터넷 접속 작동 방식을 감안할 때 영국에서 보내는 모든 이메일을 GCHQ에도 똑같이 보내는 것과 같다는 뜻이다. 이는 BT와 구글이 마련해놓은 일반 고객과의 동의 절차에 아주 작은 글씨로도 명시되어 있지 않다.

영국과 미국 모두는 그들이 말하는 이 거대한 '건초더미'에서도 행동 패턴, 친구 집단의 접촉 횟수를 알 수 있다. 더불어 개인 표적을 감시하기 위한 검색도 가능하다.

2009년 노동당 소속 데이비드 밀리밴드(David Miliband)와 보수당 소속 윌리엄 헤이그(William Hague) 등 영국 외무장관들이 서명한 밀서에는 "정치적 의도, 핵확산, 테러리즘, 중대한 금융 범죄, 그리고 영국의 경제 복지 조사를 목적으로 하는 조회를 명백하게 허용한다."라고 되어 있다. 영국 정부 법률가들은 이 '테러리즘'이라는 단어가 매우 광범위하게 해석될 수 있음을 지적해왔다. GCHQ 직원들은 미국에 귀중한 정보를 제공하고 그 성과를 자랑했다.

GCHQ는 파이브 아이즈 동맹 내부에서는 NSA를 대신해 미국 시민을 염탐하지 않는다고 밝혀왔다. NSA 역시 영국 국민에 대한 정보 수집에 관해 똑같은 태도를 취해왔다. 그러나 유감스럽게도 스노든의 문서는 이런 주장이 거짓임을 보여준다. 그는 2005년에서 2007년에 작성된 NSA 메모에서, 두 기관이 상대국 국민을 표적으로 삼기도 한다는 사실을 언급했다. NSA는 '양국에 최선의 이익인 경우' 자체 대규모 감시 데이터베이스에 영국인을 포함할 수 있었다. 뿐만 아니라 NSA가 GCHQ 모르게 영국 국민을 염탐하는 절차가 상세하게 적혀 있었다.

"미국에 최선의 이익인 경우, 그리고 미국 국가안보를 위해 필요한 특정 상황 아래에서는 일방적으로 상대국 국민 및 상대국을 표적으로 삼는 행위는 바람직하며 허용될 수 있다."

신사적으로 보이는 이 협력자들조차 동맹국 간에 서로를 염탐하지 않는다는 규정은 완전한 거짓이었다. 이 모든 경악스러운 폭로와 그 뒤에 이어질 국제적인 소란은 미국과 영국의 비밀 정보기관장들이 서로에 대한 격노를 드러내게 할 것이다.

스노든과, 글렌 그린월드, 그리고 런던 〈가디언〉의 영국 기자들은 머지않아 이 분노가 부를 엄청난 파장을 실감할 수 있었다.

9장

———

즐길 만큼
즐겼잖소

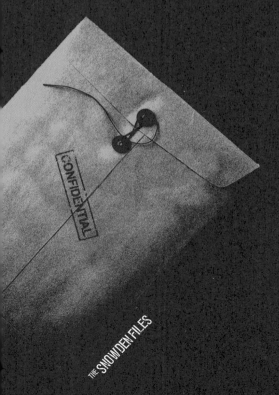

CONFIDENTIAL

THE SNOWDEN FILES

2013년 6월
런던 킹스플레이스, 〈가디언〉 사무실

"그 어떤 자유보다도 알고, 말하고, 양심에 따라 자유롭게 논쟁할 자유를 달라."
—존 밀턴, 《아레오파지티카》

-------------------------------------- 평소 이 시간쯤이면 언제나 적막이
흐르던 킹스플레이스 3층.

컴퓨터 앞에 모여 앉은 무리 주변으로 심야 청소부가 웬일인지 진
공청소기를 돌리고 있다. 그는 스페인어로 바쁘게 통화 중인데, 무리
가 그를 주시하고 있다는 사실을 인지하지 못했다. 부편집장 폴 존슨
은 밤새도록 그를 주의 깊게 지켜봤다.

평상시에 사용되는 네트워크는 사용할 수 없다. 라시(LaCie) 개인 소
유의 주황색 대용량 외장 하드에 고통스러울 정도로 느린 포맷 작업
이 진행되고 있다. 그의 외장 하드는 사무실에 있는 미사용 물품 중 대
용량 데이터 저장이 가능한 몇 안 되는 것 중 하나다. 여기에 일급 비
밀문서 수천 건, 즉 스노든 파일을 저장할 것이다. 물론 엄청난 암호를
걸어서.

스노든 파일에는 영국 정보기관 소유의 파일 5만 건 이상이 포함돼
있다. 이들 파일은 GCHQ가 이미 미국에 건네주었을 것이다. 존슨이
안절부절못하는 이유는 이 문서를 영국으로 가지고 들어온 행위, 또

177 ---------

한 보유하고 있다는 사실만으로도 무서운 법적 문제가 야기될 수 있기 때문이다. 〈가디언〉의 런던 사무실만 보면 1821년으로 거슬러 올라가는 비국교도 맨체스터 기원을 눈치챌 만한 단서는 없다. 하지만 로비에는 수염을 기른 어마어마한 인물의 흉상이 있다. 바로 57년 반 동안 〈가디언〉의 편집장을 맡은 전설적인 인물 CP 스콧(Scott)이다. 그가 말한 유명한 격언 "논평은 자유지만 사실은 신성하다.(comment is free, but facts are sacred.)"는 여전히 〈가디언〉에서 살아 숨 쉬고 있는 원칙이다.

CP 스콧의 강인한 성격에 영향을 받은 편집장 앨런 러스브리저는 과거 몇몇 커다란 폭로 사건을 다룬 경험이 있었다. 그중 위키리크스 폭로는 가장 최근의 일인 동시에 매우 유명한 사건이다. 그런 그에게도 이번 일은 전례 없이 큰 사건으로 여겨졌다.

영국 기자들은 미국 기자들이 누리는, 헌법이 보장하는 언론자유를 누리지 못한다.

미국에는 언론이 사회에서 중대한 역할을 한다는 강한 문화적 이해도 있다. 1970년대 〈워싱턴포스트〉의 젊은 기자 두 명이 닉슨 대통령을 실각시킨 워터게이트 사건으로도 이해된다. 대조적으로 영국은 국가비밀 유지를 중시하는 억압적인 문화를 지녔다. 당시 워싱턴에서 워터게이트 사건 폭로로 우드워드와 번스타인이 축하받던 시기에, 영국에서 몇몇 젊은 기자들이 '도청자들'이라는 기사를 썼다. 이는 GCHQ라는 영국의 무선 도청기관이 존재한다는 사실을 처음으로 폭로한 기사였다. 해당 기자들은 즉시 기소되어 런던의 중앙형사법원에서 공직자비밀엄수법(Official Secrets Act)에 따라 유죄를 선고받았다. 미국 시민이던 마크 호즌볼(Mark Hosenball)은 재판받을 권리 없이 '영국 국가안보에 대한 위협' 죄로 몰려 강제 추방당했다.

이런 역사적 배경을 가진 영국에서 일급비밀인 GCHQ 문서를 보도하겠다는 시도는 대단한 도전이었다. 1911년 독일 스파이 활동에 대한 우려로 제정되어 1989년 개정된 공직자비밀엄수법은 영국 공무원이 기밀정보를 누출하는 행위를 범죄로 규정한다. 그러나 이 법에는 기자도 처벌 가능한 조항이 있다. 스노든을 통해 들어온 정보 문서를 공표 또는 공표하려는 시도가 포함되는 내용이다. 폭로가 영국에 손해를 끼치는 것으로 간주되면 공직자비밀엄수법에 따라 〈가디언〉의 편집장 역시 기소당할 수 있다. 유일한 방어 수단은 발표한 기사가 실제로 손해를 끼치지 않는다거나, 적어도 고의적으로 손해를 끼치려고 하지 않았다는 항변뿐이다. 경찰 측이 이미 가까이 다가오고 있을는지도 모른다.

스노든 파일이 런던에 있다는 사실이 영국 정부의 귀에 들어간다면 곧바로 보도 금지령으로 이어질 것이다. 스노든 파일은 의심할 여지 없이 극비문서였고 문서는 분명히 정부 재산이었다. 국가안보가 달려 있는 셈이다. 영국 법률에 따라 자료의 모든 공표를 금지하고 즉각 파일 반환을 지시하는 법원 명령을 판사는 승인할 것이다. 〈가디언〉은 문서 내용에 공익이 달려 있다고 법원에 이의를 제기할 수 있다. 하지만 기껏해야 길고 불확실한데다가, 비싼 법적 투쟁에 휘말릴 뿐이다. 그동안 신문은 문서 내용을 전혀 보도할 수 없다. 법원 명령은 언론사로서는 대참사다.

러스브리저는 저명한 언론 변호사 갤빈 밀러(Galvin Millar)와 법적 선택권을 고려했다. 100퍼센트 안전한 방법은 영국 관련 파일을 즉시 없애는 것이다. 또 다른 안전한 방법은 비밀정보 취급허가를 받은 정치인에게 파일을 건네고 그 내용에 관해 조사를 요구하는 것이다. 인물로는 전 보수당 소속 외무장관 맬컴 리프킨드(Malcom Rifkind)가 있다. 그는 의회 정보안보위원회 의장을 맡고 있다. 이 위원회는 GCHQ 같은 기관을 감독하는 의무를 가지고 있다. 그러나 그는 파일을 읽어보지도 않은 채 정보기관에 즉시 건네줄 것이다.

밀러의 조언은 중요했다. 하지만 러스브리저는 스노든에 대한 의무역시 고려해야 했다.

스노든은 이 문건을 손에 넣기 위해 목숨을 걸었다. 더욱이 스노든은 국회를 신뢰할 수 없어 〈가디언〉에 파일을 넘겼다. 정보 사안을 다루는 미국 특별법정은 비밀리에 열린다. 스노든이 원하는 공개 논의는 신문만이 이끌어낼 수 있다. 그리고 이 극악무도한 국가적 혐의를 일반 국민이 모른다면 그 논의 기회는 더더욱 기대할 수 없다.

"기자로 살면서 부딪혀온 수많은 윤리적 딜레마 중에서도 이 사안은 상당히 큰 고민이었습니다."

그는 신뢰할 수 있는 직원들과 파일 내용을 자세히 연구하기로 했다. 파일은 알아보기 어려웠다. 몇몇 서류는 한눈에 보기에도 민감했다. 하지만 파워포인트, 교육 슬라이드, 관리 보고서, 데이터마이닝 프로그램을 설명한 도표 등 대다수는 혼란스럽고 복잡했다. 문서 내용은 대부분 이해하기 어려웠지만 GCHQ가 지닌 기술 능력과 야심이 매우 원대하다는 사실 하나는 명백했다. 그리고 GCHQ가 자매기관 NSA와 맺어온 '특별관계'가 놀라울 정도로 깊다는 사실도 확실했다.

〈가디언〉은 작은 '전략상황실'을 만들고 철저한 보안을 했다. 경비를 24시간 복도에 배치했다. 신분증으로 확인된 극히 제한된 사람들만 출입이 가능했고, 모든 전화는 들여올 수 없다. 그리고 전략상황실 창문은 종이로 가려졌다. 모든 컴퓨터는 새로 마련했다. 해킹이나 피싱 공격을 예방하기 위해 인터넷을 비롯해 어떤 네트워크에도 연결한 적 없는 컴퓨터들이었다. 새 컴퓨터들은 내내 인터넷 미연결 상태를 유지했다.

컴퓨터에 로그인하기 위해서는 비밀번호를 여러 개 입력해야 했다. 비밀번호를 하나 이상 아는 직원은 아무도 없었다. 기사는 USB 메모리에 쓰고 저장했다. 네트워크에는 아무것도 올리지 않았다. 구석에는 파쇄기도 놓았다. 화이트보드에는 편집장 러스브리저가 쓴 메모가 붙었다.

"에드워드 스노든은 감시 국가의 실체를 모르는 국민 모두를 위해 〈가디언〉과 만났습니다. 그는 감시를 위한 법률 또는 법정, 언론, 의회의 능력보다 기술이 앞서 있다고 했습니다. 바로 이 이유 때문에 그의 파일이 우리 손에 들어와 있는 것입니다. 우리는 공공에 위협이 되는 관계 자료를 찾아야 합니다. 우리가 지금 하는 일은 전반적인 정보 조사가 아닙니다."

조사를 맡은 팀은 신뢰할 수 있는 상급 기자, 즉 〈가디언〉의 국방 및 보안 담당 기자 닉 홉킨스, 데이터 담당 기자 제임스 볼, 베테랑 기자 닉 데이비스, 런던과 뉴욕 사이를 오간 줄리언 보거로 구성됐다. 브라질의 그린월드가 기자로 선두에 섰다. 매카스킬은 미국을 근거지로 활약했다. 자료를 손에 넣는 것과 그 내용을 이해하는 것은 별개의 문제였다. 처음에 기자들은 '스트랩 1'과 '스트랩 2'가 무슨 의미인지 알 수 없었다. 나중에야 이 용어가 일급비밀보다 더 높은 단계의 비밀을 뜻하는 등급임을 깨달았다. 그린월드는 매카스킬에게 템포라라는 프로그램을 열어보라고 조언했다. 템포라 파일을 통해 스노든이 업로드한 GCHQ 내부 '위키'를 발견하자 이 과정은 좀 더 쉬워졌다. 그 내용은 대부분 평범한 영어로 적혀 있었다. 화이트보드는 새뮤얼 피프스 (SAMUEL PEPYS), 커다란 돼지(BIG PIGGY), 나쁜 늑대(BAD WOLF) 같은 NSA/GCHQ 프로그램 암호명으로 뒤덮였다. 문서 분석 초기 단계에는 좀처럼 진도가 나가지 않았다.

"문서들은 심하게 기술적이고 기가 막히게 따분한데다 정말이지 멋졌죠."

"QFD가 무슨 뜻이지?"라고 외치면 누군가 "문의 중심 데이터베이스(Query·focused database)"라고 답하곤 했다. 그리고 '10gps 전달자'가 뭐지?, 돌연변이 수프는?(MUTANT BROTH), 근육질은?(MUSCULAR), 이기적인 기린은?(EGOTISTICAL GIRAFFE) 등과 같은 질문이 이어졌다. 이 과정을 통해 밝혀진 충격적인 사건 중 하나는 GCHQ가 2009년 런던에서 열린 두 차례의 G20 정상회담에서 외국 지도자들을 도청했다는 사실이다. 노동당 국무총리 고든 브라운(Gordon Brown)과 외무장관 데이비드 밀리밴드가 이 도청행위를 분명하게 승인했다. GCHQ는 회담 장소에 키로깅(key·logging) 소프트웨어 장비를 갖춘 가짜 인터넷 카페를 세웠다. 이를 통해 GCHQ는 외국 대표들의 패스워드를 해킹할 수 있었고, 이 정보는 이후에 유용하게 사용됐다. GCHQ는 이메일 메시지와 전화통화 감시를 위해 외국 대표들의 스마트폰에도 침투했다.

분석가 45명으로 구성된 팀이 정상회담 중 누가 누구에게 전화했는지 실시간 기록을 작성했다. 터키 재무장관과 대표단 15명이 표적에 포함되었다. 이 일은 테러리즘과 아무런 관계도 없다.

〈가디언〉은 절호의 타이밍에 적절하게 이 사실을 발견했다. 데이비드 캐머런 총리는 북아일랜드 로크에른의 그림 같은 휴양지에서 G8 국제 정상회담을 개최하려던 차였다. 오바마 대통령과 푸틴 대통령을 비롯해 G8 각국 정상들이 참석할 예정이었다. GCHQ는 이들도 도청할까? 당장이라도 법원 명령이 떨어질까 두려웠다.

폴 존슨은 서둘러 인쇄판을 찍어내기로 결정했다. 6월 16일 일요일, 그는 이른 저녁 특별판 200부를 찍어냈다. 밤 9시 15분에 3만 부를 추가로 인쇄했다. 심야라면 판사가 '출판 정지'를 명령하고 배포를 금지하기가 더 어려울 터였다. 그날 저녁 러스브리저의 휴대전화가 울렸다. 전화를 건 사람은 퇴역한 공군 소장 앤드류 밸런스(Andrew Vallance)였다. 밸런스는 영국 특유의 'D 통고(D·Notice)' 시스템을 관리했는데, 이 시스템 아래에서 정부는 국가안보를 위태롭게 한다는 이유로 언론의 기사 보도를 막았다.

1993년 D 통고는 국방자문통고(Defence Advisory/(DA) Notice)라는 이름으로 변경됐다. DA 통고는 언론보도에 영향력을 행사해올 것이다. 밸런스는 〈가디언〉뿐만 아니라 BBC와 스카이를 비롯한 영국 방송사와 신문사에 대해 스노든과 관련된 내용이 '사적이고 예민'하다는 통보를 해왔다. 영국 언론들은 대부분 이 통보에 따랐으며, 프리즘 기사를 거의 다루지 않았다. 밸런스는 〈가디언〉이 G20 정상회담 도청 기사를 자신과 논의 없이 내보낸 것에 깊은 우려를 드러냈다.

9장 즐길 만큼 즐겼잖소

영국 정부와 〈가디언〉의 투쟁이 시작되었다. 데이비드 캐머론 총리가 G8 정상회담을 주최하는 동안 그의 언론 담당관 크레이그 올리버(Craig Oliver)가 러스브리저를 불렀다. 전 BBC 편집장 올리버 옆에는 고위 외교관이자 총리 국가안보 정책보좌관 킴 대럭 경(Sir Kim Darroch)이 함께했다. 올리버는 〈가디언〉의 G20 기사가 국가안보에 '피해'를 입힐 위험이 크다고 말했다. 관료들이 G20 폭로 기사에 불만을 품고 있으며 러스브리저를 감옥에 처넣고 싶다는 이들도 있다고 전했다. 러스브리저는 스노든 파일을 〈가디언〉이 책임감 있게 다루고 있다고 말했다. 작전이 아니라 보안과 프라이버시 간의 경계가 관건이라고 밝혔다. 그는 〈가디언〉의 향후 기사와 영국 정부에 제기하는 문제들에 귀를 기울일 의향이 있다고 전했다.

〈가디언〉의 다음 기사는 정부의 '글로벌 통신사 이용'이다. 러스브리저는 이 기사가 나가면 영국 정보기관장들로부터 한층 더 심한 질타와 보복이 발생할 것임을 알고 있었다.

러스브리저는 올리버에게 기사의 주요 세부 내용을 미리 설명하겠다고 제안했다. 국가안보에 실제로 피해를 입히는 사태와 법원의 출판권 금지 처분을 피하려는 목적이었다. 깁슨은 미국 백악관에서 같은 방법을 쓰고 있었다. 2010년 위키리크스 외교 전보문건 일부를 보도하기에 앞서 러스브리저도 미국 국무부와 비슷한 대화를 나눴다. 올리버는 정부가 '분별 있는 대화'를 원한다며 합의했다. 하지만 법원의 강제 명령이 떨어질 가능성을 묻자, 그는 확답을 회피했다.

"글쎄, 기사가 초대형이라면…."

이틀 후 정부는 형식적인 응답을 했다. 올리버는 변명하듯이 "일이 무척 느리게 진행되고 있습니다."라고 말했다. 그는 푸틴을 비롯한 다른 손님들이 출국한 후 최근에야 국무총리가 스노든 파일에 관한 보고를 받았다고 했다. 그러나 그는 걱정하고 있었다.

"우리는 당신이 상당히 많은 문건을 가지고 있을 것이라는 가정 아래 움직이고 있습니다."

결말은 캐머런의 고위 특사인 행정장관 제러미 헤이우드 경(Sir Jeremy Heywood)의 직접 방문이었다. 최고위 관료인 그는 그동안 국무총리 세 명과 재무장관 세 명의 보좌관 역할을 맡았다. 자신감 있고 세련되고 지적이며 옥스퍼드와 하버드에서 교육받은 헤이우드는 자기 뜻대로 움직이는 데 익숙했다.

〈미러(Mirror)〉는 2012년 헤이우드를 소개하면서 '영국에서 가장 힘 있는 비선출직 관료이며, 앞으로도 당신이 들어볼 일 없는 비밀스런 인물'이라고 설명했다. 〈미러〉는 헤이우드가 남부 런던 클래펌에서 멋진 생활을 즐기며 살고 있다고 보도했다.(그는 와인 저장고와 체육관을 짓

© Steve Back

영국에서 가장 큰 영향력을 지닌 숨은 인물 제러미 헤이우드 경.
데이비드 캐머런은 〈가디언〉을 설득하는 임무를 행정장관 헤이우드 경에게 맡겼다.
캐머런의 언론 담당관 크레이그 올리버는 〈가디언〉 측에 "즐길 만큼 즐겼잖소."라고 말했다.

고 있었다.) 영국 정부의 전직 정책 부서장 출신의 닉 피어스(Nick Pearce)
는 〈미러〉에 우스갯소리로 "우리가 이 나라에 성문헌법을 만든다면
아마도 '제러미 헤이우드가 언제나 권력의 중심에 있을 것이긴 하지
만, 우리는 자유롭고 평등한 시민이다.'라는 식으로 써야 할 겁니다."
라고 말했다.

과거 조금은 유사한 형태로 장관을 활용하던 경우가 있었다. 1986
년 국무총리 마거릿 대처(Margaret Thatcher)가 정보기관 관련 문건 유출
을 막으려고 로버트 암스트롱 경(Sir Robert Armstrong)을 오스트레일리
아까지 파견했으나 허사로 끝났다. 그리고 MI5에 불만을 품은 전 직
원 피터 라이트(Peter Wright)의 회고록 《스파이캐처(Spycatcher)》의 출판
을 정지시키려고 한 적도 있었다. 이 책에서 라이트는 MI5의 전 기관
장 로저 홀리스 경(Sir Roger Hollis)이 소련 스파이였음을 밝혔다. 또한
MI5가 런던 전역을 도청하기 위해 침입하고 있으며 영연방 회의를 도
청해왔다고 폭로했다.

과거처럼, 이제 GCHQ는 최근 G20 정상회담을 도청하는 범죄를
저질렀다.

당시 대처의 조처는 대실패로 끝났다. 암스트롱은 "공무원은 때때
로 진실을 모두 말하지 않는다."라는 의기양양한 발언으로 증인석에
서 웃음거리가 됐다. 라이트의 회고록은 유명세를 등에 업고 세계적
으로 수십만 부가 팔려나갔다.

6월 21일 금요일 오전 8시 30분, 헤이우드가 〈가디언〉 킹스플레이
스 사무실에 도착했다. 그는 상당히 짜증난 상태로 보였다. 제러미 경
이 입을 열었다. "국무총리와 부총리, 외무장관 윌리엄 헤이그를 포함

한 법무장관 외 정부관료 모두가 이 일에 강한 우려를 표하고 있습니다." 법무장관 도미니크 그리브(Dominic Grieve)를 언급한 것은 의도적이다. 공직자비밀엄수법에 따른 모든 기소를 결정하는 사람이 바로 그였다.

헤이우드는 〈가디언〉이 아프가니스탄에 주둔하고 있는 병력의 위치와 국내 요원의 첩보 활동은 밝히지 않는다는 협의를 재차 확인했다. 러스브리저는 "물론입니다."라며 동의했다. 정부는 〈가디언〉이 합리적으로 처신해준 것을 인정했다. 그러나 보도가 계속된다면 인간이 해서는 안 될 심각한 범죄자(소아 성애자와 같은)들을 돕는 것과 같다고 경고했다. 더불어 MI5 요원 모두를 위험하게 만드는 일이라고 했다. 러스브리저는 〈가디언〉의 정부 감시 폭로 기사가 미국에서 모든 매체를 뒤덮고 있다고 전했다. 또한 앨 고어(Al Gore), 글렌 벡(Glenn Beck), 미트 롬니(Mitt Romney)부터 미국시민자유연맹에 이르는 모든 이들이 관심을 가지고 있다고 전했다. 인터넷 창시자 팀 버너스 리(Tim Berners Lee)와 애국자법을 작성한 국회의원 짐 센센브레너(Jim Sensenbrenner) 역시 지원을 아끼지 않고 있으며, 심지어 오바마 미국 대통령까지도 논쟁을 환영한다고 말했다.

"저는 영국 정부를 포함한 여러분 모두가 오바마와 같은 관점을 가지면 좋겠습니다. 이것은 분명 바람직한 논쟁입니다."

그러나 헤이우드는 "논쟁은 할 만큼 하지 않았습니까. 논쟁이 거세지고 있어요! 더 이상 기사를 낼 필요가 없습니다. 우리는 더 이상 이 문건이 일반인에게 공개되는 것을 좌시할 수 없습니다."라고 답했다. 그는 법적 조치를 운운하며 위협했다. 또한 지금 그 결정이 법무장관과 경찰에게 달렸다고 했다.

"당신들은 지금 장물을 보유하고 있다고!!"

그러나 러스브리저는 그 조처가 아무 소용없을 것이라고 설명했다. 스노든 파일은 지금 영국의 관할권을 벗어난 몇몇 지역에 있다. 그가 글렌 그린월드라는 이름을 들어보았을까? 그린월드는 브라질에 사는 사람이다. 〈가디언〉의 출판이 저지를 받는다면 그린월드는 분명 사직하고 보도를 감행할 것이다.

"국무총리는 그 미국인 블로거보다 〈가디언〉을 훨씬 더 많이 걱정하고 있습니다. 국무총리가 당신이 중요하다고 생각한다니 어깨가 으쓱해지죠?" 비웃는 듯 그가 말했다.

"당신들은 영국 이외의 다른 나라 권력기관의 표적이 되었다고요. 중국 공작원 또는 러시아 공작원이 벌써 침투했을지도 모른다는 말입니다! 당신 직원 중 중국 공작원이 몇이나 되는지 당신이 알 수나 있겠어요?"

헤이우드는 맞은편 아파트를 가리키며 "우리 요원들이 어디 있는지 궁금하군요."라고 말했다. 농담인지 진담인지 알 길이 없었다. 〈가디언〉 사무실은 분주한 교차로에 있었다. 한쪽에는 킹스크로스 역과 세인트판크라스 역이 자리를 잡았고, 그 사이에는 곧 구글의 새로운 유럽 본사가 들어설 오래된 화물 터미널이 있다.

많은 사람들이 격분하고 있는 것은 확실했다. 극단적인 조처를 취하려는 의향도 있었다.

"대체 당신이 스노든에 대해 무엇을, 얼마나 알고 있다는 거요? 정부관계자들은 이제 당신들이 더 이상 기사를 내보내서는 안 된다고 생각하고 있습니다. 그들은 이 사건의 배후에 중국이 있다고 믿는다고요!!"

GCHQ 일급비밀 문서 내용은 이미 미국인 수천만 명에게 공개됐다. 그리고 이 문서 노출 당사자는 〈가디언〉이 아니라 미국이다.

"무슨 소린지 압니다. 하지만 영국의 조사 과정은 엄격합니다. 또한 이 기사는 일반 대중을 위한 일이 아닙니다."

러스브리저는 제러미 경에게 언론자유의 기본 원칙을 공손하게 상기시켰다. 그는 40년 전 〈뉴욕타임스〉와 펜타곤 문서를 두고 비슷한 논쟁이 빗발쳤다는 사실을 지적했다. 미국 관료들은 베트남 전쟁에 대한 논의는 국회의 임무이지, 언론의 임무가 아니라고 주장했다. 〈뉴욕타임스〉는 아랑곳하지 않고 보도했다. 러스브리저는 제러미 경에게 "그 기사를 보도한 것이 잘못된 행동이었다고 생각하십니까?"라고 물었다.

이 만남은 결론을 내지 못했다. 정부 측은 〈가디언〉이 완강하다는 사실을 확인했다. 〈가디언〉은 정부가 협박해올 가능성이 크다는 사실을 확인했다. 나중에 밝혀진 사실이지만, 영국은 법적인 제재를 준비하지 않았었다. 이유는 간단했다. 그들은 〈가디언〉이 아니더라도 스노든과 그린월드가 뭔가 확실한 준비를 했으리라 생각했다. 영국 정부가 압력을 가하면, 위키리크스와 같은 방식으로 모든 민감한 문서가 인터넷에 퍼질지 모른다고 염려했다.

올리버 로빈스(Oliver Robbins)는 정부의 이러한 생각을 넌지시 귀띔해주었다. 〈가디언〉이 앞으로 낼 기사에 대해 의견을 들려준 것에 대한 화답으로 그들은 높은 수준의 브리핑을 제공했다.

혹여 암호를 잘못 해석해 더 큰 직격탄을 맞지나 않을까 염려가 된 터였다. 브리핑이 끝난 후 〈가디언〉은 몇 개의 수정을 거쳐 템포라 기사를 보도했다.

템포라 기사는 오후 5시 28분 〈가디언〉 웹사이트에 올라갔다. 즉각적이고 엄청난 반응이 터져나왔다. 대중의 분노는 폭발했다. 한 독자는 "누가 그들(GCHQ)에게 우리를 감시하고 우리의 개인 정보를 동의도 없이 외국 정보기관에 건네줘도 된다고 허락했나?"라는 의견을 남겼다.

〈가디언〉 탐사보도 전문기자 닉 홉킨스가 GCHQ 직원에게 회담을 제안하자, "당신을 보느니 차라리 내 두 눈을 찌르겠소."라는 답이 돌아왔다.

홉킨스는 "그러면 다음번 우리 특종 기사를 못 읽을 텐데요?"라고 응했다.

다른 GCHQ 직원은 빈정대며 오스트레일리아로 이민 가는 걸 고려해야겠다고 말했다.

〈가디언〉은 일정한 기간이 지나면 더 이상 보도할 수 없는 상황이 올 수 있다는 사실을 알고 있었다. 발 빠른 특단의 대응이 필요해졌다.

2010년 〈가디언〉은 기밀 US 외교 전보문건과 전시 군수기록에 관한 위키리크스 폭로 사건을 보도할 때 〈뉴욕타임스〉와 독일 〈슈피겔〉을 비롯해 국제적인 신문사들과 성공적으로 협력한 경험이 있었다. 이번에도 비슷한 협력이 필요했다. 특히 미국 언론사들과 협력한다면 비슷한 이점을 누릴 수 있을 터였다. 〈가디언〉은 수정헌법 제1조의 보호를 이용할 수 있었다. 그리고 필요한 경우 전체 보도 기사를 뉴욕으로 넘길 수도 있었다.

러스브리저는 독립 뉴스 웹사이트 프로퍼블리카(ProPublica) 창립자 폴 스타이거(Paul Steiger)에게 연락했다. 무척 잘 맞는 조합이었다. 비영리단체인 프로퍼블리카는 엄격하다는 평판을 얻고 있었다. 프로퍼블리카는 퓰리처 상을 두 차례 수상했다. 러스브리저는 편집한 문서를 선별하여 강력하게 암호화한 다음 페덱스를 통해 스타이거에게 보냈다. 이와 같이 단순한 방법은 눈에 띄지 않으면서도 오히려 완벽하게 안전했다. 프로퍼블리카의 기술 담당 기자 제프 라슨(Jeff Larson)이 런던 전략상황실에 합류했다. 컴퓨터 공학을 전공한 라슨은 자기 분야에 유능했다. 그는 도표를 사용해 NSA의 복잡한 데이터마이닝 프로그램을 설명할 수 있었다. 정말 대단한 능력이었다. 러스브리저는 〈뉴욕타임스〉 편집국장 질 에이브럼슨(Jill Abramson)에게도 연락했다. 그는 에이브럼슨의 전임자인 빌 켈러와 잘 아는 사이인데다가, 에이브럼슨과도 돈독한 관계를 유지했다. 이론상 〈뉴욕타임스〉와 〈가디언〉은 경쟁관계다. 실제로 〈가디언〉은 세간의 이목을 끄는 국가안보 특종을 연속해서 보도하고 있었다. 그것도 전통적인 〈뉴욕타임스〉의 텃밭인 미국에서. 〈뉴욕타임스〉는 〈가디언〉과 협력할 수 있을까?

이것은 지극히 위험한 자료임에 틀림없었고, 그 사실을 〈뉴욕타임스〉가 모를 리 없었다.

"영국은 분위기가 고조되고 있습니다."

그렇다. 위키리크스 사건 당시처럼 양측 모두 이익을 얻을 수 있는 일이다. 〈뉴욕타임스〉는 USB 메모리를 얻고, 〈가디언〉은 수정헌법 제1조를 얻는다는 사실에 에이브럼슨은 동의했다.

스노든은 이 합의를 어떻게 생각할까? 그가 기뻐할 것 같지는 않았다. 스노든은 〈뉴욕타임스〉를 여러 차례 통렬하게 비판했다. 그는 〈뉴욕타임스〉가 미국 정권과 너무 가까워 신뢰할 수 없다고 말했다.

하지만 남겨진 패는 없다. 〈가디언〉은 궁지에 몰려 있었다. 언제라도 경찰이 들이닥쳐 스노든 파일을 압수할 수 있었다. 그러면 분명 유출된 파일 모두를 세세하게 살필 것이다. 스노든에게 적용될 죄목이 더욱 강력해질지도 모르는 일이다.

2주일이 흘렀고 〈가디언〉은 계속 기사를 내보냈다. 전략상황실 팀원들 모두가 엄청난 스트레스에 노출되어 있었다. 그들은 친구나 다른 동료 누구하고도 이야기를 나눌 수 없었다. 단지, 전략상활실에 속한 사람들과의 소통만 가능했을 뿐이다. 그러던 7월 12일 금요일 헤이우드가 다시 나타났다. 그들은 GCHQ 파일을 반환해야 한다는 통지서를 내밀었다. 정부 내 분위기가 경직되고 있는 듯했다.

"우리는 당신이 무엇을 가지고 있는지 웬만큼 알고 있습니다. 대략 30건에서 40건가량의 문서를 가지고 있겠죠. 아무튼 문서 보안이 걱정입니다. 이 문제를 좋게 해결할 수도 있습니다. 하지만 안 되면 법으로 해야겠죠."

"이 문서 사본이 미국에도 있다는 사실을 알고 계시는 겁니까?"

그는 〈가디언〉이 파일을 넘겨줄 의사가 없음을 명확히 했다. 헤이우드와 올리버는 반환 거부 의사를 재고하기를 바란다고 말했다.

사흘 뒤 국무총리 언론 담당관 올리버로부터 문자 메시지가 도착했다.

"헤이우드는 당신이 제안에 동의하지 않은 것에 대단한 우려를 보이고 있습니다. 회의를 했습니까?"

러스브리저는 "보안 조치에 관해서요?"라고 답을 보냈다.

올리버는 "파일 반환에 관해섭니다. 회의 안건은 파일 반환입니다."라고 명확히 밝혔다.

주말 동안 상황이 변한 것 같았다. 러스브리저는 올리버에게도 역시, 스노든 파일 반환합의는 없다고 했다. 올리버는 퉁명스러웠다.

"즐길 만큼 즐겼잖소. 이제 파일을 돌려줄 시간입니다."

"우리는 확실히 서로 이야기하고 있군요. 그건 우리가 합의한 바가 아닙니다. 마음이 변했다면 그렇게 하세요."

그러자 올리버가 압력을 가해왔다. "돌려주지 않으면 우리는 오늘 회의를 시작할 것입니다."

대화를 마친 러스브리저는 깜짝 놀랐다. 6주 전 처음으로 스노든 기사가 보도된 후부터 영국 정부는 이 사건을 전혀 긴급하게 다루지 않았다. 대답하는 데 며칠씩 걸리기 일쑤였다. 그동안은 거의 태만에 가까운 지체였다. 그랬던 이들이 몇 시간 안에 해결을 보고자 했다.

어쩌면 적대국으로부터의 위협을 감지했을 수도 있다. 또는 보안 담당 관료들의 격분이 극에 달했을 수도 있다. 그것도 아니면 캐머론이 이 일을 처리하라고 명령했을 수도 있다.

다음날 아침 로빈스가 전화를 했다. 38세인 로빈스는 옥스퍼드, 재무부, 토니 블레어의 수석 개인 보좌관, 국무조정실 정보관을 거쳐 가파른 출세 가도를 달리고 있었다. 로빈스는 "더는 안 됩니다."라고 압박을 가해왔다. 장관들은 스노든 파일이 '폐기'되었다는 소식을 기다리고 있었다. 그는 제3의 인물이 파일을 가로채지나 않았는지 GCHQ

의 기술자들이 파일의 경로를 조사하겠다고 했다.

"이런 조치는 납득이 되지 않습니다. 파일은 미국 측에도 있습니다. 우리는 미국에서 보도를 계속할 것입니다. 정부는 상황에 대해 모든 통제력을 잃게 될 겁니다. 미국 언론기관과는 이런 대화를 나눌 수 없습니다."라고 재차 말했다.

러스브리저가 물었다. "조치에 따르지 않으면 우리를 폐쇄라도 하겠다는 말입니까?"

로빈스는 "그런 뜻입니다."라고 했다.

그날 오후 〈뉴욕타임스〉의 국장 질 에이브럼슨과 편집주간 딘 바케 (Dean Baquet)가 〈가디언〉의 런던 사무실로 들어왔다. 〈가디언〉은 양자 협력에 관한 14개 조건을 A4 용지 한 장에 정리해두었다. 양쪽 모두 스노든 건과 관련된 일련의 사항에 협력한다고 서명했다. 러스브리저는 스노든을 언급했다. "이 사람이 우리의 정보원입니다. 나는 여러분이 그를 여러분의 정보원으로 대해야 한다고 생각합니다."

〈뉴욕타임스〉에도 수많은 정보원이 존재한다는 사실은 모두가 알고 있었다.

그는 스노든도 그린월드도 〈뉴욕타임스〉 팬이라고 할 수 없다고 덧붙였다. 영국 기자들은 이제 미국으로 건너가 〈뉴욕타임스〉 동료들과 함께 일할 예정이었다.

에이브럼슨은 쓴웃음을 지었다. 그리고 조건에 합의했다.

이후 에이브럼슨과 바케는 뉴욕행 비행기를 타기 위해 공항에 도착했다. 공항 경비원들이 그들을 한쪽으로 데려갔다. GCHQ 파일을 찾고 있던 걸까? 어쨌든 그들은 파일을 찾지 못했다. 문서는 이미 대서양을 건너갔다.

러스브리저는 매년 여름 프랑스 로트밸리의 '피아노 캠프'에 가곤 했다. 온갖 드라마 같은 일이 있었지만 러스브리저는 신중하게 고민한 결과, 올해도 참석하기로 결정하고 기차에 올랐다. 러스브리저가 피아노 테크닉을 생각하던 바로 그때, 오랜 〈가디언〉의 역사에서도 가장 기괴한 에피소드로 평가받는 사건이 다가오고 있었다.

로빈스(국가안보정책 부보좌관)가 〈가디언〉에 다시 나타났다. 로빈스는 정부가 〈가디언〉의 컴퓨터들을 압수하여 감식하기를 원한다고 말했다. 존슨(부편집장 폴 존슨)은 거부했다. 그는 스노든과 〈가디언〉 기자들에 대한 의무를 이유로 들었다. 존슨은 다른 방법을 제시했다. 〈가디언〉의 폐업을 피하기 위해 GCHQ의 감독 하에 '전략상황실' 컴퓨터를 모두 폐기하겠다고 했다. 로빈스는 동의했다.

GCHQ는 컴퓨터를 박살내기 위해 사람을 보냈다.

7월 19일 금요일, GCHQ 직원 두 명이 〈가디언〉을 방문했다. 그들의 이름은 '이언'과 '크리스'였다. 그들은 〈가디언〉의 이사 실러 피츠시몬스를 만났다. 보아 하니 러시아 정부는 제임스 본드가 사용하는 기법을 실제로 할 수 있는 모양이다. 이언은 피츠시몬스에게 "댁들 테이블 위에 플라스틱 컵들이 있죠. 플라스틱 컵은 마이크로 변할 수 있어요. 러시아는 창문을 통해 레이저 빔을 보내서 플라스틱 컵을 도청기로 만들 수 있습니다."라고 말했다. 〈가디언〉 직원들은 이 두 사람에게 호빗이라는 별명을 붙였다.

이틀 후 호빗들이 다시 돌아왔는데, 이번에는 카타라고 불리는 겁나는 공무원과 함께 왔다. 그들은 불가사의한 커다란 배낭을 가져왔다. 두 명 모두 기자들과 이전에 접촉한 적이 없었다. 이번 일은 그들에게 새로운 경험이었다. 평상시라면 언론과의 교류는 금지되어 있었기 때문이다.

이언은 자신이라면 어떻게 〈가디언〉의 비밀 전략상황실에 침입할지 설명했다. "경비에게 5000파운드를 주고 가짜 키보드를 설치하도록 합니다. 블랙 작전은 대가가 다 돌아오죠. 우리는 당신들이 무엇을 하는지 전부 알 수 있을 겁니다."(이 계획은 몇 가지 극도로 낙관적인 가정에 근거했다.) 이를 듣고 카타는 고개를 저었다. 그는 이언의 모험소설이 달갑지 않은 듯했다.

그러다 이언이 "우리가 문서를 좀 볼 수 있을까요?"라고 물었다. 존슨은 안 된다고 말했다.

GCHQ 팀이 배낭을 열었다. 안에는 커다란 전자레인지처럼 생긴 물건이 들어 있었다. 이 생소한 물체는 디가우저였다. 디가우저는 탈레스라는 전자회사가 만든 것으로, 자기장을 파괴함으로써 하드 디스크와 데이터를 영구적으로 삭제하는 장비다.

두 사람은 좋은 경찰/나쁜 경찰 콤비라기보다는 나쁜 경찰/말없는 경찰 콤비 쪽에 가까웠다.

〈가디언〉은 디가우저를 제외하고 GCHQ가 권하는 물품을 전부 구입하기로 했다. 앵글 그라인더, 회전 비트가 달린 드릴인 드레멜, 그리고 마스크였다. 이언은 "연기와 불꽃이 심하게 날 겁니다."라고 주의를 주더니 무시무시하게 즐기듯 "이제 우리는 무력 진압을 취소할 수 있겠네요."라고 덧붙였다.

다음날인 7월 20일 토요일 정오. 호빗들이 다시 돌아왔다. 그들은 존슨, 블리셴, 피츠시몬스와 함께 창문이 없는 지하 3층 콘크리트 지하실로 갔다. 이곳은 사용하지 않는 방이었지만 1970년대 신문 인쇄에 사용하던 식자기와 패링던 거리의 옛날 사무실에 걸려 있던 '더 가디언'이라는 거대한 활자 등 지나간 신문 시대의 유물로 가득했다.

청바지와 티셔츠를 입고 이언의 지시를 받은 〈가디언〉 직원 세 명은 교대로 모니터, 회로판, 칩 등 컴퓨터 부품을 때려 부쉈다. 땀나는 작업이었다. 곧 불꽃과 섬광이 일었다. 먼지도 많이 났다.

이언은 GCHQ 유출 사건 때문에 자신이 제일 좋아하는 농담을 더이상 할 수 없게 되었다고 탄식했다. 이언은 총명한 후보자들을 정부 스파이로 끌어들이기 위해 취업박람회에 찾아가 "더 이상의 조치를 취하고 싶다면 엄마한테 전화해서 말하세요. 우리가 나머지는 알아서

〈가디언〉의 편집장 앨런 러스브리저.
영국 정부의 명령으로 파괴된 〈가디언〉 소유 노트북의 파편을 들고 있다. 러스브리저는 스노든 파일을 보도한 일로 영국 국회의원들로부터 끈질기게 맹비난을 받고 있다. 한 의원은 그에게 "당신은 조국을 사랑하시오?"라고 물었다.

© Graeme Robertson/Guardian

저널리즘 역사상 가장 기괴한 에피소드 중 하나.
영국 정부는 GCHQ 직원 두 명이 지켜보는 가운데 〈가디언〉 측이 자사 소유 컴퓨터를 때려 부수도록 강요했다.

© Sarah Lee/Guardian

하겠습니다!" 라는 말로 강연을 마무리하고는 했다. 그는 이제 GCHQ의 대 언론 담당 부서가 이 농담을 금지했다고 불평했다.

컴퓨터 파괴 과정을 계속하는 가운데 이언은 자신이 수학자, 그것도 상당히 뛰어난 수학자라고 밝혔다. 그는 자기가 GCHQ에 들어가던 해 700명이 지원했고 그중 100명이 면접을 봤는데, 단 세 명만이 채용됐다고 말했다. 피츠시몬스는 "분명 무척 똑똑하겠군요." 라고 말했다. 이언은 "그렇게 말하는 사람들도 있어요." 라고 답했다. 크리스는 눈알을 굴렸다.

이언과 크리스는 아이폰으로 사진을 찍었다. 두들겨 부수는 작업이 마침내 끝나자 기자들은 모형을 박스에 넣는 어린아이처럼 조각들을 디가우저에 넣었다. 모두 뒤로 물러났다. 이언이 허리를 굽혀 지켜보았다. 아무 일도 일어나지 않았다. 조금 더 있었지만 아무 일도 없었다. 그러다가 마침내 '뻥~!' 하고 큰소리가 났다.

작업에는 세 시간이 걸렸다. 삼각법 레이저를 사용하는 러시안 스파이들 손이 닿지 않도록 데이터는 폐기됐다. 호빗들은 만족했다. 블리센은 애석해 했다. 그는 "우리가 그때까지 지켜왔던 것들이 거기 있었습니다. 완전히 엉망으로 망가졌죠."라고 말한다. 스파이와 〈가디언〉 팀은 악수를 나눴다. 이언은 급히 나갔다.(그는 다음날 결혼식이 있어서 좀 서둘러야 한다고 말했다.) 호빗들은 분명 런던에 자주 오지 않는 듯했다. 그들은 가족들에게 줄 선물을 담은 쇼핑백을 들고 떠났다.

존슨은 "그 사건은 정말이지 기이한 상황이었습니다."라고 말한다. 영국 정부가 주요 신문사에게 자사 컴퓨터를 박살내라고 강제했다. 이 보기 드문 순간은 반쯤은 무언극 같고 반쯤은 슈타지(Stasi: 구 동독의 비밀경찰 – 옮긴이) 같았다. 하지만 이것은, 영국 정부가 행한 가혹한 처우의 정점이 아니었다. 아직도 올 것이 남아 있었다.

10장

빅 브러더의
재등장

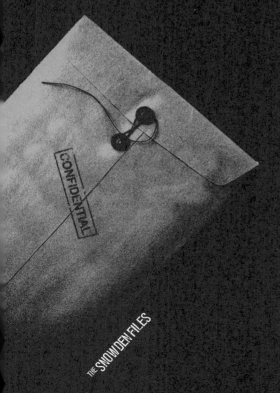

2013년 여름
캘리포니아, 실리콘 밸리

"의식을 지니기 전까지 그들은 절대 반란을 일으키지 않을 것이다."
—조지 오웰, 《1984》

-------------------------------------- 스티브 잡스는 1984년 매킨토시 컴퓨터 출시와 함께 전 세계인들의 마음을 사로잡을 만큼 상징적인 광고를 만들었다. 이 광고를 위해 그는 조지 오웰의 유명한 디스토피아 소설에서 주제를 가져왔다. 잡스의 용기 있는 회사가 빅 브러더의 압제에 맞서 싸우는 설정이었다.

월터 아이작슨(Walter Isaacson)이 스티브 잡스 전기에서 이야기하듯, 그는 '히피 문화와 기술 문화의 결합'을 상징했다. 잡스는 선종(禪宗)을 실천했을 뿐 아니라 대마초를 피우고, 맨발로 돌아다니고, 유행하는 채식을 추구했다. 애플이 수백억 달러 가치를 지니는 기업으로 성장했어도, 잡스는 괴짜 컴퓨터광처럼 컴퓨터 초창기 시절 체제 전복적 성격을 지닌 개척자들과 여전히 동일시됐다.

리들리 스콧(Ridley Scott)은 〈블레이드 러너(Blade Runner)〉로 명성을 얻은 덕분에 이 광고 감독을 맡게 됐다. 광고는 스크린에 비친 빅 브러더가 열을 지어 앉아 있는 노동자들에게 연설하는 장면을 보여준다. 짧은 머리에 아무 생각 없는 듯한 사람들이 똑같은 유니폼을 입고 있다. 잿빛 악몽 같은 이 장면 속으로 주황색 반바지와 하얀색 탱크톱을 걸친, 매력적인 젊은 여성이 뛰어들어 온다. 그녀의 손에는 해머가 들려 있다! 폭동 진압 장비를 갖춘 경찰이 그녀를 뒤쫓는다. 빅 브러더가 "우리는 승리할 것입니다."라고 선언하는 순간 여성은 그를 향해 해머를 힘껏 던진다. 스크린이 빛을 내며 폭발하자, 노동자들이 입을 떡 벌린다. "1월 24일, 애플컴퓨터는 매킨토시를 출시합니다. 그러면 여러분은 1984년이 왜 〈1984〉처럼 되지 않을지 알게 되실 겁니다."라고 알리는 목소리가 이어진다.

이 60초짜리 광고는 거의 1억 명에 가까운 미국인들이 시청하던 슈퍼볼 경기 중에 방송됐는데, 이후 역대 최고의 광고 가운데 하나로 회자됐다. 아이작슨은 "처음에는 과학 기술자와 히피들이 서로 잘 어울리지 못했다. 반체제 인사 중 상당수는 컴퓨터가 불길하고 오웰적이며 펜타곤과 권력 문화의 영역이라고 생각했다."라고 말한다.

이 광고는 정반대로, 컴퓨터는 멋지고 혁신적이고 힘을 실어주는 자기표현 도구라는 주장을 펼쳤다. 매킨토시는 만물을 꿰뚫어보는 국가에 대항해 자유를 확보하는 수단이었다.

30년 후 2011년 잡스가 사망하고 나서 NSA 분석가는 그 광고를 비웃었다. 일급비밀 프레젠테이션을 준비한 그는 1984년 애플 광고 장면 사진을 두 장 응용했다. 한 장은 빅 브러더, 다른 한 장은 주황색 반바지를 입고 해머를 든 금발 여주인공이었다.

그는 사진 아래에 '아이폰 위치 서비스'라는 제목을 써넣었다.

"1984년에 누가 알았겠는가…."

다음 슬라이드에는 고인이 된 잡스가 아이폰을 들고 있는 사진이 등장했다.

"이것이 빅 브러더가 될 줄이야."

세 번째 슬라이드에는 아이폰4를 산 다음 함성을 지르며 기뻐하는 고객들 사진이 나왔다. 한 팬의 뺨에는 아이폰4라고 쓰여 있다. 분석가가 써넣은 결정적인 문구는 다음과 같았다. "그리고 좀비는 기꺼이 돈을 지불하는 고객이다."

여기에서의 좀비란, 아이폰이 상상을 뛰어넘는 새로운 스파이 능력을 정보기관에 제공한다는 사실을 모르는 일반인이었다. '돈을 지불하는 고객'이 오웰의 아무 생각 없는 좀비가 되었다.

디지털 시대야말로 창조적인 표현, 사랑과 평화의 시대라고 생각하던 사람들에게 이 프레젠테이션은 충격 그 자체이자 스티브 잡스의 비전을 모욕하는 행위였다. 히피 정신을 욕되게 하고 짓밟는 것이었다. 프레젠테이션을 작성한 NSA 분석가의 신원은 알려진 바 없다. 하지만 그의 관점은 9 · 11 테러 이후 거만하고 책임지지 않는 태도를 보여온 NSA의 사고를 반영하는 듯했다.

'누가 인터넷을 지배하는가'라는 토론에서 NSA는 "우리가 지배한다."라는 경악스러운 대답을 했다.

포이트러스가 입수하여 〈슈피겔〉 잡지에 보도한 슬라이드는, NSA가 아이폰을 해킹할 수 있는 기술을 개발했다는 사실을 보여준다. NSA는 특별 팀에게 안드로이드 등 다른 스마트 폰도 해킹하라는 임무를 부여했다. NSA는 과거에 난공불락의 기기로 간주돼 백악관 보좌관들이 선택해 사용하는 블랙베리를 표적으로 삼았다. NSA는 사진과 보이스메일을 빨아들일 수 있다. 페이스북, 구글어스, 야후 메신저도 해킹할 수 있다. 특히 유용한 정보는, 표적 대상이 언제, 어디에 있었는지 정확히 알려주는 지오데이터(geo-data)다. NSA는 세계 전역의 휴대전화 사용자들의 위치를 알려주는 기록을 하루에 수십억 건씩 수집한다. 그들은 강력한 분석도구를 사용하여 이들 데이터를 샅샅이 조사한다.

한 비밀 프로그램에는 1970년대 핑크 플로이드(Pink Floyd)의 명반 〈달의 어두운 저편(Dark Side Of The Moon)〉에서 따온 로고가 붙어 있다. 이 그림은 하얀색 삼각형이 빛을 형형색색의 스펙트럼으로 분리하는 모습이다. 프로그램의 이름은 프리즘이었다. 스노든은 프리즘의 기능을 설명하는 41장짜리 파워포인트 프레젠테이션 파일을 유출했다.

그중 한 장에는 실리콘 밸리 기술기업들이 NSA의 기업 협력자로 참여하게 된 날짜가 분명한 글씨로 새겨져 있다. 이 프리즘에 처음으로 정보를 제공한 기업은 마이크로소프트다. 날짜는 2007년 9월 11일이었다. 다음으로 야후(2008년 3월)와 구글(2009년 1월)이 참여했다. 페이스북(2009년 6월), 팰토크(2009년 12월), 유튜브(2010년 9월), 스카이프(2011년 2월), AOL(2011년 3월)이 뒤를 이었다. 이유는 알 수 없지만 애플은 5년 동안 협조를 거부했다. 애플은 주요 기술기업 가운데 맨 마지막으로 프리즘에 참여했다. 참여한 시기는 2012년 10월로, 스티브 잡스가 사망한 지 정확히 1년이 지난 때였다.

일급비밀 프리즘 프로그램을 통해 미국 정보기관은 이메일, 페이스북 포스트 및 인스턴트 메시지 등 엄청난 규모의 디지털 정보에 접근할 수 있게 되었다. 국외에 살고 있는 외국 테러리스트들을 추적하기 위해 프리즘이 필요하다는 것이 구실이었다. 이 데이터 수집 프로그램은 개별 영장을 필요로 하지 않았다. 연방 판사는 해외정보감시법에 근거하여 프리즘의 수집행위를 포괄적으로 허용했다. 스노든이 프리즘의 존재를 폭로한 시점을 기준으로 최소 9개 기술기업이 참여하고 있었다.(파일에 따르면 드롭박스(Dropbox)가 곧 참여할 예정이었고 트위터는 빠져 있었다.)

가장 쓰라린 논쟁 요소는 NSA가 이런 개인 데이터에 접근하는 방식이었다. 핵심 슬라이드에는 데이터를 구글, 야후 등 9개 '미국 서비스 제공업체'의 '서버로부터 직접' 수집한다고 쓰여 있었다. 홍콩에서 스노든은 '직접 접근'이 프리즘 작동 방식의 핵심이라고 단호하게 말했다.

"미국 정부는 자신들의 목적을 위해 미국 기업의 힘을 끌어들이고 있습니다. 구글, 페이스북, 애플, 마이크로소프트 같은 기업이 모두 NSA에 협력하고 있습니다. 이들은 의사소통, 데이터 저장, 클라우드 이용, 심지어 단순한 생일 축하 메시지 송신과 삶의 흔적을 기록하기 위해 사람들이 사용하는 모든 시스템의 백엔드에 NSA가 직접 접근할 수 있도록 허용했습니다. 이것은 관리감독의 책임에서 벗어나기 위한 조치였습니다."

NSA 직원 교육용 설명서에는 몇 가지 단계가 정리되어 있다. 첫째, 분석가는 새로운 감시 표적을 찾기 위해 프리즘을 사용한다. 즉 프리즘에 임무를 부과하는 작업을 한다. 그리고 나서, 감독관은 분석가가 사용한 검색어, 즉 실렉터(selector)를 검토한다.

일단 표적이 정해지면 프리즘이 작업에 착수한다. 기술기업에 심어둔 정교한 FBI 장비가 일치하는 정보를 추출한다. 그 다음 FBI가 이

10장 빅 브러더의 재등장

데이터를 NSA에 제공하고, 여러 가지 NSA 분석도구를 사용하여 데이터를 처리한다. 분석도구로는 인터넷 기록을 면밀히 조사하고 저장하는 마리나(MARINA), 전화 기록을 처리하는 메인웨이(MAINWAY), 동영상에 사용하는 핀웨일(PINWALE), 그리고 음성에 사용하는 뉴클레온(NUCLEON)이 있다.

또 다른 슬라이드는 NSA가 '실시간 보고 능력'을 갖추고 있음을 말해준다. 쉽게 설명하자면 표적 대상이 이메일을 보내거나 문자를 쓰거나 채팅을 시작하거나, 심지어 컴퓨터를 작동시킬 때마다 NSA가 알 수 있다는 뜻이다. 스노든이 제공한 슬라이드를 보면 프리즘이 미국 정보활동에서 얼마나 중요한 역할을 담당해왔는지 짐작할 수 있다. 2013년 4월 5일 기준으로 미국이 프리즘 데이터베이스를 통해 실제 감시 중인 표적은 11만 7675명에 달한다. 〈워싱턴포스트〉에 따르면 프리즘을 통해 얻은 정보의 상당수가 오바마 대통령에게 보고된다고 한다. 이것은 정보 보고서 7종 가운데 하나를 차지한다. 영국 정보기관 역시 이를 읽게 된다. 이 교육용 설명서를 보면 정도에 차이는 있지만 실리콘 밸리가 적극적으로 NSA에 협력하고 있다는 인상을 준다. 각 프리즘 슬라이드 상단에는 9개 기술기업의 로고가 찍혀 있다. 그중에는 잡스의 애플도 있다. 로고들은 반짝이는 알록달록한 나비처럼 보인다.

스노든은 프리즘에 대한 우려가 자신을 내부고발자의 길로 내몰았다고 말한다. 이 슬라이드는 그린월드와 포이트러스에게 초기에 유출한 문서 가운데 하나였다. 그러나 프리즘은 그저, 걱정스러운 한 가지

요소에 지나지 않는다. 중요한 것은, 지난 10년간 미국 정부가 미국을 드나드는 모든 정보를 비밀리에 수집해왔다는 사실이다.

NSA의 기본 사명은 국외 정보수집이다. 하지만 현재의 NSA는 수많은 국내 정보를 빨아들이는 기관으로 변질되었다. 헤아릴 수 없을 만큼 방대한 데이터가 창궐하는 새로운 시대에 NSA는 구체적인 표적에서 일반적인 표적으로, 국외 표적 겨냥에서 '전지적(全知的)·자동적, 그리고 대규모 감시'로 옮겨갔다. NSA는 또한 영국 GCHQ의 템포라 프로젝트와 병행하여 암호명 업스트림(UPSTREAM)으로 명명된, 극도로 민감한 케이블 도청 프로그램을 운영했다. 이 업스트림 프로그램을 통해 인터넷과 데이터를 미국 안팎 및 주변으로 퍼나르는 광섬유 케이블에 직접 접근할 수 있다. 슬라이드를 보면 '데이터가 흘러 지나가는 광섬유 케이블과 기반 시설에서 정보를 수집하는 프로그램'이라고 설명되어 있다. 슬라이드에는 미국을 기준으로 태평양과 대서양 양방향으로 펼쳐진 갈색 케이블이 그려진 지도가 실려 있다. 이 그림은 마치 거대한 바다 생명체의 촉수처럼 보인다. 이로 미루어볼 때 미국은 남아메리카, 동아프리카, 그리고 인도양에 국제 케이블 도청장치를 설치해놓은 듯하다. 케이블 둘레에는 녹색 고리들이 있는데, 이들 고리는 업스트림이라고 적힌 글상자와 연결되어 있다. 아래쪽에 있는 별도의 글상자에는 프리즘이라고 적혀 있고, 두 글상자를 연결하는 말풍선에는 NSA 데이터 수집가들에게 보내는 설명문이 제시되어 있다.

"두 프로그램을 함께 사용하여야 한다."

작가 제임스 뱀퍼드(James Bamford)는 앞에서 언급한 NSA 내부고발자 윌리엄 비니의 말을 인용해 "업스트림이 전체 통신정보의 80퍼센트를 포착한다."라고 분석한다. 프리즘은 업스트림이 놓칠 수 있는 나머지 부분을 퍼 담는다.

스노든은 그린월드에게 "미국 대륙 내에 감시, 수집, 분석을 피해 통신정보가 들어가거나 나올 수 있는 입구 또는 출구 포인트는 사실상 존재하지 않습니다."라고 말하면서 업스트림을 언급했다.

세계 인터넷 통신량 상당 부분이 미국을 통과하고 25퍼센트는 영국을 통과하므로 양국의 정보기관은 지구상 주요 통신 대부분을 해킹할 수 있는 능력을 보유하고 있다. 스노든이 유출한 2009년 NSA 감찰관 보고서가 이 같은 사실을 인정한다. 보고서에는 "미국은 다양한 수단을 사용하여 국외 정보활동을 실시하고 있다. 가장 효과적인 수단 중 하나는 민간업체들과 협력하여 다른 방법으로는 손에 넣을 수 없는 정보에 접근하는 것이다."라는 내용이 담겨 있다.

해당 보고서는 '세계 전자통신의 주요 중심지로서 미국이 지니는 홈그라운드 이점'을 언급하면서, NSA가 현재 '미국 기업 100곳 이상'과 관계를 맺고 있다고 말한다.

특히 이름이 밝혀지지 않은 두 회사 덕분에 NSA는 세계 전체를 도청할 수도 있다. 감찰관은 이를 두고 '광섬유 케이블, 통신처리용 관문 교환기, 데이터 네트워크를 통해 미국을 통과하는 다량의 외국 대 외국 정보통신'에 접속이 가능하다고 표현했다.

국제전화의 경우에도 미국은 동일한 '이점'을 지닌다. 국제전화 대부분은 최종 목적지까지 가는 도중 국제전화 시스템 내의 몇 안 되는 교환기, 즉 '주요 길목'을 지난다. 이런 길목 다수가 미국에 있다. 미국이 '국제전화통화량의 주요 교차로'라고 보고서는 말한다. 여기에는 놀라운 수치가 등장한다. 2003년에 발생한 1800억 분간의 전화통화 가운데 20퍼센트가 미국에서 걸렸거나 미국으로 걸려왔으며, 13퍼센트는 미국을 거쳐갔다. 인터넷 수치는 더욱 크다. 2002년 국제 인터넷 통신량 중 미국 외의 경로를 거쳐간 양은 극히 일부에 지나지 않는다.

NSA와 통신회사는 수익성이 무척 높은 협력관계를 맺어왔다. 국제 전화통화의 81퍼센트에 접근하는 대가로 미국 정부는 거대 민간 통신 기업에 매년 수억 달러를 지급한다. 영국 정부가 자국 '도청 협력자들', 특히 전 국영기업인 BT와 보다폰에 얼마를 지급하는지는 알려져 있지 않다. 그러나 합계 금액은 미국과 비슷한 거액으로 추정된다.

지난 10년 동안 NSA의 능력은 믿기 힘들 정도에 이르렀다. 영국을 비롯한 파이브 아이즈 동맹국의 후원 아래 NSA는 광섬유 케이블, 전화 메타데이터, 구글과 핫메일 서버에 접속했다. NSA 분석가들은 인류 역사상 가장 유능한 스파이였다. 스노든은, 그들이 미국 대통령을 포함해 사실상 언제든, 누구라도 표적으로 삼을 수 있다고 주장하며 자동적으로 정보를 삼키고 있다고 밝혔다. 전체적으로 보았을 때 파일들은 NSA 분석가로서 스노든이 엄청난 권력을 쥐고 있었다는 주장을 뒷받침한다.

"NSA의 의도는 테러에 연루된 누군가를 표적으로 하는 것일 수도 있겠지만 분석가라면 언제든, 그 누구라도 표적으로 삼을 수 있습니다. NSA 책상 앞에 앉아 있던 나는 분명히 당신, 당신의 회계사, 연방 판사, 심지어 미국 대통령에 이르기까지 개인 이메일 주소만 안다면 누구든 도청할 수 있는 권한을 갖고 있었습니다."

프리즘 폭로는 샌프란시스코 만 지역의 첨단 기술업계로부터 엄청난 반응을 일으켰다. 그들은 당혹했고, 그 다음에는 부정했으며, 이후에는 분노로 이어졌다. 거대 기술기업 대부분이 위치한 산타클라라의 실리콘 밸리는 반정부적으로 보이고 싶어 했다. 쿠퍼티노와 팔로알토에 감도는 철학적 풍조는 해커 공동체에 뿌리를 두고 있는 실리콘 밸리가 물려받은 자유주의와 반체제다. 동시에 이런 회사들은 정부 계약을 따내기 위해 경쟁하고, 연줄을 만들기 위해 전직 정부 관료를 고용하며, 자기들에게 유리한 법률 제정을 위해 수백만 달러를 로비에 투자한다.

이들이 미국 최강의 정보기관과 협력하고 있다는 혐의는 분명히 기업에 대참사였다. 더불어 실리콘 밸리를 혁신적으로 보이게 해온 이미지에 상처를 입혔다. 구글은 '사악해지지 말자'(Don't be evil)라는 기업 강령을 통해 자부심을 표현해왔다. 애플은 잡스다운 명령문, 즉 '다르게 생각하라'(Think Different)를 사용해왔다. 마이크로소프트의 모토는 '당신의 프라이버시가 우리의 우선순위'(Your privacy is our priority)였다. 이런 기업 슬로건은 가려진 그들의 비웃음처럼 느껴진다.

〈가디언〉이 프리즘 기사를 내기 전에 경제부 기자 도미니크 러시는 전 오바마 행정부 관료이자 현재 페이스북의 홍보 담당자 새러 스타인버그와 애플의 홍보부장 스티브 다울링에게 전화를 걸었다. 마이크로소프트, 팰토크 등에도 전화했다. 이들 모두가 NSA에 자발적으로 협력하고 있다는 혐의를 부인했다. "완전 공황상태였습니다. 그들은 프리즘을 들어본 적도 없다고 했어요. 그들은 그 누구에게도 직접 접근할 수 있는 권한을 주지 않는다고 말했습니다. 더 높은 기술직 임원들로부터 전화가 빗발쳤는데, 그들은 대답보다 질문을 더 많이 쏟아냈습니다."

기업들은 구체적인 법원 명령에 대해서만 NSA에 정보를 공개한다고 말했다. 포괄 정책은 없다고 확언했다. 페이스북은 2012년 후반기에 NSA뿐 아니라 FBI, 연방 기관, 지역 경찰 등 다양한 미국 법률집행기관에 1만 8000명에서 1만 9000명 사이의 사용자 개인 데이터를 제공했다고 밝혔다.

몇몇 회사는 해외정보감시법 법정에 법적 이의제기에 착수했다고 강조했다. 구글은 "우리는 미국 정부를 포함해 그 어떤 정부도 우리 시스템에 접근하도록 허용하고 있지 않습니다."라고 주장했다. 구글의 최고 시스템 구축자 요나탄 정거는 "우리가 스스로 슈타지를 재건하려고 했다면 그렇게 냉전에 맞서 싸우지도 않았을 겁니다."라고 했다. 야후는 더 큰 폭로를 위해 2년간 싸워왔으며 2008년 해외정보감시법 개정에 이의를 제기했다고 말했다. 그러나 NSA 문서는 분명하다. 그들은 '직접 접근'이라고 말한다.

이런 차이를 어떻게 설명할 수 있을지 물어보자 한 구글 임원은 이를 '난문'이라고 말했다. 그는 프리즘 슬라이드를 조잡한 '내부 마케팅'이라고 일축했다. 그는 "NSA에 데이터를 주는 은밀한 방법은 없습니다. 데이터 제공은 모두 정식 절차를 거칩니다. 그들이 우리에게 법원 명령을 보내죠. 우리는 법에 의해서만 그 명령에 따릅니다."라고 덧붙였다.

그러나 2013년 10월 실제로 은밀하고도 추가적인 방법이 존재한다는 사실이 밝혀졌다. 〈워싱턴포스트〉는 비밀리에 NSA가 야후와 구글로부터 데이터를 도청하고 있다고 폭로했다. 그 방법은 기발하게도 '영국 영토'에서 도청하는 것이었다. NSA는 세계 도처에 있는 야후와 구글의 자체 데이터 센터를 서로 연결하는 민간 광섬유 링크를 해킹해왔다.

이 도청 작업의 암호명은 머스큘러(MUSCULAR)였다. 영국 측이 미국을 대신해서 실제 해킹 작업을 하고 있는 것 같다.(머스큘러 슬라이드 가운데 한 장에 '2009년 7월 작전 가동', '대규모 국제 접근 지점 영국에 위치'라고 적혀 있다.)

케이블이 영국을 통과하는 까닭에 NSA가 해킹할 수 있었던 것이다. 궁금증은 야후와 구글이 케이블 회사로 고용한 것으로 알려진 레벨3에 집중됐다. 레벨3은 영국의 일급기밀 문서에 암호명 리틀이라는 '도청 협력자'로 이름이 올라 있다. 콜로라도를 근거지로 하는 이 기업은 국가의 합법적 요청에 따르고 있다고 응답했다.

한 NSA 분석가는 어린애가 그린 낙서 같은 스케치를 통해 이 프로그램의 작동원리를 설명했다. 그림에는 '공공 인터넷'과 '구글 클라우드'라고 표시한 두 개 영역이 있다. NSA가 데이터를 해킹하는 접촉 지점에는 웃는 얼굴을 그려놓았다. 이 스케치는 트위터에서 엄청나게 패러디됐다. 프로퍼블리카의 제프 라슨은 "이 많은 슬라이드를 보고 있으면 NSA 내부인들이 자기네 프로그램을 자랑하고 있다는 느낌이 듭니다. '우리는 암호를 풀 수 있어! 우리는 프로토콜을 가로챌 수 있어!'라고 말하고 있어요."

문서는 이 같은 은밀한 접근 방법 덕분에 NSA가 수억 명의 사용자 계정에 침입할 수 있다고 보고했다. 데이터는 NSA 포트미드 본부로 전송되어 저장된다. 그 데이터 양은 엄청나다. 2012년 말 30일 동안 메타데이터를 포함해 1억 8128만 466건의 신규 기록이 퍼즐 팰리스 (Puzzle Palace)로 전송됐다.

구글과 야후는 도청 폭로에 졸도할 듯한 반응을 나타냈다. 구글의 최고법률책임자 데이비드 드러먼드는, 미국 정부가 '구글 사유의 광섬유 네트워크로부터 데이터를 도청'한 듯 보인다는 사실에 격분을 금치 못했다고 말했다. 야후는 NSA의 은밀한 사이버 절도 행위에 대해 아는 바가 전혀 없다고 재차 말했다.

2013년 가을이 되자 모든 기술기업이 이 같은 NSA 스파이 행위로부터 자사 시스템을 지키기 위해 재빨리 움직이고 있다고 말했다. 그들이 성공할 가능성은 상당했다. 글로벌 데이터 흐름을 도청하는 능력과 그 내용을 실제로 읽을 수 있는 능력은 별개 문제다. 특히 데이터를 암호화하기 시작했다면 더더욱 어려워지기 때문이다.

1642년 10월 23일 영국 옥스퍼드 북부 들판에서 전투가 벌어졌다. 한 편은 찰스 1세가 이끈 왕당파, 다른 한 편은 의회파였다. 에지힐 전투(Battle of Edgehill)는 피비린내 나는 영국 내전 최초의 전투였다. 전쟁은 이후로도 4년을 끌었다.

2세기 후 1861년 7월 21일, 또 소규모 충돌이 발생했다. 미국 남북전쟁의 첫 번째 본격적인 전투에서 북군이 남군과 맞붙은 것이다. 장소는 버지니아 주 포토맥 강 지류에 위치한 불런(Bull Run)이었다.

오랜 세월이 흐른 뒤 미국과 영국 정보기관은 일급기밀 프로그램에 붙일 이름을 고심하게 되었다. 이들이 새롭게 마주할 전투는 영토 분쟁이 아니라 전자 분쟁이었다. 증가하는 암호화가 그들이 마주해야 할 적이었다. 그들이 새로운 전투명으로 선택한 이름은 불런과 에지힐이었다. 내전에 주안점을 둔 특별한 의미가 있었을까? 양국 정보기관들은 지금 막 자국 기업들을 향해 선전포고를 하려는 참이었다.

암호문은 고대 이집트와 메소포타미아에서 처음으로 사용됐다. 목적은 예나 지금이나 비밀 보호였다. 제1차 및 제2차 세계대전 당시 군사 암호 작성 및 암호 해독, 적군 움직임에 관한 암호화된 정보를 해독하는 능력은 중요한 역할을 담당했다. 하지만 대부분 이것은 교전 중인 민족국가들의 전유물이었다. 암호에 관심을 보인 사람들은 전쟁 당시 나치를 물리치기 위해 비밀리에 일하던 영국 수학자들이었다.

그러나 1970년대에 이르자 기업은 물론 개인도 PGP(Pretty Good Privacy) 같은 암호화 소프트웨어를 사용할 수 있게 되었다. 암호는 상대의 메시지를 읽지 못해 안달 난 서구 정보기관들에 명백한 도전을 제기했다. 여기에 클린턴 행정부는 상용 암호화 시스템에 백도어(back door: 허가받지 않은 사용자가 네트워크에 들어갈 수 있는 취약한 부분 – 옮긴이)를 끼워 넣으려는 시도로 대응했다. 그러나 이 시도는 정치적 좌절에 부딪혔다. 당을 초월한 의원들 및 기술 관료들은, 이 시도가 실리콘 밸리에 해를 끼칠 것이라고 주장했다. 또한 이는 수정헌법 제4조를 위반할 것이다.

서비스 제공업체와 개인들이 온라인 의사소통에 암호화를 더 많이 적용하게 된 2000년경 NSA는 이 문제를 해결할 방법을 찾기 위해 수십억 달러를 투자했다. 암호화 기록 중 표적이 된 대상에는 웹 검색, 인터넷 채팅, 이메일, 개인 데이터, 전화통화, 심지어 은행 기록과 의

료 기록도 포함됐다. 문제는 처리되지 않은 형태, 즉 수학적으로 아무 의미 없는 암호화 데이터인 암호문을 평문으로 변환하는 작업이었다.

2010년 영국 GCHQ 문서는 시간이 지남에 따라 '정보 흐름 변화' 와 '광범위한 암호화가 한층 더 보편화'하면서 정보기관의 능력이 저하될 수 있다고 경고했다.

처음에는 도청기관들이 패배하거나, 적어도 교착 상태에 직면하는 듯했다. 2006년에 작성된 후 유출된 문서에 따르면 당시 NSA는 외국의 핵심 부처 한 곳, 여행예약 시스템 한 곳, 그리고 외국 항공사 세 곳의 암호만을 해독했다고 한다.

2010년 들어 NSA는 불런과 에지힐 덕분에 괄목할 만한 진전을 보였다. NSA는 암호의 기초 구성요소인 알고리즘을 깨기 위해 슈퍼컴퓨터를 사용했다.(알고리즘은 메시지를 암호화하고 해독할 수 있는 키를 만들어낸다. 키가 길수록 암호화 정도는 더 강하다.)

그러나 가장 중요한 점은, NSA가 부정행위를 했다는 사실을 스노든 파일이 증명한다는 사실이다. 백도어를 끼워 넣으려는 시도가 정치권의 반대에 부딪혔음에도 불구하고 NSA는 수많은 사람들이 사용하는 상용 암호화 소프트웨어에 '트랩도어(trap door: 백도어의 다른 말 – 옮긴이)'를 비밀리에 도입했다. NSA는 개발자 및 기술기업들과 협력하여 하드웨어와 소프트웨어 양쪽 모두에 고의로 이용 가능한 오류를 삽입했다. 자발적으로 협력이 이루어진 경우도 있었고 법규 명령으로 위협을 가하기도 했다. 필요하다면 NSA는 암호 키를 보관한 서버를 해킹함으로써 키를 훔쳐낼 것이었다.

당연하게도 NSA와 GCHQ는 가장 비밀스러운 이 프로그램의 세부 사항을 비밀로 유지하려고 애썼다. 스노든이 유출한 2010년 문서는 불런의 존재가 얼마나 제한된 정보였는지, 그리고 불런이 얼마나 효율적이었는지 보여준다. 이 파워포인트 문서는 최근에 NSA가 이룩한 비약적 발전을 첼트넘의 영국 직원들에게 알리기 위해 사용된 것이었다. 불런 덕분에 해독된 인터넷 통신내용은 손쉽게 분석가들의 책상 위에 놓이고 있었다.

문서에는 "지난 10년 동안 NSA는 폭넓게 사용되는 인터넷 암호화 기술을 풀기 위해 공격적이고 다각적인 노력을 기울여왔다. 이제 암호 해독 능력이 온라인에 적용되고 있다. 지금까지 버려지던 방대한 암호화된 인터넷 데이터를 이제는 이용할 수 있다."라고 쓰여 있다.

그 밖에도 이 기회를 활용하기 위해 새로운 처리 시스템을 갖춰야 한다는 언급이 있다. 불런의 존재조차 모르고 있던 GCHQ 직원들은 NSA의 가공할 능력에 놀라움을 금치 못했다. GCHQ 내부 메모에는 "미리 귀띔을 받지 못한 직원들은 몹시 놀라 말문이 막혔다."라고 적혀 있다.

스노든이 처음에 공개한 파일들에는 암호화 대응과 관련해 어떤 회사들이 NSA에 협력하고 있는지, 어떤 상용 제품에 백도어가 심어져 있는지 자세한 사항이 드러나지 않았다. 그러나 불런의 규모가 얼마나 거대한지는 어느 정도 짐작할 수 있다. 전체 미국 정보기관 관련 예산 보고서에 따르면 불런 프로그램에 들어간 자금은 2억 5490만 달러다.(반면에 프리즘에 들어가는 비용은 연간 2000만 달러에 불과하다.) 2009년 이래 NSA는 '시진트(신호 정보) 보장'에 8억 달러가 넘는 엄청난 돈을 펑펑 써왔다. 보고서는 이 프로그램이 '미국 및 외국 IT 기업 제품설계에 은밀하게 영향을 미치거나 공공연하게 영향을 미치기 위해 적극적으로 개입'한다고 말한다. NSA는 이 프로그램이 가져온 큰 성과가 일반 시민들이 전혀 모른다는 점이라고 밝혔다. NSA의 178쪽짜리 보고서는 "소비자와 다른 상대들은 여전히 시스템 보안이 완전하다고 알고 있다."라고 언급한다.

국가정보국 국장 제임스 클래퍼는 암호의 중요성을 강조한다. "우리는 적대적 암호 작성을 무산시키고 인터넷 통신량을 활용하기 위해 획기적인 암호 해독 기술에 투자하고 있습니다."

NSA의 야심은 끝이 보이지 않는다. 스노든 파일에 따르면 NSA는 4G 휴대전화의 암호 시스템을 해독하고 있다. HTTPS와 SSL 같은 보안 은행 업무와 상거래에 사용되는 온라인 프로토콜을 목표로 하는 것이다. NSA는 전 세계 암호 시장을 '구체화'하고자 한다. 머지않아 NSA는 '주요 통신 제공 업체의 중추를 흘러 지나가는 데이터'와 '주요 인터넷 사용자 사이의 직접 접속 목소리 및 문자 통신 시스템'에 접속할 수 있을 것으로 기대한다.

그동안 GCHQ는 불런과 유사한 에지힐 프로젝트를 강력히 추진 중이었다. 한 파일에 따르면 GCHQ는 3개 인터넷 제공업체와 기업이 자사 시스템에 원격 접속하기 위해 사용하는 가상사설망(VPN) 30곳에 침입하는 데 성공했다고 한다. GCHQ는 2015년까지 인터넷 회사 15곳, VPN 300곳을 뚫고 들어갈 수 있기를 희망했다.

정보기관은 암호를 푸는 능력이 임무 수행에 필수이며, 이 능력이 없으면 테러리스트를 추적하거나 유익한 국외 정보를 수집할 수 없다고 주장한다. 문제는 〈뉴욕타임스〉가 지적했듯이, 이 작전은 끔찍한

10장 빅 브러더의 재등장

결과를 초래할 수 있다는 것이다.

암호화 시스템에 고의로 취약점을 삽입함으로써 정부기관뿐 아니라 암호 키를 손에 넣을 수 있는 사람이라면 해커나 적국의 정보기관 등 누구든 시스템을 조작할 수 있다는 논리가 성립한다. 따라서 NSA는 미국인의 안전을 보장하는 길을 탐색하는 가운데 역설적이게도 미국인들의 통신을 더 불안하게 만들고 전체 인터넷의 안전성을 약화시켜왔다.

사이버 공간에서 보안표준을 설정하는 주요 미국 기관은 국립표준기술연구소(National Institute of Standards and Technology: NIST)다. NSA는 이곳에서도 오류를 일으킨 듯하다. 스노든이 유출한 한 문서에 따르면 2006년 NSA는 국립표준기술연구소의 주요 암호화 표준 중 하나에 백도어를 삽입했다. 이후 NSA는 다른 국제표준기관을 비롯한 전 세계에 이 암호화 표준을 채택하도록 부추겼고 "결국 NSA가 유일한 편집자가 되었다."라고 자랑스럽게 말했다.

미국과 영국의 정보기관은 양쪽 모두 온라인 익명성을 보호하는 인기 도구 토르에 침입하기 위해 상당한 노력을 기울였다. 아이러니하게도 미국 정부는 토르를 지원하는 최대 후원자 중 하나다. 국무부와 NSA가 소속되어 있는 국방부는 토르 재원의 약 60퍼센트를 제공한다. 이유는 간단하다. 이란과 같은 권위주의 국가의 기자, 운동가, 활동가들이 정치 보복과 온라인 검열에서 스스로를 보호하기 위해 토르를 사용하기 때문이다.

그러나 지금까지 NSA와 GCHQ는 토르 통신량 대부분에서 익명성을 제거하지 못하고 있다. 그 대신 두 기관은 파이어폭스 같은 웹 브라우저를 공격했고, 이로써 그들은 표적이 직접 사용하는 컴퓨터를 통제할 수 있게 되었다. 또한 그들은 통신량이 토르 시스템을 돌아다니는 동안 그 일부에 '오점'을 남기는 능력을 개발했다.

전력을 기울이고 있기는 하지만 사실 NSA와 GCHQ는 암호화 영역의 새로운 내전에서 아직 승리하지 못한 듯하다. 적절한 교육을 받고 어느 정도 기술 분야의 전문지식을 익힌다면 아직은 기업과 개인(그리고 의심할 여지없이 테러리스트와 소아 성애자도)이 프라이버시를 지키기 위해 암호화 방법을 성공적으로 사용할 수 있다.

홍콩에 숨어 있는 중에 〈가디언〉 독자들과 함께한 Q&A 코너에서 스노든도 "암호화는 효과가 있습니다. 적절하고 강력한 암호 시스템은 우리가 의지할 수 있는 몇 안 되는 수단 가운데 하나입니다."라고 말했다.

11장

탈출, 그리고
새로운 도전

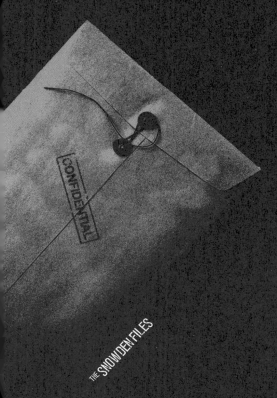

2013년 6월 23일 일요일
러시아 연방 모스크바 셰레메티예보 국제공항, 터미널 F

"사람들은 영겁을, 우리의 이해를 뛰어넘는 무척 거창한 그 무엇으로 상상합니다. 그러나 왜 그 것이 거창해야 합니까? 만약 그것이 시골에서 볼 수 있는 목욕탕 같은, 시커멓고 더러운데다가 구석구석에는 거미가 도사리고 있는 조그만 방 하나라면, 바로 그것이 영겁이라면 어떻게 될까 요?"
—도스토옙스키, 《죄와 벌》

홍콩 미라 호텔에서 서둘러 나온 스노든은 지하로 숨었다. 스노든의 현지 법률 팀의 법정변호사 로버트 티보(Robert Tibbo)와 사무변호사 조너선 맨(Jonathan Man)은 그의 소재를 알았다. 그 외에도 아는 사람이 있었다. 스노든에게는 신비스러운 수호천사가 있었다. 그는 연줄이 많은 홍콩 주민이었다. 정확한 세부 사항은 확실치 않았다. 하지만 이 후원자가 자기 친구들 집에서 스노든이 머무를 수 있도록 주선한 것 같았다. 법률 팀원 중 앨버트 호(Albert Ho) 변호사는 스노든이 여러 집을 옮겨 다니고 있으며, 그중 적어도 한 집은 중국 본토 경계와 가까운 지역에 있다고 전했다. 그는 인구 700만 명이 빽빽하게 들어찬 거대 도시에서 사라졌다.

인권변호사 티보는 곤란한 상황에 처한 고객들을 대하는 데 익숙했다. 캐나다 국적에 유쾌한 매너를 갖추고, 말쑥한 블레이저를 즐겨 입으며, 이마가 점점 넓어지고 있는 티보는 국외 추방에 직면한 스리랑카인, 망명을 거부한 파키스탄인, 학대받는 난민 등 취약계층과 탄압받는 이들을 대변해왔다.

그가 맡은 사례 중에는 토니 블레어 시대의 가장 어두웠던 시기로 거슬러 올라가는 것도 있다. 2004년 리비아 출신 이슬람교도 사미 알 사디(Sami al-Saadi)는 아내를 비롯해 가족들과 함께 홍콩에 도착했다. 그는 예전에 살던 영국으로 돌아가는 중이라고 생각했다. 그러나 그 대신 무아마르 카다피(Muammar Gaddafi)의 정보기관과 긴밀하게 협력 중이던 MI6이 그를 비행기에 밀어 넣어 트리폴리로 돌려보냈다. 그곳에서 사디는 심문과 고문을 받고 투옥됐다. 얼마 지나지 않아 당시 영국 총리였던 블레어가 카다피와 거래를 했다. 이 사건에서 MI6이 했던 불명예스러운 역할은 2011년 카다피 실각 이후 드러났다.

티보는 유감스럽게도 스노든 역시 사디와 마찬가지로 정보기관들이 잡아다가 어둡고 축축한 구덩이에 가두려는 고객일지 모른다고 생각했다. 티보는 미라 호텔에서 스노든이 빠져나온 후 그와 처음 만났다. 티보는 고객 비밀유지의무를 들어 자세한 사항에 대해 이야기하기를 거부한다. 그러나 그는 분명히 스노든이 자기 양심에 따른 선택을 하는 총명하고 이성적인 인물이라고 생각했다. 그리고 총체적인 난국에 빠진 젊은이라고 생각했다. 이후 2주 동안 티보는 평소 업무와 씨름하는 동시에 스노든을 돕기 위해 밤새도록 일했다.

변호사들은 곧 스노든의 첩보 영화 같은 세계에 빠져들었다. 앨버트 호는 스노든과의 만남 과정을 설명했다. 어느 날 밤 그는 약속한 지점에 세워진 차에 올라탔는데, 그 안에는 모자와 선글라스로 얼굴을 가린 스노든이 있었다. 호는, 스노든이 아무 말도 하지 않았다고 〈워싱턴포스트〉에 말했다. 스노든이 머무르던 집에 그들이 도착했을 때 스노든은 휴대전화를 냉장고에 넣으라고 작게 말했다. 이후 두 시간 동안 호는 스노든이 선택할 수 있는 사항을 검토했다. 호는 피자, 소시지, 치킨 윙, 펩시콜라를 저녁 식사로 가져갔다. 그는 이후 "스노든은 전혀 주도면밀하게 계획을 짠 것 같지 않았습니다. 나는 정말 그가 어리다고 생각했어요."라고 말했다.

호의 판단은 부정적이었다. 미국 정부의 신병 인도에 맞서는 싸움에서 스노든이 최후에 승리할 가능성이 아예 없지는 않았다. 그러나 그 사이 일어날 가능성이 가장 높은 것은, 홍콩 법정이 스노든의 망명 요청을 고려하는 동안 감옥에 갇히는 일이었다. 이 같은 법정 싸움은 몇 년간 질질 끌 수도 있다. 스노든은 감옥 안에서 컴퓨터를 할 수 없다는 사실로 인해 겁에 질려 있었다. 작은 방에 갇혀 있는 상태는 개의치 않았다. 그러나 인터넷과 격리된다는 사실은 그에게 대단히 끔찍한 일이었다. 호는 〈뉴욕타임스〉와의 인터뷰에서 "그는 외출하지 않고 하루 종일 좁은 공간에서 시간을 보냈지만 컴퓨터가 있으니까 괜찮다고 말했습니다. 그에게서 컴퓨터를 빼앗는다는 것은 절대 견딜 수 없는 상황일 것입니다."라고 말했다.

스노든을 만난 후 호는 홍콩 정부로부터 상황을 파악해 달라는 요청을 받았다. 스노든이 구속된다면 보석으로 풀려날 수 있을까? 어떻게든 홍콩에서 빠져나갈 수 있을까? 스노든은 홍콩 행정부에 딜레마를 안겨주었다. 홍콩 영토는 중국의 일부이지만 일국양제(一國兩制)의 적용을 받고 있었다. 홍콩은 개념상 자치권을 보유하고 있지만 외교에 관해서는 베이징 정부가 궁극적인 책임을 진다.

한편으로 미국 정부의 감시 범위와 계획을 폭로하는 극도로 민감한 대규모 NSA 문서인 스노든 파일에 접근할 수 있다면, 중국 정보기관은 분명히 스노든을 잡아두는 데 관심을 보일 것이다. 반면에 홍콩이 스노든의 본국 송환을 거부한다면, 중미 관계에 엄청난 긴장감을 초래할 것이다. 이미 미국은 압력을 가해오고 있었다. 심각한 국제분쟁은 반갑지 않은 불화로 번질 것이었다.

이밖에 다른 문제도 있었다. 스노든의 사례는 중국 내에서 중국 당국에 불편한 문제를 제기할 수도 있었다. 많은 중국 국민들은 중국 보안당국 역시 전화 도청, 이메일 및 우편물 감시에 매우 깊숙이 관여하고 있다는 사실을 모르는 상태다. 검열은 말할 것도 없었다. 스노든이 계속 중국 내에 머무른다면 국내에서 수면 아래에 앙금처럼 남아 있는 쟁점이 불편한 논쟁으로 이어질 가능성도 있었다.

홍콩의 행정장관 렁춘잉(Leung Chun-ying)은 수석보좌관들과 몇 차례 회의를 가졌으며, 골치 아픈 미국의 스노든 구금 요청에 대해 어떤 결정을 내려야 할지 골머리를 앓고 있었다.

신중하게 선택한 폭로에 힘을 받은 홍콩 내 여론은 대체로 스노든에게 호의적이었다. 6월 12일 스노든은 은신처에서 〈사우스차이나모닝포스트〉와 인터뷰를 가졌다. 스노든은 인터뷰 중간에 미국이 중국 개인의 문자 메시지 수백만 건을 해킹했다고 폭로했다. 그는 "NSA는 여러분의 SMS 데이터를 전부 훔치기 위해 중국 휴대전화 회사를 해킹하는 등 온갖 짓을 하고 있습니다."라고 말했다. NSA가 수많은 중국 국민들에 관한 데이터를 획득할 수 있는 주요 디지털 네트워크 중추인 중국의 명문 칭화대학교를 공격했다는 혐의도 제기했다.

몇 년 동안 미국 정부는 사이버 공간에서 중국이 자행하는 대규모 정보 절도 및 스파이 행위에 대해 격렬하게 불만을 토로해왔다. 수많은 문서에서 GCHQ와 NSA는 사이버 스파이 행위의 주체로 중국과 러시아를 지목해왔다. 이제 NSA가 '똑같은 짓'을 오히려 더 심하게 해왔다는 사실이 밝혀졌다.

호가 홍콩 당국에 접근한 이후 중개인이 스노든에게 접촉했다. 그는 메시지를 전달했다. 메시지 내용은 홍콩 사법부가 독립적이라는 내용이었다. 그리고 스노든이 감옥에 갇힐 가능성이 있는 것도 사실이라고 했다. 하지만 가장 중요한 사실은 스노든의 출국을 홍콩 정부가 환영한다고 밝힌 부분이었다.

호는 재차 확인했다. 그는 홍콩으로 날아온 〈가디언〉의 베이징 통신원 태니아 브래니건(Tania Branigan)에게 "나는 홍콩 당국이 정말로 스노든이 출국하기를 원하는지, 그리고 정말로 스노든이 출국하기를 원한다면 그에게 안전 통행을 약속할 것인지 확인하기 위해 정부 관리와 이야기를 나눴습니다."라고 말했다.

6월 21일 금요일 미국 정부는 공식적으로 스노든을 스파이 혐의로 기소했다. 그리고 긴급하게 공식 본국송환 요청서를 보냈다. 오바마 행정부의 고위 관리는 "홍콩이 빨리 움직이지 않으면 이는 양국관계를 복잡하게 만들고, 홍콩이 과연 법치에 충실한가라는 의문을 제기하게 될 것입니다."라고 말했다.

시시각각으로 법적 선택권이 줄어드는 가운데 스노든은 운명적인 결정을 내렸다. 그는 떠나기로 했다.

1만 킬로미터 이상 멀리 떨어진 곳에서 누군가 이 사태에 깊은 관심을 보이고 있었다. 줄리안 어샌지는 이 도망 중인 NSA 계약직원과 연락을 취하고자 기를 쓰고 있었다. 어샌지는 위키리크스의 편집장이다. 그는 1년 넘게 조그마한 런던 주재 에콰도르 대사관에 몸을 숨기고 있었다.

어샌지는 선택할 수 있는 법적 수단이 바닥나자 에콰도르 대사관이 있는 아파트 빌딩(한스 크레센트 3, 플랫 3b)으로 대피했다. 2012년 여름 영국 대법원은 스웨덴 당국이 발부한 범죄인 인도 영장이 유효하다고 판결했다. 대법원은 스웨덴 여성 두 명을 성폭행한 혐의로 2010년 8월 제기된 소송에 대응하기 위해 어샌지를 송환해야 한다고 말했다.

어샌지는 즉시 에콰도르 대사관으로 걸어 들어갔고, 에콰도르 좌파 정부로부터 정치적 망명을 승인받았다. 이 전략이 터무니없다고 보는 이들도 있었다. 냉전 당시 헝가리 반체제 인사 민드센치(Mindszenty) 추기경은 미국 대사관에서 15년을 보냈다. 하지만 지금은 1956년이 아니라 2012년이었다. 런던 나이트브리지 고급 아파트촌에 국가의 야만성을 드러내는 표시는 거의 없었다. 소련군 탱크 대신 벤틀리와 페라리가 있었다. 어샌지가 이런 식으로 숨는 바람에 위키리크스는 당분간 중요 정보를 거의 내보내지 못했다. 〈뉴욕타임스〉 데이비드 카(David Carr) 기자의 표현처럼 어샌지는 '잊힌 사람처럼 보였다.'

스노든은 자기 자신과 마찬가지로 미국에 불리한 정보를 폭로하다 곤경에 빠진 내부고발자였다. 어샌지는 미국 육군 일병 첼시 매닝으로부터 입수한 기밀문서 수천 건을 유출했다. 〈가디언〉을 비롯한 여러 신문과 협력하여 이를 보도한 뒤 국제적으로 대소동이 발생했다. 매닝은 투옥되었고 대배심이 유출 사건과 관련하여 어샌지를 수사하고 있다는 소문이 들렸다. 스웨덴 여성 사이에 얽힌 어샌지의 문제는 이와 별개의 사안이었지만, 어샌지는 종종 이 두 문제를 혼동하곤 했고 이를 비꼬는 이들도 있었다. 그러나 어샌지는 분명 망명 문제에 관해서는 특별한 전문지식을 갖고 있었다. 그리고 스노든의 이야기는 자신에게 다시 한 번 세간의 주목을 받을 수 있는 기회를 열어줄 것이기도 했다.

사상 면에서 스노든과 어샌지는 공통점이 많았다. 인터넷과 투명성에 열렬하게 몰두하고 정보에 관한 한 자유주의 신념을 고수했으며, 강력한 디지털 방어 기술을 갖추고 있었다. 스노든은 NSA 파일을 어샌지에게 보내는 것을 고려한 적도 있었다. 하지만 너무 큰 위험을 무릅써야 하는 일이었다. 런던의 대사관에 갇혀 있는 어샌지의 상황을 생각할 때, 그는 도청당하고 있으며 지속적으로 감시받고 있는 것이 틀림없었다.

기질적인 측면을 말하자면 스노든은 어샌지와 달랐다. 그는 수줍음을 많이 탔고 카메라를 몹시 싫어했으며 언론의 주목을 꺼렸다. 그는 결코 유명세를 얻고자 하지 않았다. 그에게 저널리즘 세계는 완전히 낯설었다. 어샌지는 정반대였다. 그는 세상의 이목을 즐겼다. 매력적이고 진지한 표정으로 유머를 던질 줄 알았고, 재기발랄하지만 화를 잘 내는 성격이기도 해서 갑자기 비난을 퍼붓거나 분노하기도 했다. 어샌지의 변덕스러운 기질은 광팬과 비방자를 동시에 양산했다. 지지자들은 그를 국가 비밀과 싸우는 혁명 전사로 보았고, 적들은 참을 수 없는 자기도취자로 보았다.

어샌지는 두 가지 중요 요소를 포함한 계획을 세웠다. 첫 번째는 미국 정권과 비우호적인 좌파 라틴아메리카 지도자 중 한 명인 에콰도르의 포퓰리스트 대통령 라파엘 코레아(Rafael Correa)를 통해 스노든이 안전하게 피신할 수 있는 망명지를 확보해주는 것이었다. 두 번째는 스노든이 실제로 홍콩에서 빠져나와 키토(에콰도르의 수도 – 옮긴이)로 갈 수 있도록 돕는 일이었다. 그러나 CIA를 비롯해 지구상 거의 모든 정보기관이 그를 뒤쫓고 있다는 사실을 고려할 때 이는 절대 쉬운 일이 아니었다.

어샌지는 에콰도르의 런던 영사 피델 나르바에스(Fidel Narvaez)와 논의를 시작했다. 목표는 안데스 지역으로 스노든이 빠르게 이동할 수 있도록 임시 여권, 더 바람직하게는 외교관 여권을 발급해주는 것이었다. 그 노력은 성공했다. 어샌지는 전 여자친구 새러 해리슨(Sarah Harrison)에게 나르바에스가 서명한 에콰도르행 안전통행증을 준 뒤, 그녀를 홍콩에 있는 스노든에게 보냈다. 기자를 지망하는 31세 위키리크스 활동가 해리슨은 대단히 충실했다.

스노든이 원하는 망명지 후보 1순위는 아이슬란드였다. 그는 아이슬란드 언론법이 세계에서 가장 진보적이라고 생각했다. 하지만 홍콩에서 레이캬비크로 가기 위해서는 미국을 통과하거나 미국 영장에 준해 그를 구속할지 모르는 유럽 국가를 통과해야 했다. 반면에 에콰도르는 미국의 지시에 따를 가능성이 낮은 쿠바와 베네수엘라를 통해 안전하게 갈 수 있었다.

유감스럽게도 이 여정은 러시아를 거치는 환승 역시 필요했다.

스노든에게 모스크바행을 권한 것은 누구의 생각이었을까? 이는 100만 루블짜리 질문이다. 스노든의 변호사인 티보는 대답하려 하지 않는다. 그는 단지 상황이 '복잡'했다고 말할 뿐이다. 해리슨은 자신과 스노든이 서유럽을 경유하는 비행은 피하고 싶었다고 말한다. 대부분의 연결편이 미국을 경유했고, 이는 명백히 선택지에 들어가지 않았다. 하지만 스노든의 여행 일정에는 줄리안 어샌지의 흔적이 묻어나는 듯하다.

어샌지는 미국을 비롯한 서구 국가들이 인권을 침해할 때면 재빨리 나서서 비판하곤 했다. 그러나 본국 송환을 피하기 위한 자신의 노력을 지지하는 정부들에 대해서는 공개적인 비난을 꺼렸다. 러시아의 경우 특히 그랬다. 위키리크스가 공개한 미국 외교 전보문건은 러시아의 음울한 상황을 잘 나타낸다. 이 문건은 러시아 정부, 강력한 정보기관, 그리고 조직범죄가 러시아를 '사실상 마피아 국가'나 다름없는 상태로 만들었음을 시사한다.

그럼에도 불구하고 2011년 어샌지는 푸틴 정부의 영문판 글로벌 선전 채널 러시아투데이(Russia Today: RT)와 거액의 TV 출연 계약을 맺었다. 이 채널의 임무는 서구 국가들의 위선을 고발하는 반면, 러시아의 잘못에 대해서는 입을 다무는 것이었다. 러시아 내부고발자들의 운명은 암울하기 그지없었다. 비밀리에 죽어간 러시아 반정부 기자는 수도 없이 많았다. 그중에는 탐사 보도 전문기자 안나 폴리코브스카야(Anna Politkovskaya, 2006년 총살)와 인권 운동가 나탈리아 에스테미로바(Natalia Estemirova, 2009년 그로즈니에서 납치된 후 피살)도 있다.

어샌지는 자기를 옹호하는 측(러시아, 에콰도르, 라틴아메리카 대부분)과 자기를 옹호하지 않는 측(미국, 스웨덴, 영국)으로 국가를 나누는, 이원론적인 세계관을 지녔다. 과거에는 위키리크스 후원자였으나 지금은 의욕을 상실한 많은 이들 중 한 명인 제미마 칸(Jemima Khan)은 이렇게 말했다. "조지 부시의 말을 빌려 어샌지 진영이 지닌 문제를 지적하자면, 세계를 아군 아니면 적군으로 보는 것입니다."

2013년 6월 23일 일요일, 호리호리한 스노든이 회색 셔츠를 입고 배낭을 메고서 홍콩 첵랍콕 공항에 도착했다. 그와 동행한 이는 젊은 위키리크스 직원 새러 해리슨이었다. 덥고 습한 아침이었다. 두 사람은 긴장한 모습이었다. 그들은 아에로플로트 항공사 카운터에서 모스크바행 SU213편 탑승 수속을 마치고 일반 출발 통로로 향했다. 스노든은 어샌지의 친구 나르바에스가 발급하고 해리슨에게 건네받은 안전통행증을 들고 있었다. 중국 사복경찰 몇몇이 그들을 예의주시하고 있었다. 이 광경을 지켜보는 CIA 직원이 있었다면 이들의 출국은 분명 몹시 분통 터지는 일이었을 것이다.

이론적으로 스노든이 이처럼 대담하게 출국하는 일은 불가능했다. 전날 미국 당국은 스노든의 미국 여권을 취소했다. 또한 스노든의 즉시 구속을 요구하면서 홍콩 당국에 본국송환 서류를 팩스로 보내왔다. 그러나 홍콩 행정부는 미국 측이 보내온 서류에 '잘못'이 있으며 그 오류를 수정할 때까지는 스노든의 출국을 정지시킬 권한이 없다고 주장했다.

얼마 후 스노든은 해발 1만 2,000미터 상공에서 항공사가 제공하는 두 끼 식사 중 첫 끼니를 먹었다. 지상에서는 스노든이 미국의 감시망을 피해 모스크바로 향하고 있다는 사실이 알려져 국제적 대혼란이 벌어지고 있었다.

"그 자식이 달아났어!"

세계 최강국에 대해 홍콩 당국이 둘러댄 변명은 모욕적이었다. 뿐만 아니라 스노든은 지금 미국 정부의 적인 러시아, 쿠바, 베네수엘라의 품으로 직행하고 있었다.

미국 국회는 분노를 숨기지 않았다. 하원 정보위원회 위원장 마이크 로저스(Mike Rogers)는 씩씩대며 이렇게 말했다.

"그 나라들은 하나같이 미국에 적대적입니다. 미국 정부는 모든 법적 수단을 총동원해야 합니다. 그가 원한다고 말하는 것과 그의 행동을 보면 논리에 어긋납니다."

민주당 소속 상원의원 찰스 슈머 역시 가차 없이 비판했다.

"블라디미르 푸틴은 시리아, 이란, 이제 당연하게도 스노든까지 이용해 미국을 괴롭히지 못해 안달인 것 같습니다."

NSA 국장이자 스노든의 전 상사 키스 알렉산더 장군 역시 마찬가지였다.

"스노든은 명백하게 우리의 믿음과 신뢰를 배신한 인간입니다. 나는 그가 숭고한 취지로 행동하고 있지 않다고 생각합니다."

그러나 중국 정부는 사과하지 않았다. 오히려 국영 신화통신은 미국이 '위선적' 스파이 행위를 하고 있다고 맹공격했다.

"사이버 공격의 희생자로 오랫동안 결백한 척해오던 미국이 우리 시대 최대 악당으로 드러났다."

스노든이 에어버스 A330·300에 안전하게 탑승하자 어샌지는 성명서를 냈다. 그는 스노든 구출작전이 자기 덕분이라고 주장했다. 그는 스노든의 항공권 비용을 위키리크스가 부담했다고 말했다. 위키리크스는 홍콩에 스노든이 머무는 동안 법률 조언도 제공했다고 했다. 이어서 어샌지는 〈사우스차이나모닝포스트〉와 가진 인터뷰에서 자기 역할을 '밀입국 알선업자'에 비유했다.

스노든이 위키리크스 팀의 최신 스타플레이어라고 주장하는 가운데 어샌지의 성명서는 "미국과 영국의 정보기관이 수행하는 글로벌 감시체제의 증거를 폭로한 에드워드 스노든이 홍콩을 합법적으로 떠났습니다. 그는 망명을 목적으로 안전한 경로를 통해 민주국가로 향하고 있으며, 위키리크스가 파견한 외교관 및 법률 자문가의 호위를 받고 있습니다."라고 말했다.

모스크바 기자들은 일요일 여가 계획을 포기하고 스노든이 비행기를 갈아타기로 예정되어 있는 셰레메티예보 국제공항 터미널 F에 몰려들었다.

엄청난 수의 러시아 기자와 국제 특파원들이 작은 문 앞에 진을 치고 모였다. 도착하는 승객들이 나오는 문이었다. 개중에 똑똑한 기자들은 홍콩에서 스노든과 같은 비행기를 타고 오는 여행객들에게 보여주기 위해 스노든의 사진을 가져오기도 했다.

신분을 들키지 않기 위해 사복 차림을 한 러시아 정보기관원들은 뮌헨에서 온 사업가와 국영 NTV 기자로 위장해 터미널을 대대적으로 조사했다. 베네수엘라 대표단 역시 그곳에 있었다는 소문이 돌면서 카라카스가 스노든의 최종 목적지가 될 수 있다는 억측을 부채질했다. 에콰도르 대사가 BMW 7시리즈를 타고 공항에 나타났다. 그는 당황한 듯 터미널 주변을 맴돌며 기자들 무리에게 "그가 어디 있는지 아시오? 그가 이곳으로 옵니까?"라고 물었다.

한 기자가 대답했다. "우리는 대사님이 아신다고 생각했습니다."

현지 시간으로 오후 5시에 비행기가 착륙하자 러시아 보안 차량들이 대기하고 있었다. 베트남에서 에콰도르 외무장관 리카르도 파티노(Ricardo Patino)는, 스노든이 에콰도르로 정치적 망명을 요청했다고 트윗을 올렸다. 그런데 스노든은 과연 어디에 있었을까? 러시아 통신사 인테르팍스(Interfax)는 스노든이 다음날 쿠바행 아에로플로트 여객기를 예약했다고 발표했다. 그는 모스크바 공항 환승지역에 몸을 숨긴 듯했다. 한 아에로플로트 관계자는 터미널 E에 있는 작은 심야 호텔에 스노든이 머무를 것이라고 주장했으나, 이는 사실이 아닌 것으로 드러났다.

러시아 정부는 스노든의 도착에 대해 무엇을 알고 있었을까? 푸틴 대통령은 모스크바행 여객기에 스노든이 탔다는 사실을 그가 도착하기 두 시간 전에야 전달받았다고 주장했다. 그는 미국 정부가 스노든의 여권을 취소하여 스노든이 연결 항공편을 선택할 수 없도록 만드는, 정보기관으로서는 초보적인 실수를 저질렀다고 말했다.

푸틴은 특유의 빈정거리는 듯한 말투로 스노든을 '바라지 않은 크리스마스 선물'로 묘사했다. 러시아 당국은 결국 스노든이 러시아에서 발이 묶이게 됐다는 사실에 진정으로 놀란 듯 보였다. 그러나 평소에 믿을 만한 신문사인 〈코메르산트(Kommersant)〉는 홍콩의 러시아 영사관에서 스노든이 비밀리에 이틀 동안 머물렀다고 주장했다. 스노든 자신은 이를 강력히 부인한다.

내부고발 행동을 바라보는 푸틴의 시선은 의심할 여지없이 부정적이었다. 그는 나중에 스노든을 가리켜 '이상한 놈'이라고 표현했다. 푸틴은 "사실상 그는 자기 스스로를 곤란한 처지로 내몰았습니다. 그가 다음에 무슨 짓을 할지 전혀 짐작할 수가 없습니다."라고 말했다.

푸틴은 1980년대 KGB 요원으로 공산국가이던 동독에서 활동했으며, KGB를 계승한 러시아 연방보안국(FSB)의 국장을 역임하기도 했다. 그는 반역자를 달갑게 여기지 않았다. 2006년 변절자 FSB 요원 알렉산더 리트비넨코(Alexander Litvinenko)는 런던에서 방사능 물질인 폴로늄을 마신 후 숨졌는데, 영국 정부는 이 사건이 러시아 정부의 음모라고 믿고 있다. '침묵'(omerta: 원래는 마피아 일원이 될 때 행하는 의식으로 조직의 비밀을 지키겠다는 맹세 - 옮긴이)이라는 KGB 스파이의 계율은 절대적이었다.

권좌에서 13년을 보낸 푸틴은 편집증과 불신에 시달리는 한편, 국내외 음모론에 민감했다. 그리고 어느 때보다도 자신의 비할 데 없는 능력을 확신했다. 그는 서구, 특히 미국과의 관계를 소련의 외국인 혐오 관점으로 바라봤다. KGB 훈련을 받았다는 점을 고려할 때 푸틴은 분명 스노든이 미국의 위장 작전, 고전적인 냉전 술책이 아닌지 궁금해 했을 것이다.

그러나 실제로 스노든은 말 그대로 선물이었다. 러시아 정부로서 스노든은 인권, 국가 감시, 본국 송환에 관한 미국 정부의 이중 잣대를 강조할 수 있는 절호의 기회였다. 푸틴은 분명 미국과 동등한 초강대국 지위라는 전율을 즐겼을 것이다. 미국은 스노든을 돌려받기 위해 애원해야 할 것이었다!

몇 시간 내에 스노든이 러시아에 착륙한다는 정보가 들어왔을 때 친러시아 정부 세력들은 러시아 연방이 그에게 망명을 권해야 한다고 제의했다.

이튿날 언론계 인사들은 다시 셰레메티예보 공항으로 모여들었다. 몇몇 적극적인 기자들은 항공권을 구입하여 스노든의 흔적을 찾아 환승구역을 샅샅이 뒤졌다. 몇몇은 그곳에서 며칠간 진을 친 채 기다리기도 했다. 쿠바 비자를 취득하여 아바나로 가는 동일한 아에로플로트 항공권을 예약하는 이들도 있었다. 스노든이 비행기에 탈 것이라는 추측이 일반적이었다.

〈가디언〉모스크바 특파원 미리엄 엘더(Miriam Elder)는 탑승을 위해 입구에서 기다리고 있었다. 뭔가가 진행 중이었다. 아에로플로트 직원들은 평소보다 더 무례했으며, 그들은 창문을 통해 비행기를 촬영하는 방송사 직원들을 제지했다. 주변에는 건장한 보안 요원들이 서성거렸다.

엘더는 비행기에 타지 못했다. 그녀에게는 쿠바 비자가 없었다. 다른 기자들이 무리지어 비행기에 올라 통로를 걸으며 스노든을 찾았다. 스노든과 해리슨은 창문 옆자리인 17A와 C를 예약했다. 핀란드 신문 〈헬싱겐사노마트(Helsingen Sanomat)〉특파원 주시 니에메라이넨(Jussi Niemelainen)은 맞은편 17F에 앉았다. 어쩌면 지구상 1순위 지명수배자와 몇 마디 나누고 영광스럽게 1면 기사를 차지할 수 있을 만큼 가까운 자리였다.

이륙 몇 분 전까지도 스노든이 나타날 조짐은 보이지 않았다. 그의 자리는 비어 있었다. 탑승하지 않은 승객은 네 명이었다.

그때 비행기 안에서 러시아 말로 "비행 안 함, 비행 안 함!"이라는 속삭임이 퍼져나갔다. 스노든은 탑승하지 않았다. 몇몇 러시아 기자들은 "샴페인 여행, 샴페인 여행!"이라고 외치기 시작했다. 기장은 쿠바로 향하는 12시간 동안의 비행에 알코올 음료가 제공되지 않으며 청량음료를 제공할 것이라고 엄숙히 안내했다. 니에메라이넨은 "그저 웃을 뿐이었죠. 비행 중에 나는 〈머펫 대소동(The Muppets)〉을 봤습니다. 상황에 딱 맞는 것 같았거든요."라고 말했다.

스노든은 영토 외 지역에 있었다. 이후 몇 주 동안 러시아 정부는 스노든이 러시아 영토 내로 들어오지 않았으며, 자신들은 스노든과 거의 관련이 없다는 입장을 유지했다. 어쨌든 스노든은 러시아 비자를 갖고 있지 않았다. 그러면서 동시에 러시아 정부는 스노든의 체류를 최대한 이용하고자 했다. 스노든의 거처는 비밀이었다. 이론상 그는 세레메티예보 환승구역에 머무르고 있었다. 하지만 그곳에서 스노든을 본 사람은 아무도 없었다. 아마도 러시아 당국은 '환승'을 신축적인 개념, 즉 필요하다면 지도를 가로질러 쭉 펼 수 있는 일종의 구불구불한 선으로 보지 않았나 싶다. 어쩌면 엄중한 감시를 받으며 공항 노보텔 호텔에 있었을 수도 있다. 아니면 또 다른 어딘가에 있을지도 모르는 일이었다.

스노든이 러시아에 간 여파로 미국과 러시아 사이는 급랭 국면으로 접어들었다. 오바마가 외교정책의 최우선 순위로 꼽은 것 중 하나가 미·러 관계 '재정립'이었다. 그러나 이라크 전쟁 이후 조지 부시 대통령 시대, 그리고 2008년 러시아가 미국이 지원하는 조지아(러시아명 그루지야)를 침공한 사건으로 양국관계는 긴장 국면이 지속되었다. 또한 시리아, 중부 유럽 내 미국의 미사일 방어 계획, 리비아 내 나토군 군사 행동에 대한 비난, 러시아 무기 거래상이자 전직 KGB 요원으로 알려진 빅토르 부트(Viktor Bout)의 미국 내 구금 등 수많은 쟁점을 둘러싼 불화로 인해 '재정립'은 이미 난관에 봉착해 있었다.

오바마는 푸틴에 비해 온건파이자 푸틴의 임시 후계자 드미트리 메드베데프(Dmitry Medvedev)와의 관계를 돈독히 하려고 애썼다. 사실 메드베데프는 결코 자율적인 인물도 아니었고, 독립적인 인격을 가진 인물도 아니었다. 2011년 푸틴은 메드베데프를 밀어내고 대통령직에 세 번째로 취임했다. 유출된 미국 외교 전보문건에서 한 미국 외교관은 '푸틴이 배트맨이라면, 메드베데프는 로빈'이라고 보고했다. 이 비유는 푸틴의 성미로 볼 때 무척 거슬리는 것이었다. 그는 이 표현이 미국의 오만을 드러내는 일례라고 말했다.

오바마는 러시아에 스노든을 넘기라고 요구했다. 간교하고 노련한 러시아 외무장관 세르게이 라브로프(Sergei Lavrov)는 "스노든이 실제로 러시아 '내'에 있지는 않으며 국경을 넘은 적은 절대 없다."라는 말로 얼버무렸다. 푸틴은 스노든의 본국송환을 배제했다. 그는 미국과 쌍무조약을 맺지 않았다고 지적했다. 또한 믿기 어려운 말이지만 러시아 보안기관은 스노든에게 아무런 관심이 없다고 주장했다. 이틀 뒤에 오바마는 스노든을 송환하기 위해 지정학적 자본을 들이지 않을 것이라고 발표했다.

그러나 막후에서 미국 정부는 동맹국에 압력을 가하고 스노든을 비행금지 명단에 추가하는가 하면, 남미 국가들을 회유하는 등 스노든의 이동을 차단하기 위해 전력을 다하고 있었다. 애초에 스노든의 망명 신청을 후원하던 에콰도르가 미온적인 태도로 돌아섰다. 미국 부통령 조 바이든(Joe Biden)이 코레아에게 전화를 걸어, 키토가 스노든을 받아들인다면 향후 어떤 사태가 벌어질 것인지 장광설을 늘어놓았다. 코레아는 스노든의 안전통행증이 실책으로 발행됐다고 말하면서 통행증의 효력을 무효화했다. 에콰도르는 어샌지에게도 몹시 짜증이 난 모양인지 워싱턴 주재 에콰도르 대사는 위키리크스가 '허세를 떨고 있는' 것 같다고 언급하기도 했다. 6월 30일, 스노든은 20개국에 망명을 신청했다. 대상국에는 프랑스, 독일, 아일랜드, 중국, 쿠바가 포함되어 있었다.

다음날인 7월 1일 스노든은 위키리크스를 통해 이후로도 몇 차례 발표할 성명서 중 첫 번째를 발표했다.

"나는 진실을 말한 대가로 나의 자유와 안전이 위협받는 처지에 놓였다는 사실이 명확해진 후 홍콩을 떠났습니다. 그리고 계속해서 자유를 누리고 있다는 사실에 대해 새 친구와 오랜 친구, 가족, 그리고 다른 여러 사람들에게 감사의 뜻을 전하고 싶습니다."

그 다음 스노든은 오바마가 "내가 망명을 요청한 국가의 지도자들에게 망명 청원서를 거절하도록 압력을 가했다."라며 비난했다. 오바마 대통령은 그 어떤 외교적 '권모술수'에 관여하지 않겠다고 약속했었다. 하지만 이런 주장은 확실히 거짓말처럼 느껴졌다.

"세계 지도자가 이런 기만적인 태도를 취하는 것도, 법의 권한을 벗어나 망명을 막는 행위도 정의가 아니다. 이는 낡아빠진 부적절한 정치 탄압 수단이다. 그들의 목적은 내가 아니라 내 뒤를 이을 사람들을 위협하는 것이다." 스노든은 단호하게 성명을 이어갔다.

"백악관은 망명을 요청하는 인간의 권리를 옹호했으면서, 이제 와서 나에게는 그 선택지를 인정하지 않고 있다. 오바마 행정부는 이제 시민권을 무기로 사용하고 있다. 결국 오바마 행정부가 두려워하는 사람은 나, 브래들리 매닝, 토머스 드레이크 같은 내부고발자들이 아니다. 우리는 국적이 없거나 감옥에 있거나 아무런 힘이 없다. 오바마 행정부가 두려워하는 사람은 바로 당신이다. 오바마 행정부는 그들이 약속해온 입헌정치를 요구하는, 의식 있고 분노하는 대중을 두려워한다. 그리고 두려워해야만 한다."라고 항의했다.

성명서는 "나는 신념을 굽히지 않았으며 수많은 사람들의 노력에 깊은 감명을 받았다."라는 말로 끝났다. '입헌정치'를 언급한 부분은 진짜 스노든다웠다. 그가 내부고발을 한 동기가, NSA가 행한 헌법 침해였기 때문이다.

7월 2일 러시아 정부는 가스수출국포럼 정상회의를 주최했다. 회의 참석자 중에는 볼리비아 대통령 에보 모랄레스(Evo Morales)도 있었다. 원주민 출신으로서 대통령 취임 연설문 낭독에 어려움을 겪은 모랄레스는 미국 정권을 좋아하지 않았다. 러시아투데이 스페인어 채널과 인터뷰를 가진 모랄레스는 스노든에 관한 질문을 받았다. 사전 준비 없이 답변하는 가운데 대통령은 스노든으로부터 망명 요청을 받지 않았다고 말했다. 하지만 만약 요청을 받는다면 볼리비아는 그를 호의적으로 받아들일 것이라고 답했다.

그날 오후 모랄레스와 수행단은 모스크바를 떠나 볼리비아로 향했다. 이륙한 지 몇 시간이 지났을 때 기장이 골치 아픈 소식을 전했다. 프랑스와 포르투갈이 모랄레스 대통령 전용기의 자국 영공 통과를 거부했다는 것이다. 사태는 점점 나빠졌다. 스페인과 이탈리아 역시 허가를 취소했다. 좌절한 기장은 오스트리아 당국과 연락을 취해 빈에

11장 탈출, 그리고 새로운 도전

비상착륙해야 했다. 대체 무슨 일이 벌어지고 있었던 것일까?

미국 정보기관 내부인이 "모랄레스가 스노든을 전용기에 숨겨 태웠다."라고 백악관에 제보한 것이었다. 그런데 정작 문제는, 스노든이 비행기에 타고 있지 않았다는 사실이다. 결국 백악관은 잘못된 정보를 근거로 유럽 동맹국들에 대해 긴급 지원 요청을 한 것이다. 이는 교묘한 러시아의 허위 정보 유출의 결과였을 수도 있다. 아니면 전형적인 CIA의 대실책이었거나.

빈에서는 볼리비아 대통령과 국방부 장관 루벤 사베드라(Ruben Saavedra)가 공항 소파에 앉아 있었다. 그들은 미국이 뻔뻔스럽게도 작지만 엄연한 주권 국가를 모욕했다고 분개했다. 스노든이 비행기에 몰래 탔느냐는 질문에 사베드라의 낯빛이 하얗게 질렸다.

"거짓말, 허위 정보입니다. 미국 정부가 만들어낸 말이겠죠. 이는 대단히 무례한 행동입니다. 그리고 권력 남용입니다. 국제항공운송 관습과 협정을 분명히 위반한 행동입니다."라며 분노했다.

라틴아메리카 좌파 정부들이 곧이어 분노를 표출했다. 볼리비아의 부통령 알바로 가르시아(Alvaro Garcia)는 모랄레스 대통령이 '제국주의에 의해 납치'되었다고 발표했다. 베네수엘라, 아르헨티나, 에콰도르를 비롯한 여러 나라가 항의 성명을 발표했다. 그는 빈 공항 VIP 라운지에서 다시 이륙하기까지 15시간 동안 고립되어 있어야 했다. 볼리비아에 도착한 모랄레스는 강요에 의한 비행 변경을 '북미 제국주의'의 '공공연한 도발'이라고 맹렬히 비난했다.

이는 수치스러운 에피소드였다. 워싱턴에서는 국무부가 스노든의 비행기 탑승 문제를 다른 국가들과 논의했음을 인정했다. 미국의 성급한 개입은 언제라도 국제적 규범을 짓밟을 준비를 갖춘, 공격적인 놀이터의 불량배로 희화한 미국의 모습에 완벽하게 들어맞았다. 동시에 라틴아메리카로 가겠다는 스노든의 계획은 성공 가능성이 없다는 사실도 증명했다.

스노든이 러시아로 간 지 3주가 지났을 때 타냐 록시나(Tanya Lokshina)는 이메일을 한 통 받았다. 록시나는 모스크바 소재 인권단체 휴먼라이츠워치(Human Rights Watch)의 부대표다. 적대적이고 종종 공격적인 러시아 정부로부터 러시아 시민사회를 보호하는 그녀의 일은 쉽지 않다. 2011년 5월 푸틴이 대통령으로 복귀한 이후 단체의 업무는 한층 더 힘들어졌다. 푸틴은 구소련 붕괴 이후 인권을 가장 심각하게 탄압해왔다. 이러한 탄압은 모스크바에서 그에게 반대하는 대규모 시위를 불러왔고, 이보다 작은 규모이기는 해도 주요 도시까지 시위가 확산되는 사태를 낳았다. 결정적 계기는 러시아 총선에 대규모 부정이 있었다는 의혹이 일면서부터 본격화했다.

록시나는 활기차고 유쾌하며 영어가 유창한 러시아인으로, 저항하는 인권 활동가 무리 중 한 명이었다. 그녀 앞으로 온 이메일 내용은 좀처럼 믿기지 않았다. '에드워드 조지프 스노든'이라고 적힌 메일에는 세레메티예보 공항의 입국장으로 나와 달라는 내용이 적혀 있었다. 그곳에서 '공항 직원 한 명이 G9이라고 적힌 피켓을 들고 기다리고 있을 것'이라고 했다.

이후 록시나는 블로그에 "세계 일급 지명수배자 중 한 명이 보냈다는 이 초대장에서는 냉전시대 스파이 스릴러물의 느낌이 났다."라고 썼다.

록시나는 공항으로 향하는 급행열차에 올라탔다. 셰레메티예보에 도착했을 때 록시나는 'G9'이라고 적힌 피켓을 들고 있는 남자를 발견했다.

그는 검은색 정장을 입고 있었다. "저와 함께 가실까요." 그는 록시나를 기다란 복도로 안내했다. 그곳에는 손님이 8명 더 있었다. 러시아 옴부즈맨, 하원의원 1명, 그리고 인권단체에서 온 다른 대표들이었다. 대부분은 독립기관 소속이었지만 일부 러시아 정부 및 FSB와 연계된 이들도 있었다.

록시나는 버스에 타고서 다른 입구를 향해 갔다. 그리고 그곳에 스노든이 있었다. 스노든은 기분이 좋은 듯 보였고 구겨진 회색 티셔츠를 입고 있었다. 위키리크스의 직원 새러 해리슨도 함께했다.

록시나는 스노든과의 첫 만남을 다음과 같이 기억한다. "가장 먼저 떠오른 생각은 정말로 그가 어려 보인다는 것이었다. 꼭 대학생 같았다." 책상 뒤에 서서 스노든은 준비해온 성명문을 읽었다. 목소리는 다소 높았고 군데군데 목이 쉰 듯한 소리가 났다. 그는 수줍고 초조해 보였다. 이번이 그가 처음으로 갖는 공개적인 언론 회견이었다. 동시에 기이한 회견이기도 했다. 수년간 러시아 정부는 인권단체를 서구의 첩자이자 하인이라고 폄하해왔다. 그런데 지금은 오히려 예우를 받고 있었다. 러시아 정부는 정치적 중대 국면을 만들고자 안달이 나 있었다.

"안녕하세요. 저는 에드 스노든입니다. 한 달 남짓 전까지 제게는 가족이 있었고, 천국 같은 곳에 집이 있었으며, 아주 편안하게 생활하고 있었습니다. 게다가 수색영장 없이도 여러분들의 통신 내용을 포착해서 읽을 수 있는 능력도 지니고 있었습니다."라고 말문을 열었다.

그는 계속 성명문을 읽어나갔다. "언제, 누구의 통신 내용이든 나는 볼 수 있었습니다. 이는 사람들의 운명을 바꾸는 권력입니다. 동시에 중대한 법률 위반이기도 합니다. 내 조국의 수정헌법 제4조와 제5조, 세계인권선언의 제12항, 그리고 그 같은 대규모 침투성 시스템을 금하는 수많은 법규와 조약에 위배됩니다."

이 시점에 시끄럽게 '딩동댕' 소리가 울렸다. 공항 스피커 장치가 러시아어 및 영어 안내 방송을 내보냈다. 비즈니스 라운지는 3층 39번 게이트 옆에 위치하고 있다는 안내였다. 스노든은 몸을 숙이더니 슬며시 미소를 지었다. 몇 안 되는 청중도 그와 함께 웃었다. 그가 성명문 낭독을 다시 시작했을 때 또다시 요란한 안내방송이 그를 막았다. 스노든은 쉰 목소리로 "지난 몇 주 동안 이 방송을 정말 많이 들었습니다."라고 말했다. 해리슨은 이제 안내방송에 너무 익숙해져서 실제로 따라 말할 수 있을 정도라고 농담을 던졌다.

스노든이 제기한 실질적인 주장은 흥미로웠다. 그는 미국의 해외정보감시법에 대한 법정의 판결은 '불법적인 일을 덮어놓고 합법화'했으며, 이는 '반드시 증명해야 하는 가장 기본적인 정의의 개념을 타락'시켰다고 말했다. 그는 또한 자기 행동의 근원을 1945년 뉘른베르크 재판에 비교하면서 "개인은 국가적인 복종 의무를 초월하는 국제적인 의무를 진다."라는 구절을 인용했다. 이어서 그가 의도적으로 미국의 국가안보를 해치거나 심지어 심각한 피해를 입히기 위해 작정했다는 비난에 대해 항변했다.

11장 탈출, 그리고 새로운 도전

"이런 이유로 나는 내가 옳다고 믿는 일을 했으며 이런 범법행위를 바로잡기 위한 활동을 시작했습니다. 나는 부를 추구하고 있지 않습니다. 미국의 비밀을 팔려고 하지 않았습니다. 스스로의 안전을 보장 받기 위해 외국 정부와 협력하지도 않았습니다. 그 대신 우리 모두에게 영향을 끼치고 있는 사태를 우리 모두가 밝은 곳에서 논의하도록 내가 알고 있는 사실을 공개했고 세상에 정의를 요구하고 있습니다. 우리 모두에게 영향을 미치는 염탐행위를 공개하겠다는 도덕적인 결정은 비싼 대가를 치렀지만 이는 옳은 일이었고 나는 후회하지 않습니다."

스노든은 미국 정부가 전방위로 자신을 추적하는 행위를 '내가 그 랬던 것처럼 부조리를 고발하려는 모든 이들에게 보내는 경고'로 해석했다. 스노든은 비행금지 목록 추가, 제재 위협, '라틴아메리카 국가 대통령 전용기를 착륙시키도록 군사 동맹국에게 명령하는 전대미문의 조치' 등, 이 모든 사태를 가리켜 '위험한 단계적 확대'라고 해석했다. 그 다음 스노든은 '이 같은 역사적으로도 과도한 공격'에 맞서 자신에게 지원과 망명지를 제공한 국가들에 찬사를 보냈다. 스노든은 러시아, 베네수엘라, 볼리비아, 니카라과, 에콰도르를 언급했다.

"강자가 약자에게 행한 인권침해에 저항하는 첫 번째 행위자가 되어주신 국가에 대해 감사와 존경을 표합니다. 위협에도 불구하고 원칙을 굽히지 않음으로써 그들은 세계의 존경을 받았습니다. 이들 국가를 돌면서 국민들과 지도자들에게 감사를 전하고 싶은 마음입니다."

그 다음 발표가 이어졌다. 스노든은 러시아에 망명을 요청할 것이라고 밝혔다. 그리고 자신의 망명 신청이 주변 상황에 의해 어쩔 수 없이 내린 임시적인 조치이며, 라틴아메리카로 갈 수 있을 때까지만 머무를 것이라는 점을 확실히 밝혔다. 그는 인권 운동가들에게 미국과 유럽에 대해 자신의 움직임에 개입하지 말라는 탄원서를 내달라고 요청했다. 회견은 45분 후에 끝났다.

회견 후 변호사 겐리 레즈니크(Genri Reznik)는 다른 손님들과 함께 터미널 F에서 언론인 무리와 다시 마주쳤을 때 "스노든은 유령이 아닙니다. 그런 사람이 존재합니다."라고 말했다. 러시아 인권위원회 위원장 블라디미르 루킨(Vladimir Lukin)은 러시아 TV에 출연해 이렇게 말했다. "나는 그와 악수를 했습니다. 피부와 뼈를 느낄 수 있었습니다. 그는 이동의 자유가 없어 걱정하고 있지만 그 점을 제외한 생활환경에 대해서는 불평하지 않았습니다."

스노든이 러시아에 계속 머무르게 된 것은 본의가 아니었다. 그는 러시아에 갇힌 신세였다. 하지만 러시아 체류는 원칙에 입각한 망명과 도피라는 자신의 이야기를 훨씬 더 복잡하게 만들었다. 그를 비판하는 사람들은 이제, 그가 정치적 망명자가 아니라 자기 조국과 그 비밀을 소련에 팔아먹은 영국의 변절자 킴 필비의 21세기 판이라고 더 수월하게 비난할 수 있게 됐다.

1960년대에 소련으로 망명했다가 이후 평생 동안 그곳에서 비참한 시간을 보낸 NSA 분석가 버논 미첼(Bernon F. Mitchell)과 윌리엄 마틴(William H. Martin)에 비유하는 비평가들도 있었다. 마틴과 미첼은 쿠바로 간 다음 그곳에서 소비에트 화물 수송기에 탑승하고 몇 달 지나 기자회견에 모습을 드러냈다. 그 자리에서 둘은 NSA를 맹비난했다. 미국이 동맹국을 염탐했으며, 소련을 도발하여 레이더 패턴을 포착하기 위해 고의로 항공기를 소련 영공으로 보냈다고 폭로했다. 이런 비유는 부당했다. 스노든은 반역자가 아니었다. 그는 미첼이나 마틴, 필비 같은 사람들과 달랐다. 그러나 좋든 싫든 이 30세 미국인은 현재 보호와 후원을 얻기 위해 러시아 정부와 정보기관에 의지하는 신세가 되었다.

체첸공화국에서 발생한 잔혹한 전쟁, 부정선거, 비판자들을 끊임없이 따라다니며 괴롭히는 행태 등 러시아를 아는 사람이라면 스노든의 담화문 중 석연치 않다는 인상을 받은 부분이 있었을 것이다. 스노든의 경우만 본다면 러시아가 인권침해에 대항하는 입장에 처했다고 말할 수 있을지도 모른다. 하지만 이는 러시아 정부가 인권을 존중하기 때문이 아니었다. 푸틴은 빈번하게 인권을 폄하하는 발언을 해왔다. 그저 푸틴은 스노든을 새롭게 시작된 거대한 게임에 사용할 인질, 그리고 모스크바의 영원한 적수 워싱턴을 난처하게 만들 절호의 기회라고 보았다.

스노든이 이례적인 언론과의 회견을 갖기 바로 전날 법정 역사상 가장 초현실적인 사건 중 하나가 발생했다. 러시아가 죽은 사람을 재판에 회부한 것이었다. 37세의 변호사 세르게이 마그니츠키(Sergei Magnitsky)는 2009년 수감 중에 사망했다. 마그니츠키는 러시아 내무부에서 발생한 대규모 세금 사기를 적발했다. 이에 연루된 부패한 공무원들이 그를 구속했는데, 감옥에서 그는 고문을 받고 치료조차 거절당했다. 피고가 앉아 있어야 할 자리는 공석이었다.

일주일 후 러시아 야권 지도자 알렉세이 나발니(Alexei Navalny) 역시 법정에 모습을 드러냈다. 중산층의 지지를 받는 변호사이자 반부패

블로거이면서 때로는 은근하게 민족주의자 관점을 드러내기도 하는 나발니는 가장 유명한 반푸틴 인사였다.(푸틴은 자기 입에 나발니의 이름을 올리는 것조차 혐오해 그를 경멸하듯이 '그 신사'라고 부른다.) 나발니는 횡령 혐의로 5년형을 선고받았는데, 이후 러시아 정부가 파벌 싸움에 휘말린 듯한 순간에 집행유예로 변경되었다. 당시 러시아는 더욱 수상쩍은 방향으로 나아가고 있었다. 부패, 여론 조작용 재판, 사법부에 가하는 정치적 압력이 매일 같이 발생했다. 푸틴은 서구로부터 자금을 받는 모든 기구에 대해 '외국 대리인'으로 등록하는 새로운 법안을 통과시켰다. 소치의 흑해 리조트에서 열릴 예정인 2014년 동계올림픽에 앞서 러시아 연방의회 하원은 '동성애 조장'을 금지하는 법률을 제정했다. 이 같은 일련의 움직임은 푸틴이 모스크바의 다루기 힘든 지식인 부르주아 계층은 제쳐놓고 노동자, 연금수급자, 공무원 등 자신의 보수적인 지지층에 호소하려는 광범위한 정치 전략이었다.

셰레메티예보 공항에서 스노든을 만난 활동가들에 따르면 스노든에게는 몇몇 새로운 경호원이 붙어 있었다고 한다. 그들은 누구였을까? 모스크바 사람들은 그들을 FSB의 위장 요원으로 추측했다.

FSB는 러시아 정부의 탁월한 정보기관이자, 자체적인 비밀 규칙에 따라 움직이는 막대한 자원을 갖춘 기관이다. 구소련 붕괴 후 KGB는 흩어졌다. 하지만 사라지지는 않았다. 1995년 KGB 작전 대부분이 새로 창설된 FSB로 이전됐다. 명목상 FSB는 형사소추, 조직범죄 수사, 대 테러 작전 등 FBI나 다른 서구의 법률 집행기관과 동일한 기능을 수행한다. 그러나 FSB가 수행하는 가장 중요한 업무는 방첩활동이다.

7월 12일 스노든의 회견에 초대된 변호사 중에는 아나톨리 쿠체레나(Anatoly Kucherena)도 있었다. 이후 스노든은 쿠체레나에게 이메일을 보내 도움을 요청해 허락을 받았다. 그는 스노든과 오랜 시간 회의를 가졌다. 그는 러시아 법률을 설명했다. 그리고 스노든에게 다른 망명 신청을 포기하라고 제의했다.

이튿날 쿠체레나는 러시아 이민국에 임시망명을 신청하기 위한 서류를 준비하여 다시 스노든을 찾아왔다. 쿠체레나는 갑작스레 스노든과 바깥세상을 이어주는 통로, 즉 대변인 역할을 맡고 있었다. 그는 기자들에게 "현재 스노든은 러시아 체류를 희망하고 있습니다. 그는 선택권이 있습니다. 친구와 수많은 지지자도 있습니다. 나는 모든 일이 잘 풀릴 것으로 생각합니다."라고 말했다.

스노든이 쿠체레나에게 연락을 취한 이유는 확실하지 않다. 하지만 쿠체레나 변호사는 적재적소에 연줄을 확보해두고 있었다. 현재 러시아 정부를 지지하는 그는, 푸틴이 대통령 복귀를 노리던 2011년 선거 당시 공개적으로 지지를 표명했다. 큰 덩치에 희끗한 머리, 쾌활한 52세 변호사 쿠체레나는 유명 인사를 대하는 일에 익숙했다.(그는 친정부 성향의 영화감독 니키타 미할코프(Nikita Mikhalkov)를 비롯해 몇몇 러시아 스타들을 대변한 적이 있다.)

쿠체레나는 상류사회 관계 외에도 유용한 연줄을 보유하고 있었다. 그는 2006년, 푸틴이 만든 조직인 FSB '국민위원회'의 일원이었다. FSB 전 국장 니콜라이 파트루셰프(Nikolai Patrushev)가 그를 승인했다.

쿠체레나는 스노든을 방문할 수 있는 극소수 인물 중 한 명이었다. 그는 공항에 갈 때 선물을 가져갔다. 그중에는 론리 플래닛(Lonely Planet) 가이드 러시아편과 모스크바 관광 안내서도 있었다. 쿠체레나는 '스노든이 러시아 사람들의 정신세계를 이해하도록 돕기 위해' 고전 도서를 골라 가져가기도 했다. 도스토엡스키의 《죄와 벌》, 안톤 체호프 단편선, 역사가 니콜라이 카람진의 저서도 있었다. 스노든은 《죄와 벌》을 금세 읽었다. 최초로 포괄적인 러시아 국가사를 집필한 19세기 작가 카람진의 저서를 몇 권 읽은 스노든은 그의 작품 전집을 요청했다. 쿠체레나는 러시아말을 배울 수 있도록 키릴 문자 학습서를 주기도 하고 갈아입을 옷도 챙겨다 주었다.

스노든은 밖으로 나갈 수 없었지만 양호한 건강상태를 유지하고 있었다. 쿠체레나는 "그는 공항의 역겨운 공기를 쐬고 있습니다. 그렇지만 때를 기다리는 심리적 압박감이 더 큰 타격을 주고 있습니다. 그의 내면은 전적으로 독립을 유지하고 있습니다. 그는 철저히 자기 신념에 따르고 있습니다. 그는 무엇보다도 미국인을 비롯한 모든 사람들에게 정보기관들이 우리를 염탐하고 있다는 사실을 알리기 위해 이 일을 했다고 확신하고 진심으로 믿고 있습니다."라고 말했다.

스노든의 러시아 도착과 동시에 한 가지 의문이 점점 더 격렬하게 몰려오기 시작했다. 러시아가 스노든의 NSA 문서를 입수했을까? 6월 24일 〈뉴욕타임스〉는 '주요 정부 정보기관에서 일하는 정보 전문가 두 명'의 말을 인용했다. 이 전문가들은 아무런 증거를 제시하지 않은 채 중국 정부가, 스노든이 홍콩에 가져간 노트북 네 대의 내용물을 빼내는 데 성공했다고 생각한다고 말했다.

스노든은 재빠르게 이러한 언론의 의혹을 강력히 부인했다. 또한 그는 어떤 NSA 문건도 러시아 정부에 일절 제공하지 않았다고 주장했다. 스노든은 7월 그린월드와 진행한 두 차례의 인터뷰에서 "나는 양쪽 정부에 어떤 정보도 주지 않았으며, 그들은 내 노트북에서 그 어떤 것도 절대 가져가지 않았습니다."라고 말했다. 그린월드는 스노든을 적극적으로 방어했다.

스노든은 디지털 자기 방어에 매우 능했다. 그가 CIA와 NSA에서 일하던 당시 그의 업무 중 하나는 미국 국가안보 공무원과 CIA 직원들에게 데이터 보호방법을 가르치는 일이었다. 역설적이게도 스노든은 현재 자기가 강의해오던 대상과 정확히 일치하는 적대적인 환경, 즉 외국 정보기관 요원에게 둘러싸인 상황에 놓여 있었다.

스노든은 전 공화당 뉴햄프셔 주 재선 상원의원 고든 험프리(Gordon Humphrey)와 이런 내용에 관해 서신을 교환했다.

"당신이 정보요원을 위험에 빠뜨릴 수 있는 정보를 유출하지 않았다는 가정 아래 나는 미국 헌법의 중대 위반 행위라고 생각하는 사태를 폭로한 당신이 옳은 일을 했다고 생각합니다."(험프리는 스노든을 가리켜 '점점 커져 가는 우리 정부의 오만함'을 밝혀낸 '용기 있는 내부고발자'라고도 했다.)

스노든의 답장은 전문을 인용할 만한 가치가 있다.

험프리 씨

격려의 말씀 보내주신 데 감사드립니다. 더 많은 입법자들이 당신과 같은 원칙을 갖고 있다면 좋을 텐데요. 그랬다면 제가 취한 행동은 불필요했겠지요.

언론은 헌법 위반이라는 본질에서 벗어나 인신공격에만 집중함으로써 내 행동과 의도를 왜곡하고 있습니다. 모든 현대 이야기에는 악당이 필요하다고 믿는 것 같습니다. 어쩌면 그럴지도 모르죠. 그런 시대에 조국을 사랑하면 정부의 미움을 사게 되는 것 같습니다.

역사가 그렇게 증명된다면 나는 그 미움을 피하지 않을 것입니다. 나는 시민의 의무를 다하기 위해 주저하지 않고 남은 평생 동안 잘못을 바로잡기 위해 스스로 과감하게 행동하지 못하는 소수 통치자들이 나를 변명으로 사용하도록 용납하겠습니다.

이 일이 시작됐을 때 밝힌 바와 같이 내 의도는 일반 국민들에게 그들의 이름으로, 그들에 불리한 일이 자행되고 있다는 사실을 알리고자 함입니다. 나는 여전히 이에 전념하고 있습니다. 기자들과 관료들은 절대 믿지 않겠지만 나는 정보요원 여부를 막론하고 우리 국민을 위험에 빠뜨릴 수 있는 정보를 공개하지 않았으며 그렇게 할 생각은 전혀 없습니다.

나아가 미국 정보기관을 포함하여 내가 계속해서 지키고 있는 비밀을 위협할 만한 능력을 지닌 정보기관은 하나도 없습니다. 언론에 보도되지는 않았지만 내 전문 분야 중 하나가 국방정보국에서, 예를 들어 중국처럼 극도로 위협받는 방첩 환경에서도 정보를 위협으로부터 보호하는 방법을 가르치는 일이었습니다.

고문을 당하는 한이 있더라도 내가 그 정보를 폭로하라는 강압에 따를 수 없다는 사실을 아셨으니 이제 마음이 편안해졌겠지요.

우리 두 사람이 사랑하는 국가를 위해 봉사해주셔서 감사합니다.

—에드워드 스노든

이 편지는 스노든이 가장 중요하게 생각하는 논제인 애국심, 시민의 의무, 헌법을 수호하고자 하는 갈망을 잘 드러낸다. 그의 어조는 고결하되, '역사가 그렇게 증명된다면 나는 그 미움을 피하지 않을 것'이라는 대목은 감상적이기도 하다. 그러나 스노든이 적대적인 외국 정보기관이 위험을 초래할 수 있다는 사실을 인식하고 있으며, 그가 갖고 있는 정보를 안전하게 지키기 위해 극단적인 조치를 취해두었다는 점은 의심할 여지가 없다.

몇 안 되는 스노든의 초기 교섭 상대 중 한 명인 〈워싱턴포스트〉의 바턴 겔먼은 스노든이 손이 닿지 않는 곳에 데이터를 보관해두고 있다고 믿는다고 말한다. 겔먼은 미국 라디오 네트워크인 NPR에 "나는, 그가 자신이 러시아에 머무르는 동안에는 그 문서 파일들을 열어볼 수 없도록 해놓았다고 생각합니다."라고 말했다. 그는 이어서 "암호키를 가지고 있지 않다는 뜻은 아닙니다. 더 이상 열 수 있는 것이 없다는 뜻입니다. 그는 스스로가 러시아에 있는 동안에는 정보를 열어볼 수 없도록 암호화해두었습니다."라고 덧붙였다.

하지만 러시아 정부가 스노든의 노트북에 담긴 내용에 무관심하다는 뜻은 아니다. FSB는 전자 감시에 능숙하다. 그 전신인 KGB처럼 FSB 역시 도청, 몰래 카메라, 함정 수사 같은 방법을 사용했다. NSA와 달리 FSB는 '의심에 찬' 감시라고 부를 수 있을 만한 방법 역시 사용한다. 서구 정보기관들의 감시란, 표적 대상이 자기가 감시당하고 있다는 사실을 눈치채지 못하도록 추적하는 일이다. 이와 대조적으로 FSB는 드러내놓고 표적을 감시하기도 한다.

1970년대 동독의 비밀경찰 슈타지가 수행해오던 이 전략을 사용하는 FSB는 이른바 적들의 집에 침입한다. 일반적으로 여기에서 말하는 적이란 외교관과 일부 외국 기자들이다. 그러나 FSB는 국내 반대의견 탄압에도 앞장서고 있으며, 미국이나 영국 대사관에서 일하는 이들을 포함한 러시아인들을 표적으로 삼기도 한다. FSB 요원들은 팀으로 표적의 집에 침입한다. 그들은 자신들이 다녀갔다는 흔적을 남긴다. 창문을 열어놓거나 난방 장치를 꺼두고 불가사의한 경고 신호를 남긴다. 전화 코드를 빼두거나 침대 옆에 섹스 매뉴얼을 두기도 한다.

이렇게 심리적으로 위협을 가하는 방법은, 러시아 정부가 개혁을 지지하는 우크라이나 오렌지 혁명과 같은 사건이 일어날지도 모른다는 걱정에 시달리던 2004년에서 2008년 사이 푸틴의 두 번째 임기에 한층 더 광범위하게 사용됐다. 2009년 당시 미국 대사 존 베일리(John Beyrle)는 미국 국무부에 솔직한 외교 전문을 보냈다. 이는 러시아 내에서 작성되고 첼시 매닝이 유출한 외교 전보 수천 건 중에 포함되어 있었다. 내용은 다음과 같다.

"지난 몇 달 동안 모든 대사관 직원들에 대한 괴롭힘이 최근 수년간 보지 못하던 수준까지 치솟았습니다. 대사관 직원들은 언론으로부터 개인적인 중상모략과 거짓 음란 공격으로 고통받고 있습니다. 가족들은 미국 정부 공무원인 배우자가 사고로 사망했다는 전갈을 받고 정신적인 충격을 받는 피해를 입고 있습니다. 가택 침입은 훨씬 더 잦아지고 대담해졌으며, 파견근무자들에게 불리한 활동이 기록적인 속도로 계속되고 있습니다. 우리는 이런 활동이 FSB에서 비롯되었다고 믿어 의심치 않습니다."

이것이 FSB였다. 아이러니하게도 러시아 정보기관은 러시아 국민들을 대상으로 광범위한 NSA 스타일의 감시도 실시하고 있었다.

러시아 전역에 깔려 있는 원격 도청 시스템은 소름(SORM)이라고 한다. KGB는 1980년대 중반 소름의 기술적 기반을 개발했다. 이후 급속한 기술 변화에 발맞춰 업데이트를 거듭했다. 소름-1은 일반전화와 휴대전화 통신을 포착한다. 소름-2는 인터넷 통신을 감청한다. 그리고 소름-3은 모든 통신에서 내용과 기록을 포함한 데이터를 수집하고 이를 장기간 저장한다.

미국의 감독기관은 제 기능을 못하고 있다고 할 수 있겠지만, 러시아의 경우에는 아예 존재하지 않았다. 스노든 문서를 보면 NSA가 전화회사 및 인터넷 서비스 제공회사에 고객정보를 유출하도록 강요했음을 알 수 있다. 비밀 해외정보감시법에 대한 법정 명령으로 이 과정을 합법화한 것이었다. 대상 회사들은 법정에서 이런 명령에 이의를 제기할 수 있었으며, 정부기관이 무엇을 요구하고 있었는지 더 자세한 세부 내용을 밝힐 수 있도록 허용해 달라고 주장했다.

러시아의 경우 FSB 직원들 역시 표적 대상을 도청하기 위해서는 법원 명령이 필요하다. 그러나 일단 영장을 받으면 그들은 누구에게든 영장을 보여줘야 할 의무가 없다. 통신사도 고지를 받지 못했다. 러시아 정보기관 전문가 안드레이 솔다토프(Andrei Soldatov)에 따르면 FSB는 인터넷 서비스 제공회사에 연락할 필요가 없다고 한다. 대신 FSB는 보호된 케이블을 통해 ISP 네트워크에 설치된 소름 장치와 직접 연결되어 있는 FSB 본부 내 특별 통제소에 요청한다. 이런 시스템이 러시아 전역에 퍼져 있다. 모든 러시아 도시에는 지하 케이블이 있는데,

이는 FSB 지부와 해당 지역에 있는 모든 통신사를 연결한다. 그 결과 FSB는 아무런 감독을 받지 않고 야권 운동가들과 다른 '적'들의 이메일을 훔쳐볼 수 있다.

푸틴은 스노든의 망명 신청을 승인했을 때 발생 가능한 악영향을 신중히 가늠하고 있었다. 7월 24일 쿠체레나는 '스노든의 처리'가 아직 미정인 상태라고 말했다. 그동안 스노든은 모스크바 공항에 머무르고 있었다.

쿠체레나는 스노든이 러시아 내에서의 생활뿐 아니라 가능하다면 일자리까지도 장기적인 관점에서 생각 중이라는 점을 내비쳤다. 그가 러시아에 머무르려고 생각하고 있으며 '러시아 문화를 공부'하려 한다고 말했다. 보아 하니 러시아말도 몇 마디 익혀서 "안녕"과 "어떻게 지내세요?" 같은 말을 할 수 있게 된 것 같았다. 심지어 조지아 전통 치즈 빵인 카차푸리도 먹어봤다.

모스크바에 도착한 지 39일이 지난 2013년 8월 1일. 스노든은 공항을 벗어나 밖으로 걸어나왔다. 러시아가 그에게 1년간 임시망명을 허가한 것이다. 국영방송 로시야24(Rossiya24)는 스노든이 공항을 떠나는 모습을 찍은 사진을 공개했다. 그는 배낭과 커다란 여행용 가방을 들고 웃고 있었는데, 곁에는 해리슨이 동행하고 있었다. 드디어 환승구역에서 벗어나면서 그는 길 위에서 쿠체레나와 몇 마디 주고받았다. 스노든은 아무런 표시가 없는 회색 차에 올라탔다. 차가 떠났다. 스노든이 사라졌다.

쿠체레나는 새로 발급받은 스노든의 임시 문서 사본을 기자들에게 보여줬다. 러시아 입국을 허용하는 서류였다. 그의 이름 '스노든, 에드워드 조지프'가 키릴 문자로 찍혀 있었다. 지문과 새로 찍은 여권사진도 있었다. 보안 관계자는 스노든이 현지 시간으로 오후 3시 30분경에 환승구역을 떠났다고 말했다. 러시아는 그 사실을 사전에 미국에 알리지 않은 듯했다.

스노든이 '지구상 1순위 지명 수배자'인 관계로 그가 어디로 갔는지에 대해서는 어떠한 사항도 알려주지 않을 것이라고 쿠체레나는 말했다. 위키리크스는, 스노든과 해리슨이 '안전한 비밀장소'로 향했다고 발표했다. 이 글에서 스노든은 "지난 8주 동안 우리는 오바마 행정부가 국제법 및 국내법을 전혀 존중하지 않는다는 사실을 알았지만 결국에는 법이 이길 것입니다. 나는 자국법과 국제적 의무에 따라 망명을 허가한 러시아 연방에 감사를 전합니다."라고 했다.

미국은 격렬한 반응을 보였다. 백악관 측은, 오바마가 오는 9월 상트페테르부르크에서 주최하는 G20 정상회담 기간 중에 열릴 예정인 양국 간 정상회담을 취소할 것이라고 발표했다. 백악관 대변인 제이카니(Jay Carney)는 백악관이 '몹시 실망'했다고 말했다. 카니는 실질적으로 스노든이 미국의 비밀을 경쟁관계에 있는 강대국에게 건넸다는 혐의를 제기했다.

"그런 종류의 고도로 민감한 기밀정보를 안전한 지역 외에서 보유하고 있다는 사실 그 자체만으로도 엄청난 위험이자 위반 행위입니다. 그는 몇 주일 동안 러시아에 있었습니다. 그것은 해서는 안 되는 일이며, 할 수 없는 일이며, 잘못된 행위입니다."

칼을 더 깊이 찔러 넣는 일은 공화당 상원의원 존 매케인이 맡았다.

스노든이 TheTrueHOOHA 시절 칭송하던 매케인은, 백악관이 러시아 정부와의 관계를 '재정립'하려는 노력을 오랫동안 비판해왔다. 그는 이런 노력이 안 그래도 역겨운 푸틴의 행동을 더 부추기는 타협 정책이라고 봤다.

스노든은 어디로 갔을까? 붉은 광장과 크렘린은 높은 황토색 벽과 전통적인 금색 타워가 조화를 이루고 있다. 붉은 광장 끝에는 초현실적인 양파 모양 돔이 달린 상트바실리 블라제누이 대성당이 있다.

이곳에서 언덕길을 따라 메트로폴 호텔과 카를 마르크스 동상을 지나면 크고 으스스한 분위기의 고전적인 건물에 도착한다. 이 건물이 루비안카(Lubyanka)다. 한때 KGB의 본부였으며 지금은 FSB의 보금자리다. 이곳 내부 사람들은 스노든의 행방을 분명히 알고 있을 것이다. 한편 러시아 기자들은 모스크바 근처에 위치한 대통령 휴양지에 스노든이 머무르고 있을 것으로 추측했다.

내부고발자가 된 해커는 망명했다. 하지만 사람들의 이목에서 오래 벗어나 있을수록 어떤 의미에서 그는 점점 FSB에 붙잡힌 포로가 되어가는 듯했다.

12장

친구이자 적,
프레너미 시대

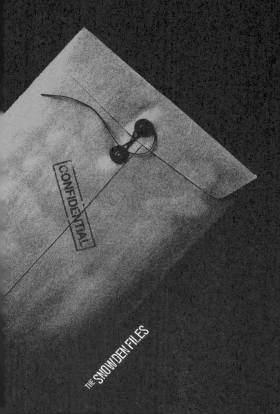

CONFIDENTIAL

THE SNOWDEN FILES

2013년 10월
동베를린 노르마넨슈트라세, 슈타지 본부

육군중령 그루비츠: "드라이먼 작품 좋지, 안 그래?"
비즐러: "나라면 그자를 감시하라고 했을 걸세."
—〈타인의 삶〉, 2004

-------------------------------------- 로비에는 염소수염을 기른 남자의
동상이 있다. 그는 레닌의 비밀경찰 수장이었던 '철'의 펠릭스 제르진
스키(Felix Dzerzhinsky)다. 벽에는 지도가 걸려 있다. 지도는 1989년 독
일민주공화국(GDR)이 갑작스레 붕괴하기 전 어떤 모습이었는지 알려
준다. 지도는 여러 구역으로 나뉘어져 있다. 공산국가 시절 수도이던
동독, 드레스덴, 마그데부르크, 라이프치히 같은 주요 도시는 굵은 활
자로 표시되어 있다.

베를린 리히텐베르크에 위치한 이 음산한 건물은 한때 슈타지라는
약어로 더 잘 알려진 동독 국가보안부의 본부였다. 슈타지는 제르진
스키가 설립한 체카(Cheka)를 본떠서 만든 기관이다. 슈타지는 범죄 수
사 업무도 했다. 동시에 비밀 정보기관이자 정치 비밀경찰이기도 했
다. 1950년부터 베를린 장벽이 붕괴될 때까지 거의 40년 가까이 슈타
지는 동독의 '적들'을 상대로 전면적인 작전을 수행했다.

이는 대부분 국내에서 실시됐다. 슈타지가 공언한 목표는 '모든 것
을 아는 것'이었다.

1층에는 이 작전을 지휘하던 인물, 즉 1957년부터 1989년까지 국가보안부 장관을 지낸 에리히 밀케(Erich Mielke)의 집무실이 있었다. 지금 기준으로 보자면 그의 집무실은 수수하다. 안락의자와 1960년대 가구들, 옛날에 사용하던 다이얼식 전화기와 전동 타자기가 있다. 옆방에는 밀케가 낮잠을 잘 때를 대비해 준비해놓은 침대 겸용 소파가 있다. 녹음기는 캐비닛으로 위장해서 설치해놓았다. 같은 층에는 대형 회의실이 있다. 밀케는 슈타지 전략가들과 회의를 할 때 언제나 대화를 녹음했다.

구소련의 기준으로 볼 때 동독은 성공작이었다. 비교적 짧은 기간 동안 동독은 역사상 가장 철저한 감시국가를 확립했다. 슈타지 요원 수는 1950년 2만 7000명에서 1989년 9만 1000명으로 증가했다. 더욱이 18만 명이 비공식 정보원으로 활동했다. 진짜 수치는 아마도 이보다 더 높았을 것이다. 그들은 친구, 직장동료, 이웃, 그리고 가족들을 감시했다. 남편들이 아내들을 염탐했다. 동독이 붕괴될 무렵에는 시민 6.5명 중 1명이 정보원이었다.

슈타지가 반대의견을 단속하기 위해 즐겨 사용하는 방법은 도청이었다. 그들은 도청하고 감청하고 감시했다. 슈타지는 우편주소 2800개를 감시했고 하루에 편지 9만 통을 몰래 열어봤다. 이것은 무척 고된 일이었다. 수집된 방대한 정보의 대부분은 정보 가치가 거의 없는 지극히 평범한 내용이었다. 그리고 1990년 1월 15일 분노한 시위자들이 밀케의 사무실을 기습해 그의 파일을 뒤집어엎으면서 슈타지는 무너졌다.

나치에 이어 공산정권이 들어선 독일의 전체주의 배경을 고려할 때 스노든의 폭로는 격분을 일으키는 문제였다. 독일인의 분노에 데르 시트스톰(der shitstorm)이라는 다소 새로운 명사가 사용됐다. 이 표현은 NSA 사건이 전 세계에 몰아치던 2013년 7월 독일 사전 두덴(Duden)에 실렸다. 데르 시트스톰은 인터넷, 특히 소셜 미디어 플랫폼에 표현된 광범위하고 맹렬한 분노를 의미한다.

국가 감시라는 문화적 기억은 독일이 통일된 이후에도 여전히 떠나지 않고 있다. 1984년 동독을 배경으로 한 영화 〈타인의 삶(The Lives of Others)〉이나 한스 팔라다(Hans Fallada)가 나치 시대 기록을 바탕으로 쓴 소설 《누구나 홀로 죽는다(Alone in Berlin)》를 비롯해 근래 가장 성공한 독일 영화와 책은 감시받던 시절의 잊을 수 없는 끔찍한 경험을 극화한 작품들이다.

이러한 이유로 독일 헌법은 프라이버시권을 명확히 규정하고 있다. 존 랜체스터(John Lanchester)는 〈가디언〉에 쓴 글에서 독일의 법률 역사는 인권 쟁취에 주력하고 있다고 언급했다. "유럽과 미국에서 시민과 국가 사이는 개인의 권리라는 추상적인 개념에 근거하고 있으며, 이 개념은 국가가 무엇을 해야 하는가에 대한 틀을 제시한다."(반면에 영국의 법은 이와 다르게 추상적인 권리의 존재가 아니라 구체적인 '부정'에 집중한다.)

독일인들은 빅 브러더 스타일의 감시를 본능적으로 싫어한다. 감시 카메라가 널려 있는 영국과 달리 독일 거리에는 CCTV가 거의 없다. 구글은 2010년 스트리트뷰 프로젝트를 추진하면서 광범위한 저항에 부딪혔다. 구글 지도에서 직접 독일을 찾아보면 여전히 모자이크 처리된 부분이 상당히 많다는 사실을 알 수 있을 것이다. 독일은 통일 후 첫 번째 인구조사 통계를 2013년 여름에야 처음 시행했다. 독일인들은 기본적으로 자신의 개인 데이터를 정부에 제공하는 것을 꺼린다. 때문에 1980년대에 실시된 인구조사에 많은 시민들은 참여를 거부했다. 아돌프와 에리히들(에리히 밀케와 독일공산당 중앙서기 에리히 호네커(Erich Honercker))의 시대는 끝났다. 적어도 독일인 대부분은 그렇게 생각했다. 9·11 테러 이후 NSA가 보인 행태는 독일 헌법을 조잡한 농담인 양 취급했다. 2013년 스노든이 폭로한 문서에 따르면 NSA 요원들은 여러 측면에서 진짜 슈타지를 능가하는 슈타지 행위를 하면서 독일을 철저히 염탐했다. 심지어 NSA는 유럽에서 가장 영향력 있는 정치인인 독일 총리 앙겔라 메르켈의 전화를 무려 10년 동안 도청했다. 메르켈은 동독에서 자랐고 감시의 눈초리가 구석구석에 숨어 있는 나라에서 사는 삶이 어떤지 직접 경험했다. NSA가 저지른 수많은 잘못된 판단 중 이는 아마도 가장 우둔한 짓, 더할 나위 없이 어리석은 행동이라고 평가할 수 있을 것이다.

이 사건은 함부르크에 본사를 둔 뉴스 잡지 〈슈피겔〉에서 NSA가 수많은 독일인들의 통신정보를 일상적으로 수집한다고 폭로했을 때 시작됐다. NSA는 평균적으로 한 달에 약 5억 건에 달하는 전화통화, 이메일, 문자 메시지를 수집한다. 이는 일반적으로 하루에 전화통화 2000만 통, 인터넷 통신 1000만 건에 달하는 양이다. 2012년 크리스마스 이브에는 NSA가 약 1300만 통에 이르는 전화통화를 수집했다고 〈슈피겔〉은 보도했다. 2013년 1월 7일, NSA는 6000만 건에 가까운 통신 접속을 감시했다. 이 데이터는 포트미드에 저장됐다.

뿐만 아니라 NSA는 미국의 외교 사명에 반하는 국가들을 상대로 복잡한 염탐 작전을 실시했다. 중국과 러시아를 상대로 실시한 도청은 설명할 수 있었다. 그들은 이념적으로 대립하는 국가였다. 그러나 NSA는 우방국의 대사관까지도 감시했다. 유출된 2010년 9월자 파일에 따르면 그 대상은 38개로서 EU 공관들과 프랑스, 이탈리아, 그리스 대사관을 비롯하여 일본, 멕시코, 한국, 인도, 터키 같은 미국 동맹국이 포함됐다.

NSA의 염탐 방법은 특출했다. 전자 통신장치와 케이블에 도청장치를 설치하고 특수 안테나를 사용하여 전송되는 신호를 수집했다. 암호명 드롭마이어(DROPMIRE)라는 프로그램 하에서 NSA는, 워싱턴 소재 EU 사무실 팩스에 도청장치를 설치했다. 또한 벨기에 수도 브뤼셀에서는 최고위 정상회담과 각료 회의가 열리는 장소인 EU의 유스투스 립시우스 빌딩을 표적으로 삼았다.

독일과 프랑스는 미국과 친밀한 우방이며 나토 회원국이다. 이들 정부는 가치관, 이해관계, 전략적 의무를 공유한다. 독일과 미국 군인들은 아프가니스탄에서 함께 싸우고 전사했다. 그러나 NSA 입장에서 프랑스와 독일은 감시하기 좋은 대상이었다. 양국 모두 감시 동맹인 파이브 아이즈의 일원이 아니었다. 그저 '제3자 외국 동맹국'이었다. NSA 내부 파워포인트 자료는 직설적으로 "우리는 제3자 외국 동맹국 대부분의 신호를 표적으로 삼을 수 있고 빈번하게 표적으로 한다."라고 말한다. 문서에 따르면 미국의 염탐 등급을 기준으로 할 때 독일은 중국, 이라크, 사우디아라비아와 같이 1급 범주에 속해 있다고 한다.

2013년 6월 오바마가 베를린을 방문할 무렵 NSA 소동은 미국과 독일 간의 관계를 압박하고 있었다. 스노든 폭로 이후 독일 논평자들은 NSA를 게슈타포에 비유했다. 이 비교는 과도한 면이 있다. 하지만 스노든의 폭로로 유발된 독일인들의 불만은 실로 엄청났다.

오바마와 메르켈은 베를린에 위치한 세탁기를 닮은 총리실에서 기자회견을 가졌다. 노먼 포스터가 설계한 투명한 돔이 덮인 라이히슈타크(독일 국회의사당 – 옮긴이)와 브란덴부르크 문으로 향하는 걸음은 짧지만 역사적인 울림, 즉 NSA 폭로를 의제로 삼는 자리였다.

오바마는 메르켈을 안심시키고자 애썼다. 그는 자신이 전임자에 대해 비판적인 입장을 취한다고 설명했다. 오바마는 미국 정보기관을 향한 '건전한 회의론'을 견지했다고 말했다. 하지만 자세히 살펴본 결과 감시 프로그램이 보안과 시민의 권리 사이에서 '적절한 균형'을 취하고 있다고 주장했다. NSA는 '매우 좁은' 범위에서 테러리즘과 대량 살상무기에 초점을 맞추고 있다고 했다. "지금 이 상황은, 우리가 독일 시민이나 미국 시민, 프랑스 시민 등 누군가의 일상적인 이메일을 샅샅이 뒤지는 차원이 아닙니다." 오바마는 NSA 시스템이 '좁은 범위에 국한'되어 있다고 강조했다. 또한 이 프로그램이 독일인을 포함하여 여러 인명을 구했다고도 말했다.

메르켈은 납득하지 못했다. 메르켈은 미국과의 정보 공유가 2007년 독일 자우어란트 지방에서 일어날 뻔한 이슬람 테러리스트의 모의를 방지하는 데 도움이 됐다는 점을 인정했다. 그렇다고 해도 독일인들은 납득하지 못하고 있었다. "우리 국민들은 어떤 형태로든 국경을 넘나드는 정보수집 가능성이 있다는 바로 그 사실을 우려하고 있습니다."

〈가디언〉을 비롯한 유럽 신문사들과의 인터뷰에서 메르켈은 가차 없이 비판했다. 그녀는 이번 스파이 스캔들이 '극도로 심각한 문제'라고 말했다. "우리 대사관에서 근무하는 직원과 EU 대표들을 도청하는 행위는 용납할 수 없습니다. 냉전은 끝났습니다. 테러에 맞서 싸우는 행위는 분명히 중요하지만 모든 일에는 반드시 균형을 고려해야 합니다."

그렇지만 메르켈은 유명한 특유의 실용주의를 이번에도 전면에 발휘하여 본격적인 대립은 피하려는 것 같았다. 그러는 동안 데르 시트스툼은 지면과 온라인 할 것 없이 독일 언론 전체를 뒤덮었다. 전반적으로 불안한 분위기였다. 독일의 지성인 한스 마그누스 엔첸스베르거(Hans·Magnus Enzensberger)는 '후기 민주사회로의 이행'을 거론했다. 확고한 보수주의자 한스 페터 울(Hans·Peter Uhl)은 이 스캔들을 가리켜 '긴급한 주의를 촉구하는 사건'이라고 했다. 우파 언론 〈프랑크푸르터 알게마이네 차이퉁(Frankfurter Allgemeine Zeitung)〉까지도 우려하는 목소리를 냈다. 신문은 자유가 '미래에 존재하려면' 스노든 파일 공개는 필수적이라고 말했다.

메르켈 총리는 2013년 9월 독일 총선을 앞두고 이 주제를 축소하고자 노력했지만 야당인 사민당은 이 화제를 오히려 확대하려고 했다. 사민당의 이 전략은 사민당 출신 전 총리 게르하르트 슈뢰더(Gerhard Schröder)가 2002년 미국과 광범위한 정보공유협정을 체결했다는 사실이 불거지면서 역효과를 낳았다.

큰 목소리를 내는 역할은 일반 독일 시민에게로 넘어갔다. 시민 수백 명이 거리로 뛰쳐나와 감시 프로그램에 반대하는 슬로건을 쓴 플래카드를 흔들었다. 메르켈의 선거 행렬을 방해하면서 부부젤라를 부는 사람들도 있었다. 베를린에서는 스노든 가면을 쓴 집단이 티어가

르텐 공원의 전승기념탑 옆에 모였다. 이곳은 2008년 당시 미국 대통령 후보 오바마가 기념비적인 외교정책 연설을 행한 장소이기도 하다. 참석자들은 '노바마(Nobama)', '지금이 1984년이다', '자유와 안보를 희생시킨 자들은 누릴 자격이 없다.'라고 쓴 배너를 들었다. 운터덴 린덴 거리를 따라 내려간 곳에서는 한때 공산당 독재정치를 상징하던 공화국 궁전 터에 인부들이 신고전주의 양식 궁전을 다시 짓느라 바쁘게 움직이고 있었다.

선거가 다가올 무렵에는 시민들의 분개도 대부분 사그라졌다. 롤란트 포팔라(Roland Pofalla) 총리실장은 NSA 사건은 '끝났다'라고 선언했다. 메르켈은 선거에서 압승을 거두며 3회 연속 선거를 승리로 장식했다. 메르켈은 지방선거에서 좋은 성적을 거둔 반면에, 데이터 보호 운동을 벌이면서 새로운 반란을 일으키던 해적당은 2.2퍼센트 득표로 주저앉으며 국회 입성에 실패했다. 〈슈피겔〉은 이 실패를 '시트스톰 대신 평온'이라는 헤드라인으로 표현했다.

그러던 중 2013년 10월 갑자기 엄청난 주장이 새롭게 터져나왔다. NSA가 메르켈 총리의 전화를 도청해왔다는 뉴스였다.

스노든이 제공한 NSA 문서에서 메르켈 총리의 휴대전화 번호를 〈슈피겔〉 측이 발견한 것이었다. 번호 옆에는 '독일 총리 메르켈'이라는 단어가 적혀 있었다. 해당 문서 S2C32는 NSA의 특별정보수집과 '유럽국가분과'에서 작성한 것이었다. 이는 일급기밀로 분류되어 있었다. 문서에는 공개된다면 미국과 '외국 정부' 간 관계에 '심각한 피해'를 줄 수 있다는 경고문이 있었다.

〈슈피겔〉이 총리실에 전화를 걸자마자 직원들이 조사에 착수했다.

그 결과는 가히 엄청난 논쟁을 불러일으킬 만한 것이었다. 그들은 메르켈 총리가 미국 도청작전의 피해자였을 가능성이 매우 높다는 결론을 내렸다. 독일 소식통에 따르면 메르켈은 격노했다고 한다. 총리 대변인 슈테펜 자이베르트(Steffen Seibert)는 이 일이 만약 사실로 밝혀진다면 '절대 용납할 수 없는', '중대한 위반 사항'이라고 분노했다.

아이러니한 일이지만 메르켈은 오바마에게 전화를 걸어 "대체 무슨 일이 일어나고 있는 것입니까?" 하고 물었다. 오바마는 변호사다운 회피 발언으로 얼버무렸다. 그는 미국이 메르켈의 전화를 도청하고 있지 않으며, 앞으로도 그런 일은 없을 것이라고 확언했다. 백악관 대변인 제이 카니는 "오바마 대통령은 메르켈 총리에게, 미국은 총리가 하는 통신 내용을 감시하고 있지 않으며 앞으로도 하지 않을 것이라고 확언했습니다."라고 말했다.

이후 NSA가 조지 부시의 첫 번째 임기 중인 2002년부터 메르켈의 전화를 도청해온 것으로 밝혀졌다. 메르켈은 개인용 전화와 업무용 전화를 따로 사용한다. NSA는 기민당(CDU) 당수 지위 역할 때 주로 사용하는 개인용 전화를 도청했다. 도청은 2013년 6월 오바마가 베를린을 방문하기 몇 주 전까지 계속됐다. 백악관 국가안보보좌관 수전 라이스에 따르면 오바마 대통령은 이 일에 관해 몰랐다고 한다.

메르켈 총리가 '핸디'(Handy, 독일어로 휴대전화)를 애용한다는 사실은 잘 알려져 있다. 실제로 메르켈은 핸디로 나라를 이끌었다. 휴대전화는 작전 센터 역할을 한다. 2008년 브뤼셀에서 열린 EU 정상회담에서 메르켈은 프랑스 대통령 니콜라 사르코지에게 이야기할 때 휴대전화를 사용했다. 두 사람은 문자 메시지를 주고받았다. 2009년 메르켈은 암호화된 스마트폰을 사용하기 시작했다. NSA는 그 암호를 푸는 방법을 알아낸 듯하다. 하지만 오바마 대통령이 도청에 대해서 몰랐다면 대체 누가 알았겠는가?

이 볼썽사나운 도청 덕분에 미국은 외교 회담에서 우위를 점할 수 있었고, 우방과 적국이 어떤 생각을 하는지도 파악할 수 있었을 것이다. 하지만 폭로가 거듭되면서 유럽, 멕시코, 브라질에서 외교적 위기를 유발하는 지금, 이 작전이 정말로 위험을 무릅쓸 만큼 가치 있는 일이었는지에 대한 의문은 당연하다.

확실히 도청 사건은 미국의 국제적 평판에 엄청난 상처를 입히고 있다. 오바마는 세계무대에서 점점 고립되어가고 있으며 이상하리만치 동맹국들의 분노를 감지하지 못하는 상태다. 부시 대통령이 아니라는 사실만으로 노벨위원회를 사로잡은 그는, 더 이상 인기인이 아니었다. 유럽인들은 그를 좋아하지 않았다. 로버트 로스먼은 "버락 오바마는 노벨평화상 수상자가 아니다. 그는 말썽꾼이다."라고 썼다. 잡지 〈슈테른〉은 표지에서 오바마를 '정보원'이라고 표기했다.

그냥 두고 볼 수 없었는지 노벨상 수상자들도 오바마를 공격했다. 500명이 넘는 세계 유명 문인들이 나서서 스노든이 밝힌 대규모 대중 감시가 세계 각지의 민주주의와 기본적인 인권을 해치고 있다고 경고했다. 성명문은 "모든 인간은 사상, 사적 공간, 의사소통에서 어떤 감시와 침해도 받지 않을 권리를 지닌다."라고 말했다. 그리고 국가와 기업에 의한 도청은 이런 기본권을 '무효'로 만들었다고 덧붙였다.

대통령이자 지식인인 오바마에게 이는 분명 뼈아픈 일이었을 것이다. 성명서 서명인 명단은 문학계 명사들의 인명록 같았다. 명단에는 노벨문학상 수상자 다섯 명을 비롯하여 수많은 명사들의 이름이 기재되어 있었다.

이미 위기 상황에 빠진 듯한 행정부에 NSA 사건은 점차 외교 대참사로 변화하고 있었다. 〈가디언〉의 외교 전문 기자 줄리안 보거는 "매번 폭로 기사가 나올 때마다 미국의 소프트파워는 출혈을 일으키고 하드파워도 그와 함께 새어나가는 듯하다. 일국의 지도자에게 중요한 우방이자 동맹국으로 여기는 국가가 자신의 휴대전화를 도청한다는 사실을 알게 되는 경우보다 더 심한 인신공격은 없을 것이다."라고 보도했다.

메르켈 총리의 휴대전화 도청 폭로로 시작된 폭풍은 〈르몽드〉가 NSA 염탐이라는 당혹스러운 주장을 추가로 보도하면서 프랑스에도 번지기 시작했다. 그린월드가 제공한 자료에 근거하여 〈르몽드〉는, 미국이 프랑스에서도 대규모 염탐 행위를 하고 있다고 폭로했다. 정

NSA 국장이자 역사상 가장 큰 권력을 누린 정보기관장 키스 알렉산더 장군. 알렉산더는 NSA가 실시한 대규모 감시 행태와 독일 총리 앙겔라 메르켈을 비롯한 동맹국을 염탐해온 일에 대해 분명한 답변을 해야 했다.

© Guardian

12장 친구이자 적, 프레너미 시대

말 믿기 힘든 수치였다. 2012년 12월 10일부터 2013년 1월 8일까지 30일 동안 NSA는 프랑스인들의 전화통화 7030만 통을 도청해 데이터를 수집했다.

〈르몽드〉에 따르면 NSA는 프랑스에서 하루 약 300만 건에 이르는 데이터 수집을 수행하는데, 2012년 12월 24일과 2013년 1월 7일 이틀에만 700만 건을 수집했다. 12월 28일에서 31일까지는 도청이 이뤄지지 않았다. NSA 요원들이 휴가라도 갔던 것일까? 문서로는 알 수 없다.

NSA 작전이 어떻게 이뤄지는지에 관해서는 아주 흥미로운 단서가 있다. 프랑스는 US-985D라는 비밀 암호명 아래에 올라 있다. 독일에도 US-987LA와 US-987LB라는 고유의 첩보 코드가 붙어 있다. 데이터 수집에는 디알티박스(DRTBOX), 내용물 기록에는 화이트박스(WHITEBOX)라는 프로그램을 사용한다. 미국 내 프랑스 외교관들을 대상으로 하는 염탐 행위에는 한층 더 은밀한 약어가 사용된다. 메르켈 총리를 염탐해온 특별정보수집과는 로마와 밀라노의 대사관 '현장'에서 이탈리아 지도부마저 도청하고 있었다. 수백만 건의 이탈리아 메타데이터가 수집됐다.

이에 대한 프랑스 정부의 반응은 복합적이었다. 프랑스 주재 미국 대사 찰스 리브킨은 의례적으로 호출을 받아 이를 해명하라는 요구를 받았다. 고군분투 중인 프랑스 대통령 프랑수아 올랑드는 오바마에게 전화를 걸어 항의했고, 외무부 장관 로랑 파비위스는 "이 사건을 절대 용납할 수 없다."라고 했다. 프랑스 내무부 장관 마누엘 발스는 "새로운 통신기술과 관련하여 원칙이 분명히 필요하다."라고 말했다.

그러나 프랑스의 반응은 독일에 비해 가벼웠고 분노도 약했다. 6월에 올랑드 대통령은 대서양 동맹 논의를 중단하려는 제스처를 보였으나, 전반적으로 그의 반응은 미온적이었고 국내 유권자를 겨냥한 정치적 수사일 뿐이었다. 〈르파리지앵〉이라는 일간지는 이런 태도를 가리켜 '신사적'이라고 묘사하기도 했다. 프랑스가 자체적으로 염탐 작전을 수행하고 있고 산업 스파이 분야의 선두주자라는 사실은 모두가 알고 있었다. 더욱 중요한 부분은 프랑스 정부가 명백하게 미국 정부와 우호적인 관계를 유지하고 싶어 한다는 사실이었다. 그렇다고는 해도 프랑스 정치인들은 NSA의 저인망식 대규모 정보수집 행태에 정말로 놀란 듯한 기색이었다.

이때까지 미국은 우려를 표시하는 전 세계 동맹국들에 대해 똑같은 상투적인 대응을 하고 있었다. 백악관은 프랑스를 비롯하여 불만을 품은 유럽인들이 제기한 문제가 '정당하다'라고 말하면서 미국 정부는 안보와 프라이버시 사이에서 '적절한 균형을 취할 수' 있도록 '정보를 수집하는 방법'을 검토하고 있다고 덧붙였다. 반면에 국가안보회의 대변인 케이틀린 헤이든은 "미국은 모든 국가들이 수집하는 유형의 국외 정보를 수집합니다."라고 말했다. 바꿔 말하면 "우리는 댁들을 염탐하고 댁들은 우리를 염탐합니다. 이제 좀 그만하세요."라는 뜻이다.

국회를 오도하던 장본인 국가정보국 국장 제임스 클래퍼는 〈르몽드〉가 사실을 잘못 파악했다고 말했다. 클래퍼는 프랑스 국민의 전화통화 7030만 건을 NSA가 기록했다는 주장을 부인했다. 그는 자세한 설명은 하지 않았지만 NSA는 메타데이터만을 수집했다고 암시하는 듯했다. 그는 유럽인들을 대상으로 한 이 같은 스파이 행위 뒤에는 자국 정보기관이 있다고 시사했다. 그의 말은 유럽인들이 위선자라는 뜻이었다. 클래퍼 말이 사실이었을까?

답을 말하자면 어느 정도는 사실이다. NSA에 비해 자원은 적지만 서유럽 정보기관들 역시 스파이 활동을 해오고 있다. 그들은 미국 정보기관과 긴밀하게 협력했으며 수십 년 동안 그래 왔다. 예를 들어 독일 정보기관인 연방정보부(BND)는 메타데이터를 포함한 정보를 NSA와 공유했으며, 자체 디지털 스파이 시스템인 미라4(Mira4)와 베라스(Veras) 사본까지도 건넸다. 스노든도 기자 겸 인터넷 자유 운동가 제이콥 애플봄에게 NSA는 독일을 비롯한 '그 외 서유럽 국가 대부분'과 '한 지붕 아래'에 있다고 말하면서 이렇듯 밀접한 관계를 시사했다.

이 같은 협력 관계의 규모는 다소 혼란스럽다. 그린월드가 노르웨이 유력 신문 〈다그블라데트〉와 공유한 스노든의 슬라이드는 NSA 측이 노르웨이에서 매일 전화 120만 통을 빨아들인다고 시사한다. 그러나 노르웨이 군사정보기관은 그 슬라이드가 잘못 해석됐다고 말했다. 이 기관은, 노르웨이가 아프가니스탄에서 온 전화를 수집하여 이를 포트미드로 전달한다고 말했다. 하지만 이 주장은 '이 임무는 절대 잠들지 않는다.'라는 부제가 달린 NSA 자체 파워포인트와 잘 들어맞지 않는다. 파워포인트 내용을 보면 프로그램 내에서 메타데이터가 해당 국가에서 수집되어 NSA로 건네지는 것이 아니라 그 국가를 대상으로 NSA가 수집한다고 명확히 기록되어 있다. 각 국가마다 슬라이드가 있는데, 노르웨이와 아프가니스탄 슬라이드가 별도로 존재한다.

큰 그림은 명확하다. 그리고 골치 아프다.

다른 기관의 도움을 받았건 안 받았건 간에, NSA는 모든 이들의 통신 내용을 빨아들이고 있었다. 〈르몽드〉가 입수한 한 문서에는 2013년 2월 8일에서 2013년 3월 8일 사이 NSA가 전화 데이터 1248억 건과 컴퓨터 데이터 971억 건을 수집한 것으로 드러났다. 이 수치는 전 세계를 대상으로 한 것이었다. 〈르몽드〉는 사설에서 신기술이 '빅 브러더' 행성을 가능하게 했다고 언급했다. 어떤 국가가 역할을 했는지는 명백하다.

NSA의 핵심 임무는 국가 보안이다. 적어도 원래 목표는 그랬다. 하지만 2013년 말 현재 NSA가 수행하는 정보수집 작전의 목적은 그보다 훨씬 단순한 강대국 지위 유지에 있는 듯하다.

이후 메르켈이, NSA가 휴대전화를 도청한 유일한 외국 지도자가 아니라는 사실이 드러났다. 〈가디언〉이 보도한 2006년 NSA 메모에 따르면 NSA는 최소 35명의 세계 지도자들을 도청 중이었다. NSA는 주요 외국 정치인의 전화번호를 NSA 감시 시스템에 추가할 수 있도록 백악관, 국무부, 국방부와 같은 다른 '고객' 부처에 '롤로덱스(러버 메이드에서 판매하는 명함정리기 - 옮긴이)'를 공유해 달라고 요청했다. 한 열성적인 관료는 세계 지도자 35명을 포함하여 전화번호 200개를 제공했다. NSA는 즉시 이를 감시 대상 '과제'로 추가했다.

이후로도 NSA는 브라질 대통령 지우마 호세프와 멕시코 대통령 엔리케 페냐 니에토를 비롯해 다른 지도자들 역시 표적으로 삼았다. 양국 모두 미국과 긍정적인 관계를 맺고 있었다는 점을 고려할 때 이 행위는 이해하기 어렵다. 호세프의 전임자인 좌파 포퓰리스트 루이스 이나시우 룰라 다 실바는 당시 이란 대통령 마무드 아마디네자드를

12장 친구이자 적, 프레너미 시대

초대해 미국 정부를 언짢게 했다. 그러나 2011년 대통령으로 당선된 호세프는 백악관과의 관계를 개선하고자 노력했다. 호세프는 테헤란과의 관계를 멀리하고 이전에 브라질 방문 일정을 취소한 적이 있는 오바마를 브라질로 초청했다.

NSA는 이런 좋은 분위기에 관심이 없었다. NSA 직원들이 알고 싶어 하던 부분은 호세프의 개인적인 생각이었다. 〈슈피겔〉이 입수한 NSA 슬라이드에 따르면 NSA 분석가들은 호세프의 메시지에 접근하는 데 성공했다. 〈슈피겔〉은 '브라질 대통령 지우마 호세프와 주요 보좌관들의 의사소통 방법과 관련된 선택장치(selsector)'를 포트미드가 조사했다고 보도했다. NSA는 호세프의 중추 세력 안에서 '고가치 표적'을 발견하기도 했다.

NSA는 민주적 절차에 기초해 당선된 지도자들을 도청함과 동시에 브라질에서 가장 중요한 회사인 국영 석유회사 페트로바스를 비밀리에 표적으로 삼아 감시하고 있었다. 페트로바스는 세계 30대 기업 중 하나다. 주식 과반 이상이 국가 소유인 페트로바스는 브라질 정부의 주요 수입원이다. 페트로바스는 대서양 해저에 위치한 거대 유전 여러 곳을 새로 개발 중이었다.

그린월드가 브라질의 뉴스 프로그램 〈판타스치쿠(Fantastico)〉에 제공한 파일에 따르면 NSA는 페트로바스의 가상사설망을 뚫고 들어갈 수 있었다고 한다. NSA는 이 작업에 암호명 블랙펄(BLACKPEARL)이라는 비밀 프로그램을 사용했다. 블랙펄을 사용하여 침입한 표적 중에는 국제 계좌이체에 사용되는 은행 공동망(Swift network), 프랑스 외무부, 구글이 있다. '네트워크 이용'이라는 제목의 별도 GCHQ 문서를 보면 영국과 미국이 에너지 회사, 금융 기관, 항공사, 외국 정부의 전용 네트워크 통신을 일상적으로 감시한다는 사실이 암시되어 있다.

당연하게도 호세프는 NSA의 염탐 행위를 달가워하지 않았고 브라질 주권을 침해한 터무니없는 행위로 간주했다. 백악관은 호세프의 항의에 독일과 프랑스에 대처하던 방식 그대로의 일반론으로 응답했다. 9월에 호세프는 10월 23일로 예정되어 있던 워싱턴 공식 방문을 취소할 것이라고 발표했다. 오바마는 호세프에게 전화를 걸어 마음을 되돌리고자 했으나 허사였다. 브라질 정부는 "적절한 조사가 이뤄지지 않는다면 워싱턴 방문은 성사되지 않을 것이다."라고 말했다.

아무리 좋게 봐도 브라질에서 NSA가 취한 행동은 의심할 나위 없이 비우호적이다. 나쁘게 보자면 이는 명백한 산업 스파이 행위였다. 미국은 중국이나 러시아가 이 같은 짓을 했을 때 맹렬하게 규탄했다. NSA는 자신들이 한 행위는 이와 다르다고 주장하면서 〈워싱턴포스트〉에 "NSA는 사이버 공간을 포함하여 그 어떤 영역에서도 경제 스파이 행위에 관계하고 있지 않다."라고 말했다. 클래퍼는 다소 짜증스러운 어투로 미국은 미국 기업에 경쟁우위를 부여하기 위해 외국 기업체로부터 기업비밀을 훔쳐 미국 회사에 건네주는 일은 하지 않았다고 주장했다.

그러나 NSA의 목표를 옹호하는 클래퍼의 모호한 변명은 호세프의 노여움을 달래지 못했다. 호세프 대통령은 9월 UN 총회 연설에서 미국이 '글로벌 전자 스파이 네트워크'를 운영 중이라는 사실이 폭로되면서 전 세계의 분노를 사고 있다고 맹렬하게 비난했다. 호세프는 이런 행위가 우호국 간 관계에 상처를 입힐 뿐 아니라 국제법 위반이라고 지적했다. 그녀는 NSA가 테러리즘에 맞서 싸우고 있다는 주장 역시 일축하면서 "브라질은 스스로를 방어하는 방법을 압니다."라고 말했다.

그런가 하면 미국 남쪽에 접한 인접국 멕시코는 한층 더 심한 침해를 받았다. 〈슈피겔〉에 따르면 NSA는 니에토 대통령과 그의 전임자이자 친미 성향을 지닌 펠리페 칼데론을 대상으로 정교한 스파이 작전을 실시했다고 한다. 특별 NSA 부서인 맞춤형접근부서(TAO)가 이 민감한 임무를 수행했다.

2010년 5월 TAO는 칼데론 대통령의 공무용 이메일 계정을 관리하는 메일 서버를 해킹하는 데 성공했다. 멕시코 내각 관료들 역시 같은 도메인을 사용했다. NSA는 무척 기뻐했다. 이제 NSA는 '멕시코 정치 체계 및 내부 안정성에 대한 통찰력'을 제공하는 '외교, 경제 및 리더십 의사소통 내용'을 읽을 수 있었다. 이 작전의 이름은 플랫리퀴드(FLATLIQUID)였다. 2년 후에도 NSA는 비슷한 작전을 실시했다. 브라질 TV 글로보에 따르면 NSA는 페냐 니에토가 대통령 후보였을 때 그의 개인 이메일을 읽는 데 성공했다.

미국이 멕시코에서 은밀하게 작전을 수행하는 주요 목적은 멕시코의 마약 범죄조직을 예의 주시하는 것이다. 〈슈피겔〉이 입수한 2013년 4월자 비밀문서는 미국 정부의 우선순위를 '1'(높음)에서 '5'(낮음)로 표시했다. 멕시코 마약 거래는 1이다. 리더십, 군사력 및 대외 무역 관계는 3이고 방첩활동은 4다. 2009년 8월 작전에서는 멕시코 공공보안사무국 고위직들의 이메일 계정을 성공적으로 해킹하여 마약 조직, 그리고 '외교적 논란거리'와 관련된 유용한 정보를 수확했다.

이 같은 스파이 행동은 어떻게 이뤄졌을까? NSA는 이브닝이젤 (EVENINGEASEL)이라는 작전을 통해 멕시코의 휴대전화 네트워크를 감시하는 것으로 추정된다. 텍사스 주 샌안토니오에 있는 NSA 기지와 멕시코시티 및 브라질리아에 있는 미국 감청기지가 이 작전에 관여하고 있다.

NSA는 어마어마한 자원을 보유하고 있다. 2012년 초여름 니에토 대통령이 마약 범죄조직 퇴치를 담당하는 자원을 다른 곳으로 돌릴 수도 있다는 정보에 놀란 NSA는 니에토 및 측근 9명의 휴대전화를 철저히 감시했다. 소프트웨어를 사용하여 니에토 대통령의 중요 연락처를 걸러낸 다음 그 번호들 역시 감시했다고 〈슈피겔〉은 전했다.

2014년에 접어들자 스노든 폭로로 인한 파문이, 위키리크스가 유발한 파문보다 훨씬 더 크다는 사실이 명확해졌다. 2010년 말 비밀 미국 외교 전보문서가 세계에 공개됐을 때도 분명히 상당한 영향을 미쳤다. 일부 미국 대사들이 자리에서 물러나야 했고 일부는 근무처를 옮겼다. 전보문서는 아랍의 봄에 반영되어 튀니지, 리비아, 이집트에서 부패 정권에 대한 대중들의 분노가 구체적인 형태로 드러났다. 부정적인 결과만 불러온 것은 아니었다. 역설적이게도 미국 외무부 직원들의 평판은 올라갔다. 미국 외교관들은 대체로 지적이고 원칙에 충실하며 열심히 일한다는 사실이 알려졌다. 개중에는 뛰어난 문학적 재능을 지닌 이들도 있었다.

하지만 스노든 파일 폭로의 결과는 훨씬 더 엄청났다. 미국이 외국 지도자들뿐 아니라 전체 민간인들을 감시하고 있다는 사실과 대면하면서 마치 세계 질서가 천천히, 그리고 일관적이지는 않은 모습으로 재편되는 듯했다. 유럽 동맹국, 그리고 경쟁국인 권위주의 국가들에 남은 과제는 어떻게 반응할 것인가라는 문제였다. NSA는 가치와 역사를 공유하는 친밀한 미국 동맹국을 사실은 진짜 동맹이라고 전혀 생각하지 않는 듯했다. 그보다는 친구인 동시에 적이기도 한 '프레너미'(frenemy)로 보았다.

'핸디 위기'를 치른 후 메르켈은 동맹국 간 스파이 행위를 규제하는 새로운 체제를 요청했다. 스노든 사건 발생 초기에 NSA와 독일 연방 정보부는 어떻게든 위기를 모면해보려고 노력했다. 메르켈과 올랑드는 새로운 범대서양 스파이 금지협정을 2013년 말까지 타결하길 바란다고 말했다. 보안 및 정보기관의 행태를 규제하게 될 이 행동수칙에는 영국을 비롯한 EU 국가들이 자유롭게 가입할 수 있었다.

그동안 메르켈은 오바마 행정부가 확실한 답변을 주지 못하는 진실에 관심을 쏟고 있었다. 메르켈은 특히 독일인에 대한 NSA 감시작전 범위를 알고 싶어 했다. 동시에 자신의 개인 상황에 관해 좀체 사라지지 않는 의문도 있었다. 대체 누가 이 일을 승인했을까? 이를 정당화한 이유는 무엇이었을까?

문서들의 내용으로 미루어 짐작할 때 NSA와 GCHQ는 해외 대사관을 해당 주재국을 감시하는 감청기지로 사용해온 것 같았다. 베를린의 경우 이는 특히 뻔뻔스러운 일이다. 파리저 광장에 위치한 미국 대사관은 국회의사당 및 메르켈의 집무실에서 겨우 몇백 미터 떨어진 곳에 자리한다. 그곳에서 NSA와 CIA는 정부 청사 전체를 염탐할 수 있다. 〈슈피겔〉은 대사관 지붕 위로 삐죽 튀어나온 안테나에 '둥지'라는 이름을 붙였다.

다른 나라들도 마찬가지였다. 2010년 NSA는 전 세계적으로 80개에 이르는 대사관 스파이 기지를 운영했다. 그중 19개는 파리, 마드리드, 로마, 프라하, 그리고 스노든이 CIA 직원으로 일하던 제네바를 포함한 유럽 도시였다. NSA는 프랑크푸르트에서도 감청기지를 운영해왔다.

파이브 아이즈에 속한 다른 동맹국들도 나름대로 염탐을 하고 있었다. 〈가디언〉 오스트레일리아와 오스트레일리아방송공사(ABC)가 공동으로 보도한 스노든 문서에 따르면 오스트레일리아의 정보기관은 인도네시아 대통령 수실로 밤방 유도요노와 영부인 아니, 그리고 고위 각료들과 절친한 지인들을 도청해왔다고 한다. 이 극비 슬라이드 프레젠테이션 자료는 오스트레일리아 국방부와 국방신호국이 작성한 것이다. 도청은 2009년 11월부터 시작됐다. 한편 유출된 다른 문서는 NSA가 2010년 토론토에서 열린 G20 정상회담에 참석한 국가 정상 25명을 염탐했다는 사실을 증명했다. 이 은밀한 작전은 오타와 미국 대사관에서부터 시작됐다. 이 작전에는 캐나다 정보기관 캐나다통신보안국(CSEC)이 긴밀하게 협조했다.

독일, 멕시코, 브라질 정상들과 마찬가지로 인도네시아 대통령 역시 오스트레일리아의 비우호적인 행동에 불같이 화를 냈다. 그는 오스트레일리아 정부와 외교관계 수준을 격하시키고 밀입국과 난민문제 같은 쟁점에 협력하지 않기도 했다. 오스트레일리아 총리 토니 애벗은 사과를 거부했다. 또한 염탐 행위가 있었는지 여부를 확인해주지도 않았다. 오스트레일리아 내에서 일어난 논쟁은 몇몇 정치인들과

12장 친구이자 적, 프레너미 시대

머독 소유 신문들이 기사를 터트린 언론기관을 공격하는 형상으로 이어져 영국의 답답한 예를 그대로 반복했다.

유럽에서는 분개한 정치인들이 스노든 폭로에 대한 대응책을 만들어내고자 노력 중이었다. 이 주제는 브뤼셀에서 열린 EU 정상회담의 지배적인 안건이었다. 메르켈은 자리에 참석한 유럽 지도자들에게 당면한 쟁점은 자신의 휴대전화가 아니라 그 사건이 대표하는 바, 즉 '수많은 유럽 시민들의 전화'라고 말했다. 독일 정치인들은 미국과의 무역협정에 대한 논의를 백악관이 납득할 만한 대응을 보일 때까지 유보할 것을 공식적으로 요구했다. 모스크바에 있는 스노든에게 증언을 듣자는 요구도 제기되었다. 그리고 메르켈이 거절한 스노든의 망명 신청을 받아들이자는 요구도 있었다.

EU 정상회담으로 영국은 난처한 입장에 놓이게 됐다. 데이비드 캐머론은 은근한 비판의 대상이 됐다. 그는 GCHQ가 전 세계 지도자 도청에 개입됐는지, 또는 메르켈 총리의 휴대전화 도청 정보를 본 적이 있는지에 관한 발언을 거부했다. NSA가 수집한 정보는 GCHQ와 공유했을 가능성이 매우 높다. 심지어 해당 도청행위가 노스요크셔에 위치한 NSA 유럽 본부인 멘위드 힐을 통해 실행됐을 가능성도 컸다. 그러나 캐머론 총리는 그저 영국의 '용감한 정보요원들'을 두둔하기만 했다.

유럽의회는 데이터 프라이버시를 강화하는 엄격한 규정을 새롭게 제의했다. 종국적인 규정의 목표는 NSA 서버로 이어지는 구글, 야후, 마이크로소프트 같은 회사들이 유럽연합 시민들의 정보를 수집하지 못하도록 하는 것이다. 프리즘에 맞서는 명백한 대처법인 이 제안은

EU 정보를 EU 이외 국가와 공유하지 못하도록 제한하고자 했다. 또한 EU 시민들에게 자신의 디지털 기록을 인터넷에서 삭제할 수 있는 권한을 부여하고, 해당 규정을 어기는 기업들에 대해서는 무거운 벌금을 부과하도록 했다.

이 조치는 유럽연합 집행위원회가 2012년에 제시한 원래 제안에 포함되어 있었으나 미국의 로비로 중간에 탈락했다. 미국은 이 같은 새로운 규제가 비즈니스에 바람직하지 않다고 주장했다. 실리콘 밸리도 동조했다. 그러나 NSA 스파이 혐의는 규정 개혁을 원하던 이들에게 추진력을 제공했다.(결국 영국이 미국 구하기에 나서 캐머론이 2015년까지 새로운 규칙 시행을 연기하기로 EU 동맹국들을 설득했다.)

이 같은 EU의 대응은 스노든 파일 폭로 이후 발생한 인터넷의 '탈미국화' 추세의 폭넓은 노력 가운데 일부다. 2012년에 이미 러시아, 중국 및 중동국가들은 사이버 공간을 더 강력하게 국내 지배 아래 넣으려는 움직임을 나타냈다. 이제 유럽과 라틴아메리카 역시 같은 길을 가려 하고 있었다. 브라질과 독일은 NSA 스파이 행위에 경계선을 긋기 위해 UN 총회에 제출할 결의안 작성에 착수했다.

'사이버 주권'이 새로운 유행어로 등장했다. NSA의 스파이 행위에 불만을 품은 미국 동맹국들은 NSA가 국내 데이터에 접근하지 못하도록 만들려는 목표를 공유했다. 러시아를 비롯한 권위주의 국가들에 대해서는 보너스가 더해졌다. 인터넷에 대한 국가 통제가 커지면 자국 국민을 감시하고 반대의견을 단속하기가 더 쉬워질 터였다.

가장 거센 반응을 보인 나라는 브라질이었다. 호세프 대통령은 10월에 남아메리카와 유럽을 연결하는 해저 케이블을 새로 건설하겠다는 계획을 발표했다. 이론적으로 볼 때 이 계획은 미국을 차단하고 NSA가 브라질 국민의 정보를 빼돌리기 어렵게 만든다. 또한 호세프는 구글을 비롯한 미국 거대 기술기업이 브라질 사용자에 대한 데이터를 브라질 현지 서버에 저장하도록 강제하는 법률 제정을 숙고했다. 그러는 와중에 연방 공무원들은 고도로 암호화된 이메일 형식을 채택하라는 명령을 받았다. 이 정책은 스노든의 폭로 이후 급물살을 탔다.

일부 전문가들은 브라질의 반격이 효과를 발휘할지 의문을 가졌다. 그들은 구글을 대체할 라이벌 기업을 브라질이 내놓지 못한다면, NSA는 필요할 경우 법원 명령을 신청하여 여전히 브라질 국민의 데이터를 손에 넣을 수 있을 것이라고 지적했다. 어느 쪽이든 스노든의 폭로는 구글의 CEO 에릭 슈미트가 말하는 인터넷의 '발칸화'를 유발하는 계기가 된 듯하다. 슈미트는 만국의 도구여야 하는 인터넷이 분열되고 '특정 국가에 국한'될 위기에 놓였다고 경고했다.

독일에서는 정부를 등에 업은 도이체텔레콤이 새로운 전국 인터넷 네트워크를 건설할 계획을 내놓았다. 도이체텔레콤의 슬로건 '독일산 이메일'은 이메일 프라이버시와 관련하여 소비자들이 독일산 식기세척기에 바라는 수준과 동일한 신뢰를 가져도 좋다는 의미를 내포했다. 독일 사용자 간에 주고받는 이메일은 더 이상 미국 서버를 거치지 않아도 된다. 통신 트래픽은 대부분 EU 솅겐 조약(유럽연합 회원국들 간에 체결된 국경개방조약으로 현재 영국은 미가입 상태 – 옮긴이) 가입국 내에서 오갈 것이다.(이는 영국을 배제하는 데 도움이 된다). 도이체텔레콤의 계획은 참견하기 좋아하는 영어권 스파이들과 거리를 두려는 열망을 담은 것이다.

스노든 사건 중 예측하지 못한 상황은 아마도 타자기의 귀환일 것이다. 인도 정부는 자국 외교관을 NSA가 도청했다는 사실을 안 직후에 구식 기술로 되돌아왔다. 2013년 여름부터 런던 주재 인도 고등판무관 사무실은 타자기를 다시 사용하기 시작했다. 고등판무관 자이미니 바그와티는 〈타임스오브인디아〉에 일급비밀은 전자문서 형태로 저장하지 않는다고 말했다. 외교관들은 바깥으로 산책을 나가는 일이 잦아졌다. "기밀정보는 더 이상 대사관 건물 내에서 논의하지 않습니다. 민감한 주제를 논의해야 할 때마다 밖으로 나가야 하는 상황에 진저리가 납니다."

러시아 정부 역시 같은 결론에 도달했다. 스노든을 보호하고 있다는 러시아 FSB의 극비 부서 연방경호청(FSO)은 타자기를 대량으로 주문했다.

의사소통을 완전히 바꿔놓은 개인용 컴퓨터 혁명은 갑자기 중단됐다. 프라이버시를 중시하는 이들은 인터넷 이전 시대로 복귀하는 중이다. 타자기, 친필 메모, 은밀한 만남이 다시 유행하고 있다. 전서구가 복귀하는 것도 분명 시간문제다.

NSA의 어설픈 국제 스파이 작전은 표적 정보와 더불어 수많은 부수적 정보도 함께 수집했다. 한 문서는 이슬람 '급진주의자' 여섯 명의 평판을 악화시키기 위해 NSA가 포르노 시청 버릇까지도 염탐하고 있었다고 밝혔다. 이들 중에 실제로 테러리스트는 아무도 없었다. 개인의 사적인 인터넷 검색 활동을 염탐하는 행위에서는 처치위원회 (Church committee: 워터게이트 사건 이후 정보기관 개혁을 위해 국회에 구성된 위원회

－옮긴이)로 이어지던 부당한 감시 행위와 같은 냄새가 난다.

역사는 되풀이된다는 분명한 느낌이 있었다. 일부 노련한 전문가들은 비슷한 염탐 활동을 미국이 수십 년 동안 계속해왔다고 넌지시 말했다.

독일 보안기관 감독을 담당했던 전 독일 국회의원 클라우스 아른트는 현재 진행 중인 스노든 사건에서 예전 스캔들이 되풀이되는 양상을 보았다. 아른트는 〈슈피겔〉을 통해 1968년까지도 미국은 예전 한때 그랬듯이, 서독에서 점령군처럼 행세하면서 원하는 대상은 누구라도 도청했다고 말했다. 그 이후에 미국은 감시 행위를 하기 위해 독일 공무원에게 허가를 받아야 했다. 하지만 서베를린에서 미국은 1990년까지 '지금 막 쳐들어온 양' 행동했다고 아른트는 말했다.

미국이 현재 사용하는 방법은 어떨까? 아른트는 무차별 수집은 비효율적이며 거대한 '데이터 더미'를 감정하기란 사실상 불가능하다고 말했다. 그럼에도 불구하고 미국 정보기관은 항상 '정보에 환장'했으며, 독일에서 그들은 여전히 '주도권을 장악'하고 있다고 아른트는 말했다.

그는 스노든의 폭로가 미친 영향을 한 문장으로 정리했다.

"이론적으로 우리는 주권국가입니다. 그러나 실제로는 그렇지 않습니다."

13장

애국자
VS.
반역자

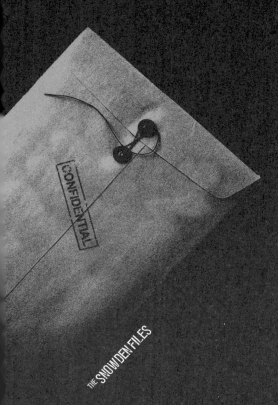

2013년 여름부터 겨울까지
뉴욕 8번가, 〈뉴욕타임스〉 사무실

"당신 여기 자주 오는군요. #NSA작업멘트"
—트위터에 올라온 농담

―――――――――――――――――――――――――― 그 방은 꾸며놓은 벽장 같았다. 타
계한 아서 슐츠버거 시니어가 소유하던 그림 몇 점이 벽에 세워져 있
다. 한 그림에는 시가를 피우는 신문기자가 있고, 그 위에는 "빅 브러
더가 당신을 지켜보고 있다."라는 문구가 적혀 있다.('아서가 돌아오면' 이
들 그림에 대해 비평할 것이라고 적힌 메모가 있다. 그는 2012년에 사망했다.) 방에는
기다란 형광등, 작은 테이블 의자 두 개가 있다. 창문은 없다. 금속 선
반 위에 크림색 봉투 박스가 있다. 봉투는 아서 시니어의 후계자이자
〈뉴욕타임스〉의 현재 발행인인 아서 슐츠버거 주니어가 사용하는 것
이다. 바깥 복도에는 퓰리처상을 받은 〈뉴욕타임스〉 기자들의 사진이
걸려 있다. 그들은 탁월한 기자들이다. 직원 식당에서는 지적인 수다
소리가 들려온다.

　〈뉴욕타임스〉 사무실은 뉴욕 중간지구인 8번가에 있다. 이 신문사
의 임원용 문구 창고는 스노든 사건에서 예상 밖의 역할을 하게 되었
다. 〈가디언〉은 런던에서 더 이상 보도를 할 수 없게 된 이후부터 바
로 이곳에서 〈뉴욕타임스〉와 함께 협력하여 NSA 파일 관련 보도를

계속했다. 창고는 비좁았다. 동시에 지극히 안전했다. 접근은 극도로 제한됐다. 경비 요원이 지키고 섰으며, 비디오카메라를 설치하고도 보조 수단을 동원했다. 미국 땅은 그곳에서 일하는 기자들이, 데이비드 캐머론이 통치하는 런던에서는 누릴 수 없는 무언가를 향유할 수 있다는 뜻이었다. 바로 미국 헌법이다.

미국 오바마 행정부는 EU 조직, UN 표현의 자유 특별보고관을 비롯해 전 세계가 규탄하는 〈가디언〉의 하드 드라이브 파괴 사건과 거리를 두었다. 백악관이 스노든 폭로 기사에 불쾌감을 느낀 것은 분명하다. 하지만 수정헌법 제1조가 언론자유를 보장한다는 사실은 주지하고 있었다. 백악관 관료들은 그 같은 파괴 행위가 미국에서는 일어날 수 없다고 말했다.

GCHQ 호빗들의 감독 아래 하드 드라이브를 파괴한 지 이틀이 지났을 때 영국 정부는 러스브리저에게 한 가지를 더 요구했다. 그들은 미국 언론 협력사를 밝히라고 〈가디언〉에 요구했다. 러스브리저 편집장은 〈가디언〉이 〈뉴욕타임스〉와 비영리단체인 프로퍼블리카와 함께 일하고 있다고 말했다.

이 정보와 관련해 영국 외무부가 뭔가 행동을 취한 것은 그로부터 3주 반이 지났을 때였다. 8월 13일 주미 영국 부대사 필립 바턴이 드디어 〈뉴욕타임스〉 편집국장 질 에이브럼슨에게 전화를 걸었다. 그는 에이브럼슨에게 만나고 싶다고 했다. 안 그래도 에이브럼슨은 워싱턴 DC에 갈 예정이었다. 에이브럼슨은 공세에 시달리는 국가정보국 국장 제임스 클래퍼를 만나기로 했었다. 안건은 스노든 관련 문제가 아니라 미국 행정부가 〈뉴욕타임스〉 기자들, 특히 정보 사안을 취재하는 기자들에게 압력을 가하는 문제였다.

에이브럼슨은 "우리는 국가 안보를 다루는 민감한 기사를 수십 년 동안 보도해왔습니다."라고 말한다. 아서 슐츠버거 시니어가 발행인을 맡던 1972년 〈뉴욕타임스〉는 펜타곤 문서를 보도했다. "우리는 절대 무신경한 태도를 취하지 않습니다. 우리는 고위 행정부 관료들이 하는 말을 진지하게 받아들입니다. 하지만 테러와의 전쟁이 벌어지고 있다면 사람들은 그 전쟁의 규모를 알아야 합니다."

바턴 부대사는 에이브럼슨을 영국 대사관으로 초대했다. 러스브리저는 염탐당할 위험이 있으니 그렇게 하지 않는 것이 좋겠다고 조언했다. 에이브럼슨은 결국, 엄밀히 따지자면 영국 영토인 대사관이 아니라 부대사의 거주지에서 만나기로 약속했다. 영국 스파이들이 대사관까지 올는지 누가 알겠는가? 바턴은 에이브럼슨을 만나자 스노든 문서를 반환하든가, 아니면 폐기해 달라고 요청했다. 그는 영국 관련 폭로로 인해 영국 정부가 우려하고 있다고 염려했다. 에이브럼슨은 스노든 문건을 〈뉴욕타임스〉가 가지고 있는지에 대해 인정하지도 않고 부인하지도 않았다. 그저 가서 생각해보겠다고 얘기했다.

이틀 후 에이브럼슨은 바턴에게 전화를 걸어 〈뉴욕타임스〉는 그의 요청을 정중히 거절하겠다고 이야기했다. 에이브럼슨은 "만남은 예상과 딴판이었습니다. 그들은 그 후로 아무런 연락도 하지 않았어요."라고 말했다. 영국 외무부는 다만 공식적인 대응을 고려하고 있는 것 같았다. 러스브리저는 스노든 파일이 여러 관할권에 존재한다는 점을 명확히 밝혔다. 영국 정부가 알고 있는 바와 같이 뉴욕 소재 프로퍼블리카 역시 몇 달 동안 〈가디언〉과 함께 일해왔다. 영국 정부는 이들에게 접근하려는 그 어떤 시도도 하지 않았다.

그해 여름과 가을 〈가디언〉 미국은 몇몇 걸출한 특종 기사를 냈었다. NSA가 세계 지도자 35명을 염탐하고 있었고 암호를 풀었으며, GCHQ와 협력하여 영국 시민들을 염탐하고 있다고 폭로했다. 이는 집권 말기 토니 블레어가 미국에 선사한 작별 선물인 듯하다. NSA는 미국의 국익을 위해 필요하다고 느낄 경우 GCHQ 모르게 영국을 염탐하는 절차도 작성했다. 이는 가장 비신사적인 행동이었다. 파이브 아이즈 협정에 따라 영국과 미국은 서로를 염탐하지 않기로 합의했다. NSA가 우연이든 아니든 간에, 캐머론을 도청했는지 여부는 확실하지 않다. 그러나 그의 교섭 담당자들은 일부 포함되어 있었다.

이 모든 폭로가 전 세계에 퍼졌다. 그린월드의 동영상은 이미 〈가디언〉 웹사이트에서 조회수 신기록을 세웠다. 당시 스노든은 홍콩에 숨어 있는 동안 〈가디언〉 사이트에서 실시간 Q&A 코너를 진행했다. 〈가디언〉 미국의 인터랙티브 담당 기자 가브리엘 댄스는 종래의 문서와 그래픽에 동영상을 삽입해 대규모 감시에 대한 새로운 인터랙티브 가이드 'NSA 해독(The NSA Decoded)'을 만들었다. 스노든 사건은 그런 이야기에 대한 세계의 관심을 현대 기술이 매우 빠른 속도로 끌어낼 수 있다는 사실을 증명했다.

스노든 사건이 정계의 지형을 바꾸는 영향력을 발휘하던 미국의 경우는 특히 그러했다. 처음 폭로 기사가 나왔을 때 미국 국회 내에서의 반응은 부정적이었다. 폭로 기사와 스노든에 대한 맹렬한 비난이 쏟아졌다. 국회의원들은 본능적으로 정보기관의 편에 섰다.

그러나 독자적인 노선을 걷는 몇몇 사람들은 처음부터 스노든을 지지했다. 그중 한 명은 스노든의 영웅 론 폴이었다. 폴은, 정부가 저지른 '부정행위'를 공개적으로 밝히기 위해 스노든이 쏟아부은 노력에 대해 미국이 감사해야 한다고 말했다. 론 폴의 아들이자 공화당 소속 켄터키 주 상원의원 랜드 폴도 같은 목소리를 냈다. 그는 미국인을 대상으로 한 NSA의 감시 행위를 가리켜 '헌법에 대한 정면 도전'이라고 표현했다.

우파 논객 글렌 벡부터 진보주의자 마이클 무어에 이르기까지 다양한 인물들이 스노든에게 찬사를 보냈고 〈뉴요커〉의 존 캐시디 역시 마찬가지였다. 앨 고어는 트위터로 지지의 뜻을 알렸다. 주류 언론은 대개 인신공격성 어투를 사용해가면서 두드러진 적개심을 보였다. 예를 들어 CNN 법률 전문가 제프리 투빈은 스노든을 가리켜 "감옥에 가야 마땅할 잘난 체하는 자기도취자다."라고 말했다.

공개적인 자리에서는 국회의원 대부분이 이와 같은 맥락으로 스노든에게 적대적인 메시지를 전달했다. 하지만 사적인 자리에서는 별로 그렇지 않았다. 상하원 의원들은 폭로 기사나 러시아에 몸을 숨긴 스노든 개인도 그리 탐탁지 않게 여기는 분위기였다. 하지만 그 와중에도 일부는 스노든이 폭로한 감시의 규모에 계속 신경을 곤두세웠다. 폭로가 거듭될수록 국회 내에서도 불편한 기색이 증가했다.

미국 국회 내에 얼마나 큰 동요가 있었는지는 스노든 폭로 기사가 처음으로 터져나온 지 거의 두 달이 지난 후인 7월에야 확실해졌다. 젊고 비교적 신참 하원의원인 저스틴 어매시가 연례 국방부 수권법안 개정안을 상정했다. 그의 목표는 거창했다. NSA가 실시 중인 미국인 전화 기록의 광범위한 수집을 불허하는 것이었다. 어매시는 '수정헌법 제4조와 미국 국민 한 명 한 명의 프라이버시를 수호'하고자 한다고 말했다.

사람들의 예상과 달리 어매시는 진보적인 민주당 출신이 아니다. 그는 공화당원이었다. 팔레스타인 기독교도로서 아랍계 2세대 미국인이자 시리아 그리스 정교 가문 출신인 어매시는 공화당의 자유지상주의 계파 출신이었다. 그 역시 론 폴의 지지자였다. 폴은 작은 정부와 헌법 존중을 앞장서서 주창했다. 그는 군사 모험주의를 반대하고 정부의 프라이버시 침입을 맹렬하게 비난했다. 스노든이 2012년에 그랬듯이 론 폴이 2008년 대통령 선거에 출마했을 때 어매시는 후원금을 냈다.

어매시가 상정한 개정안이 그리 높은 단계까지 올라갈 것으로 예상하는 이는 아무도 없었다. 하지만 법안은 하원 법규위원회를 통과했다. 그러자 오바마 행정부, 정보기관, 그리고 국회 내 협력자들이 어매시의 개정안을 부수기 위해 총력을 기울였다. 국회의사당 지하에서 열린 일련의 마라톤 비공개 회의에서 알렉산더 장군은 법안이 통과되면 국가 안보에 끔찍한 영향을 끼칠 것이라고 경고했다. 클래퍼는 중대한 정보수집 수단을 NSA가 잃게 될 것이라고 말했다. 백악관은 법안 개정안에 공개적으로 반대 입장을 표하는 이례적인 조치를 취해야 했다.

2013년 7월 24일 수요일 저녁 〈가디언〉의 스펜서 애커먼은 하원투표를 보기 위해 굳이 회의장까지 나온 몇 안 되는 기자들 사이에 끼어 있었다.

9·11 테러 이후 미국 보안기관은 한쪽 방향으로만 움직여왔으며,

규모가 계속 커지기만 했다. 이제 처음으로 축소하려는 움직임이 나타났다. 애커먼은 "전자투표였고 결과는 끝까지 미지수였습니다."라고 말했다.

보통 때였다면 뿌리 깊은 당파 분열에 시달려왔을 국회에서 공화당과 민주당 양당이 단합하고 있었다. 오바마 집권 초기부터 서로 앙숙인 양당은 그 어떤 문제에서도 서로 합의하지 못했다. 외부에서 보기에 미국 국회는 분열되어 제 기능을 못하고 있었다. 양당 합의를 이끌어낸 유일한 화제가 이란이었다. 국내 문제에서 정치인들은 늘 불화를 일으키고 의견 일치를 보지 못했다.

그러나 이번에는 민주당원인 존 코니어스가 어매시의 개정안 발의에 공동으로 참가했다. 하원 공화당 및 민주당 지도부, 그리고 백악관은 이에 격렬하게 반대했다. 시민적 자유를 옹호하는 민주당원들과 자유지상주의자 공화당원들이 어매시를 지지하는 연합을 형성했다. 하원 내 분열 양상은 평소와 달랐다. 그 분계는 정부 내부자 대 자유지상주의자로 갈렸다. 제도상으로 보자면 비밀작전을 감독하는 정보위원회와 법률 및 헌법 엄수를 감독하는 법사위원회로 갈렸다.

법안을 지지하는 의원과 반대하는 의원들이 발언하면 통로에서 박수가 터져나왔다. 어매시 법안에 반대하는 대표적 인물은 전 FBI 요원이자 하원 정보위원회 위원장이며 직설적으로 NSA를 감싸고 도는 마이크 로저스였다. 그는 "9월 11일에 어떤 일이 있었는지 잊었습니까?"라고 물었다. 그는 어매시를 지지하는 온라인 캠페인을 조롱하면서 "우리가 페이스북에서 좋아요 클릭 수가 얼마나 올라가는지 보고 있어야만 할 정도로 그렇게 하찮은 존재입니까?"라고 말했다. 어매시

13장 애국자 vs. 반역자

법안에 반대하는 의견을 제시했던 공화당 의원 톰 코튼은 "여러분, 우리는 전쟁 중입니다."라고 선언했다.

그러나 식민지 시대와 비교되는 영장 없는 감시에 반대하는 의원도 있었다. 그들은 NSA의 프로그램을 영국 세관원들이 사유 재산을 수색할 수 있도록 허가했던 일반 영장에 비유했다. 이는 미국 정치인이 제기할 수 있는 가장 감정을 자극하는 비난이었다.(스노든 아버지의 변호사 브루스 페인도 TV 인터뷰에서 이와 똑같은 울림을 주는 영국 '가택 수색영장' 비유를 이야기했다.)

논쟁에는 예상 밖의 보기 드문 연계가 등장했다. 티파티 주요 멤버인 테드 포가 민주당 조 로프그렌과 손을 잡았다. 이는 워싱턴에서 거의 단 한번도 일어난 적 없는 일이었다. 그러나 민주당 수뇌부 낸시 펠로시는 어매시 개정안에 세차게 반대했다. 감정이 고조됐다. 논쟁 중 로저스는 얼굴을 찡그리며 말아 쥔 종이를 마치 경찰봉처럼 손바닥에 두드리며 책상 사이를 서성거렸다. 경력을 드높일 순간을 맞은 어매시는 웃으면서 동료들과 농담을 하고 있었다.

표결 결과는 충격적이었다. 개정안은 부결됐지만 반대 217표 대 찬성 205표로 차이는 근소했다. 국회 내부의 불만이 이 정도 수준에 이르렀다고 예상한 이는 별로 없었다. 이는 미국 전역의 양극화를 반영했다. 미국은 전면적인 논쟁에 말려들었다. 누군가에게 이는 안보 대 프라이버시의 문제였다. 스노든이 내부고발자인가 또는 반역자인가의 문제라고 생각하는 이들도 있었다. 이 문제가 중요하다고 생각하는 사람과 그렇지 않다고 생각하는 사람들로 나뉘기도 했다.

백악관, NSA, 국가정보국 처지에서 볼 때 이 표결은 죽을 고비를 넘기는 체험이었다. 뭔가를 바꿔야만 했다. 스노든은 '하와이에서 온 하찮은 반역자'라는 알렉산더 장군의 표현 같은 절대주의자 주문은 더이상 충분하지 않았다. 백악관은 넌지시 타협 기미를 비쳤다. 가을에 국회 청문회가 예정되어 있었다. NSA를 억제하기 위한 입법 변화가 필요하다는 요구가 나타났다. 새로운 법안을 작성하는 작업이 시작되었다.

여름 휴가 전 8월 9일 기자회견에서 오바마는 이 사태에 관해 처음으로 실질적인 발언을 했다. 그는 투명성 전략을 내놓았다. 하지만 결정적으로 그 어떤 감시 규제안도 발표하지 않았다.

오바마는 새로운 패널이 정보정책을 검토하는 안을 제시했다. 해외 정보감시법 법정에 대한 감독을 강화하겠다는 안도 발표했다. 그리고 애국자법 제215조에 따라 전화 기록 수집을 뒷받침하는 법률 근거를 공개하겠다고 했다.

오바마 대통령은 미국이 '현저한' 스파이 능력을 갖추고 있다는 사실을 인정했다. 하지만 억압적인 정권과 달리 미국은 신중하게 행동하며 '온라인에서 발언한 내용을 이유로 자국 시민을 수감'하지 않는다고 말했다. 그는 국민들이 미국 정보기관의 활동을 믿고 정보기관이 '우리의 이해와 우리의 가치에 따라' 행동한다는 확신을 가질 수 있도록 개혁해나갈 것이라고 말했다.

오바마는 어떤 명백한 프라이버시권도 보장받지 못한 채 미국 감시 법률의 영향을 받게 된 비(非)미국인들에게도 메시지를 전했다. "나는 미국이 일반인 감시에 관심을 두고 있지 않다는 사실을 전 세계인들에게 다시 한 번 명확히 알리고 싶습니다."

이 모든 발언은 사리에 맞는 듯하다. 하지만 회의론자들은 오바마가 진짜 개혁을 의미하는지, 아니면 '말뿐인 개혁'을 의미하는지 의심했다. 다시 말해 NSA가 터무니없는 대규모 감시 행태를 아무런 제약 없이 실행하도록 허용하는 가짜 개혁이 아닌지 수상쩍게 생각했다. 8월 말에 새로운 검토 패널 구성원이 밝혀졌다. 오바마는 '외부 전문가로 구성된 수준 높은 집단'을 구성하겠다고 약속했다. 그런데 이 '독립적인' 전문가라는 존재가 사실상 모두 오바마 행정부와 밀접한 관계를 지닌 전임 정보기관 관료들로 드러났다.

시민 자유주의자들은 크게 코웃음을 쳤다. 패널 의장은 이전 오바마 행정부에서 CIA 차장을 지낸 마이클 모렐이었다. 클린턴 행정부와 조지 부시 행정부에서 대 테러 작전 조정자를 맡은 리처드 클라크와 클린턴의 프라이버시 고문역을 역임한 피터 스와이어도 참여했다. 이 패널에는 '국가정보국 정보통신기술검토단'이라는 애처로운 이름이 붙었다. 그리고 이 이름에는 단서가 붙었다. 자문위원들은 제임스 클래퍼가 국장으로 있는 국가정보국 산하에서 일하고 있었다. 2013년 말에 작성된 위원회 보고서는 백악관으로 넘어갔다.

비평가들은 패널을 가짜 투명성이라고 일축하고 위원들을 백악관 앞잡이라고 묵살했다. 이런 비난은 부당한 것이었을 수도 있다. 하지만 패널 회의가 비공개로 진행되었기 때문에 뭐라고 변명하기도 어렵다. 패널은 9월에 미국시민자유연맹을 비롯한 시민 자유권 단체들과 함께 첫 회의를 열었다. 이후 여전히 프리즘 폭로 충격으로 휘청거리는 페이스북을 비롯해 거대 기술기업 대표들과 함께 회의를 가졌다.

실리콘 밸리는 백악관을 맹비난했다. 페이스북, 구글, 마이크로소프트, 애플, 야후 임원들은 하나같이 스노든의 폭로로 인해 유럽 및 아시아를 거점으로 한 활동이 심각한 피해를 입은 것을 비롯하여 회사 역시 엄청난 손해를 입었다고 말했다. 수십억 달러가 날아갔다. 이들 기업은 오바마 행정부가 상황을 파악하고 신속히 대처해야 한다고 강조했다. 이런 대화는 구글과 야후의 데이터 센터를 NSA가 해킹했다는 뉴스, 즉 사실상 국가가 주요 미국 기업 2군데를 사이버 공격했다는 기사가 나오기 전에 이뤄졌다.

여름 내내 이들 기술기업은 NSA가 합법적으로 그들에게 협력을 강요하고 있다는 똑같은 메시지를 쏟아냈다. 그들은 그 어떤 데이터도 자발적으로 건네지 않았으며, 법원이 발부한 영장에 따랐을 뿐이라고 주장했다. 검토단 회의에 참석하기 며칠 전 실리콘 밸리 CEO들은 샌프란시스코에서 열린 테크크런치 디스럽트 컨퍼런스에 모였다. 폭동이 일어날 듯한 분위기였다. 야후 CEO 마리사 메이어는 그렇게 하고 싶지 않았지만 해외정보감시법 법원 명령에 따를 수밖에 없었다고 말했다. "법원 명령에 따르지 않으면 이는 반역죄입니다." 페이스북 CEO 마크 주커버그는 간단명료하게 표현했다. 그는 "정부가 강타했습니다."라고 말했다.

그러나 검토단과 회의를 하는 동안에 이 기업들은 NSA 감시 제한에 관해서 아무런 말도 하지 않았다. 그 대신에 몇몇 대표들은 이들 기업의 주된 목표가, 자신들이 얼마나 데이터를 열심히 지키고 있는가를 알릴 좋은 이야기를 고객들에게 들려주는 것이라는 뜻을 비쳤다.

하지만 구글과 야후의 데이터 센터를 NSA가 해킹했다는 뉴스가 상황을 완전히 바꿔놓는 역할을 했다. 실리콘 밸리는 어느 때보다도 결연한 행동으로 합심하여 미국 감시 법률을 전면적으로 개정할 것을 요구했다. 오바마 대통령과 국회에 보내는 공개서한에서 그들은 정보 기관에 의한 대규모 데이터 수집 금지를 요구했다.

그들은 "많은 국가에서 균형이 국가에 지나치게 유리한 쪽으로 기울어 개인의 권리, 우리 헌법에 명시되어 있는 권리를 빼앗고 있다. 이런 행위는 우리 모두가 소중히 여기는 자유를 약화시킨다. 이제 변화가 필요한 때다."라고 썼다.

공개서한에 서명한 기업은 애플, 구글, 페이스북, 마이크로소프트, 야후, 링크드인, 트위터, AOL이었다. 그들은 물론 자사의 경제적 이익에 따라 행동하고 있었다. 그러나 이들 기업은 다섯 가지 '개혁 원칙'을 내놓기도 했다. 그중 가장 중요한 원칙은 미국과 영국을 비롯해 모든 국가의 정부는 아무런 혐의 없이 실행하는 감시 행태를 끝내야 한다는 것이었다. 모든 사람을 감시하는 대신 '적법한 목적을 위해 명확하게 알려진 사용자'에게 집중해야 한다고 주장했다.

구글은 스노든 폭로로 인해 인터넷이 '스플린터넷(파편화된 인터넷 – 옮긴이)'으로 바뀔 위험에 처했다고 덧붙였다. 구글은 "국경을 넘어 데이터를 전송하거나 데이터에 접속하는 능력은 활기찬 21세기 글로벌 경제에 반드시 필요하다."라고 주장했다.

스노든 파일이 공개된 이후 새로운 세계에서 NSA는 본격적인 홍보 위기 상황에 닥쳤다. 기관 성격에 딱 어울리게 극비리에 설립된 NSA는 뚜렷이 구분되는 4개의 시대를 거쳤다. 첫 번째는 창설기다. 이는 1952년에서 1978년까지 이어졌다. 이 시기는 프랭크 처치가 이끌던 상원위원회가 용납할 수 없는 국내 권력남용 사건들을 조사한 일련의 보고서를 발표하면서 끝났다. 조사 대상은 FBI에 의한 마틴 루터 킹 협박, CIA 암살작전, 7만 5,000명에 이르는 미국인 감시 문제였다. 처치위원회는 광범위한 개혁을 시작했다. 그중에는 미국 내에서 국외 정보 감시를 실시하는 경우 반드시 법원의 허가를 받아야 한다고 규정한 해외정보감시법도 있었다.

NSA의 두 번째 시기인 1978년부터 2001년까지는 처치위원회가 정한 지침 내에서 움직여야 하는 엄격한 제약을 받은 기간이었다. 9·11 테러 이후 NSA는 다시 한 번 해방을 맞았다. 이후 10년 동안 국민들은 정보기관들에 대해 전폭적인 지지를 보냈고 백악관은 아낌없이 자금을 댔다. 이 시기는 스노든 폭로로 갑자기 끝났고, 이제 불확실한 네 번째 시기가 새로 시작됐다. NSA는 이제 1970년대 이후로 가장 철저하고 불편한 조사를 받는 처지에 놓였다.

동시에 상당히 재미있는 농담의 대상이 되기도 했다.

러빈트(LOVEINT)는 시진트를 이용한 말장난이다. 이는 NSA 직원이 기관의 강력한 염탐 수단을 배우자나 여자 친구를 감시하기 위해 사용하는 경우를 일컫는다. NSA 관료들은 러빈트 사례가 발생하는 경우는 드물고, 이런 일에 연루된 모든 직원은 해고되거나 처벌을 받았으며, 위반 사항 대부분은 본인으로부터 보고받았다고 주장한다. 정보위원회 위원장이자 NSA의 충실한 지지자인 상원의원 다이앤 파인스타인은 "러빈트 사건은 고작해야 일 년에 한 번 꼴로 발생한다."라고 말했다.

그렇다고 해도 트위터 세계에서 이 이야기는 선물과도 같았다. 몇 시간 지나지 않아 해시태그 '#NSA작업멘트(NSApickuplines)'가 실시간 트렌드로 올라왔다. 뉴욕 대학교 언론 전문가 제이 로즌이 "당신은 금요일에 한가하군요. 같이 저녁하시겠어요?"라는 말로 시작했다.

@sickjew는 "당신 여기 자주 오는군요."라고 올렸다.

@Adonish_P는 같은 맥락에서 "나는 내 일생 동안 당신이 어디에 있었는지 정확히 알고 있습니다."라고 이어갔다.

아마도 가장 상상력이 풍부한 농담은 @benwizner가 NSA의 대량 정보수집 습관을 꼬집어서 만든 문장이었을 것이다. 그는 "NSA가 술집에 들어가서 '파는 술을 전부 줘보시오. 무엇을 주문할지 알아내야 하오.'라고 말한다."라고 트윗에 올렸다.

알렉산더 장군에게 이는 모욕적인 언사였다. 세계 최대 정보기관을 8년 동안 이끌어오면서 알렉산더는 어떤 전임자보다 더 막강한 권력을 축적했다. 그의 절대권은 막강한 영역 세 곳에 미쳤다. 바로 NSA, 중앙보안부(CSS), 그리고 2009년 국방부가 미국의 사이버 전쟁 작전을 진두지휘하기 위해 설립한 미국 사이버사령부다. 공식적으로 알렉산더 장군은 DirNSA(NSA 국장을 의미 – 옮긴이)라는 약어로 알려져 있었다. 그의 부하들은 황제 알렉산더 또는 괴짜 알렉산더라는 별명으로 부르기도 했다.

알렉산더 국장의 첫인상은 샌님 같은 느낌이다. 그는 체구가 아주 작고 약간 혀짤배기소리를 내며 고도로 기술적인 세부 사항에 집착하는 듯 보인다. 그러나 알렉산더는 사실 세련된 정치 수완가로, 상대를 정확히 겨냥한 말솜씨를 기반으로 출세 가도에 올랐다. 스노든의 이름이 알려지기 전, 알렉산더는 영향력 있는 국회의원들을 NSA로 초대했다. 그는 의원들에게 스타십 엔터프라이즈(미국 SF TV 시리즈 〈스타트렉〉에 등장하는 우주선 – 옮긴이) 함교를 본떠 만든 포트미드 지휘본부를 보여주었다. 알렉산더를 아는 사람들은, 그가 역사의식이 강하고 그 안에서 자기가 맡은 역할을 확고히 인식하고 있다고 말한다. 지휘본부는 위대한 사람이 악에 맞서 위대한 공적을 세우는 장소다.

그러나 알렉산더와 NSA 상급 수뇌부가 정말 필요한 때에 백악관이 지원해줄 것으로 기대했다면 그들은 지독한 실망을 맛보게 될 것이다. 오바마는 8월 연설에서 '미국 정보기관에서 일하는 직원들'에게 분명히 경의를 표했다. 오바마는 그들을 가리켜 조국과 국가의 가치를 사랑하는 '애국자들'이라고 표현했다. 하지만 대통령은 포트미드에 방문하지 않았고 카메라 앞에서 요란하게 결속을 다지는 모습을 보여주지도 않았다.

NSA의 감시 활동을 옹호하는 일도, 논란을 불러일으키는 NSA의 저인망식 프로그램이 실제로 합법이라고 설명하는 역할도 전부 NSA가 떠맡았다. 대중의 적대감이 거세지는 상황에 대응해야 했다.(알렉산더 국장이 등장한 한 유튜브 동영상에서 '싫어요'를 클릭한 횟수는 1만 6,000회를 넘어섰다.) 스노든 폭로 사건 이후 정보기관을 향한 여론은 9·11 테러 이후 처음으로 변화하고 있었다. 7월에 〈워싱턴포스트〉와 ABC 방송국이 합동으로 실시한 여론조사 결과 프라이버시 보호가 테러리즘 조사보다 더 중요하다고 믿는 사람은 39퍼센트로 나타났다. 2002년에 이 수치는 18퍼센트에 불과했다.

감시 쟁점이 명백하게 치명적인 사안으로 떠오르는 가운데 오바마 행정부는 특기를 발휘하여 중립적인 태도를 취했다. 수세에 몰린 퍼즐 팰리스 내부에서는 투정과 더불어 이를 못 믿겠다는 듯한 분위기가 감돌았다. 조직 내부 일 외에는 관심이 없는 NSA는 자기 마음대로 행동하는 방식에 익숙해져 있었다. 현역 직원들은 공개적으로 뜻을 밝힐 수 없었다. 그러나 전 NSA 직원들은 NSA를 백악관이 제물로 삼고 있다고 생각한다는 사실을 굳이 숨기지 않았다.

전 NSA 감찰관 조엘 브레너는 외교전문지 〈포린폴리시〉 지면에서 포트미드의 견해를 언급하며 "대통령이나 백악관 직원, 행정부 고위직들이 NSA를 전혀 지원하고 있지 않으며 포트미드의 고위층과 일반 직원들 모두 이를 다 눈치채고 있습니다."라고 말했다. 〈포린폴리시〉는 NSA 내부의 사기가 낮다고 말한 전직 정보기관 직원들의 말을 인용했다. 어떤 이는 스노든의 폭로에 이어진 철저한 조사가 예산 감축과 결합하여 정보기관 직원들이 '고전'하고 있다고 말했다.

공식적인 백악관 사진 한 장이 이처럼 소원한 행정부와 NSA의 관계를 포착했다. 11월 오바마 대통령과 바이든 부통령이 고위직 군사 지도자들을 만났다. 장소는 백악관 각료실이었다. 오바마는 가운데 앉아 카메라를 정면으로 바라보면서 오른손을 들어 뭔가 강조하고 있었다. 타원형 테이블 정반대쪽에는 알렉산더 장군이 유화 두 점을 배경으로 시베리아 같은 위치에 외롭게 앉아 있었다. 대통령과 NSA 국장은 나중에 저녁 식사를 하면서 담소를 나눴을지도 모른다. 하지만 그랬다고 한들 그런 사진은 공개된 적이 없다.

이처럼 NSA가 정치적 포용을 받지 못한 것은 대부분 자기 잘못이었다. 알렉산더는 스노든 폭로 사건 초기에 엉망으로 대응했다. 그는 처음에 논란을 불러온 NSA의 국내 대규모 정보수집 프로그램이 54건이나 되는 테러 음모를 막았다고 주장하면서, 은연중에 이런 사건이 마치 미국에서 발생했다는 분위기를 풍겼다.

이후 NSA 부국장 크리스 잉글리스는 이 음모 중 약 12건 정도만이 미국 본국과 관련됐다는 사실을 인정했다. 그 다음 그는 이중에서 미국인을 대상으로 실시한 대규모 감시 결과로 막을 수 있었던 경우는 단 한 건이었다고 말했다.(그는 발각한 테러 음모들이 진짜 '음모'였는지 여부에 관해서도 모호한 태도를 취했다. 그가 인용한 문구 중에는 오히려 금융 거래와 더 깊은 관련이 있는 내용도 있었다.)

그러나 NSA 사태가 미국 국회에 끼친 가장 큰 손실은 알렉산더가 아니라 정보기관 전체를 총괄하는 우두머리인 클래퍼에게서 나왔다. 클래퍼는 지난 3월에 열린 상원 청문회에서 론 와이든의 질문에 거짓 대답을 했다. 혹시 NSA가 '미국인 수백만 또는 수천만 명에 관한 어떤 종류의 데이터'라도 수집하느냐는 질문에 클래퍼는 절대적이고 단호하게 "아닙니다, 의원님. 고의로 수집하지는 않습니다."라고 답을 했다.

이 대답은 그대로 다시 돌아와 그를 후려쳤다. 국회에서 거짓말을 하는 것은 중대 범죄다. 스노든 폭로 이후 클래퍼는 그 답변이 공청회에서 할 수 있는 '가장 덜 부정직한 답변'이었다고 설명하면서 어물쩍 넘어가고자 했다. 그러나 이는 통하지 않았다. 와이든 의원실은 그에게 해당 질문을 하기 24시간 전에 미리 통지를 했고 질문 후 곧 기록을 수정할 기회를 주었다. 클래퍼는 국내 전화 기록 수집에 관해 전혀 기억이 나지 않는다고 말한 것으로 기술을 변경했다. 이 거짓 증언은 그의 해임과 사임 촉구로 이어졌다. 클래퍼는 자신의 평계를 둘러싸고 격렬한 항의가 잇따르자 구체적으로 와이든이 아니라 상원위원회에 공개적으로 사과했다.

그래도 여전히 마음을 다해 NSA를 옹호하는 충실한 지지자들이 있었다. NSA 감독을 책임지고 있는 파인스타인 역시 그중 한 명이었다. 스노든이 NSA 문서를 유출했다고 자신의 신원을 밝히던 날 파인스타인은 단호히 대응했다. 그녀는 "나는 이 사태는 내부고발이라고 보지 않습니다. 반역 행위라고 생각합니다."라고 말했다. "그는 맹세를 어겼습니다. 법도 위반했습니다." 파인스타인은, NSA는 단지 전화요금 청구서에서 찾아볼 수 있는 것과 같은 정보를 모으고 있을 뿐이라고 말하면서 전화 기록과 인터넷 통신 내용 수집이 쌓여 어떠한 감시 행위가 된다는 주장을 부인했다.

그러나 NSA가 메르켈 총리의 개인 휴대전화를 해킹했다는 뉴스가 나온 후 파인스타인은 180도 달라진 태도를 보였다. 그녀는 모든 정보 프로그램을 '전면적으로 재검토'하라고 요구했고 상원 정보위원회가 '충분한 정보'를 받지 못했다며 불만을 늘어놓았다. 파인스타인은 우방국과 총리를 염탐하는 행위는 옳지 않다고 말했다. "프랑스, 스페인, 멕시코, 독일을 포함해 미국 동맹국의 지도자들에 관한 정보를 NSA가 수집한 건과 관련하여 의견을 명백하게 밝히겠습니다. 나는 전적으로 반대합니다."

파인스타인이 취한 태도는 NSA를 지지하는 측과 비판하는 측 모두에게 혼란스럽게 다가왔다. 한편으로 파인스타인은 줄곧 NSA가 수행해온 주요 임무의 일부였던 행위, 즉 해외 신호 정보수집에 극도로 흥분하는 반응을 보였다. 또 다른 한편으로는 NSA가 새롭게 시작한 기이한 대량 정보수집 프로그램, 즉 스노든이 내부고발을 결심한 계기가 된 바로 그 프로그램은 두둔하는 입장을 고수했다. 이는 정말이지 이상한 태도였다.

이처럼 약간의 동요는 있었지만 NSA에 대한 파인스타인의 충심은 단 한번도 심각하게 문제가 되지는 않았다. 2013년 가을, 파인스타인은 여러 법안 발의와 더불어 NSA를 '개혁'하는 법안을 제의했다. 파인스타인의 개혁안은 단연코 NSA에 가장 동조적인 내용이었다. 그리고 그 내용은 기본적으로 현재 상태를 유지하는 가운데 제한적인 변화만을 제안했고, 일부는 이미 어마어마한 권력을 한층 더 확대하는 안이었다.

이는 한눈에 보기에 확실하게 알 수 있는 내용은 아니었다. 10월 31일, 상원 정보특별위원회 비공개 회의가 열리고 있는 하트 상원 사무실 건물 2층에 열 명 남짓한 기자들이 모였다. 파인스타인이 눈속임을 하려고 한다는 의혹이 불거졌다. 하지만 며칠 전 파인스타인은 동맹국 지도자들을 NSA가 염탐한 사실을 비판하면서 대립각을 세웠다. 그녀가 상정한 법안의 내용을 본 사람은 아무도 없었다.

회의가 시작된 지 30분이 흘렀을 때 파인스타인의 언론 팀은 그녀가 발의한 법안인 해외정보감시법 개정안이 11 대 4로 통과됐다고 발표했다. 개정안은 '중대 정보 프로그램의 투명성'을 증대하고 '대량 기록 수집'을 금지했다. 그러나 얼마 지나지 않아 그 내용이 자세히 드러났다. 면밀히 조사한 결과 법안이 금지한 대상은 내용물의 대량 수집으로 밝혀졌고, 이는 NSA가 애초부터 한번도 한 적 없는 행위였다. 보도자료에는 오해의 소지가 있었다. 실제로 파인스타인이 상정한 법

13장 애국자 VS. 반역자

안은 NSA의 대량 감시권한을 확고히 하고 심지어 확장했다.

구체적으로 이 법안은 미국인에 관한 정보를 NSA가 얻기 위해 외국 전화 및 이메일 통신 내용을 자세히 조사할 수 있도록 성문화했다. 나중에 말할 때에도 파인스타인은 완고했다. 그녀는 테러 공격 위협이 그 어느 때보다도 크다고 말했다. 그리고 "나는 이 NSA 데이터 프로그램과 이 프로그램이 미국을 지키는 데 얼마나 중대한 역할을 수행하고 있는지와 관련하여 엄청난 오해가 있다고 생각합니다."라고 덧붙였다.

그러나 다른 상원의원들은 NSA를 억제하는 엄격한 법안을 내놓았다. 그중에는 하원 법사위원회 위원장 짐 센센브레너도 있었다. 센센브레너는 애국자법을 처음 작성한 의원으로 9·11 테러 이후 미국 정보기관 요원들이 테러리즘에 맞서 싸울 수 있도록 고안했다. 그는 부시 및 오바마 행정부가 무고한 미국인들을 염탐하는 데 사용하기 위해 애국자법을 오역하고 있다고 말했다. 이는 프랑켄슈타인 박사가, 자기가 만든 창조물이 바라던 바와 같이 아름다운 개체가 아니라 통제를 벗어난 괴물일 뿐이라는 사실을 깨닫는 순간과 똑같이 닮아 있었다.

이를 수정하기 위해 센센브레너는 '미국자유법'을 내놓는다. 상원의원 패트릭 레히와 함께 발의한 이 법안은 두드러진 개혁을 꾀한다. 그중에는 대량 정보수집 프로그램을 끝내고 시민 자유권을 대표하고 해외정보감시법 법원에 제기하는 비밀 정부 요청에 이의를 제기할 수 있는 '특별 대변인'을 새로 도입하는 방안도 있다. 본질적으로 센센브레너는 한정된 표적에 집중하는 염탐 방식으로의 회귀를 제안했다.

그는 "정보기관 전문가들은 개인의 데이터 건초 더미를 파헤칠 것이 아니라 실질적인 단서를 추적해야 합니다."라고 주장했다.

그러는 사이 스노든 폭로 사건 전부터 NSA를 비판해온 상원의원 와이든과 유달은 미국인을 대상으로 하는 무영장 염탐을 중지시키기 위해 자체적으로 법안을 마련했다. 와이든은 NSA 국장 임명 때 상원이 이를 승인하는 권한을 가져야 한다고 제안했다.

백악관은 마치 러시아 같은 방식으로 조직 상부 개편을 지지한다고 밝히고 나섰다. 4성 장군 알렉산더는 2014년 3월 NSA 국장직을 사임하겠다고 공식적으로 발표했다.(〈월스트리트저널〉은 미국 고위관리 말을 인용하여 알렉산더가 6월에 사임하겠다는 뜻을 밝혔다고 말했다. 백악관은 이에 반대했다.) 또 다른 관리는 클래퍼 역시 같은 시기에 물러나면 좋을 것이라고 귀띔했다. 이론상 클래퍼는 미국 정보기관 재검토를 실시하고 있어야 했다. 하지만 실제로는 국회에서의 거짓 증언으로 치명상을 입고 사형선고를 기다리는 것이나 마찬가지인 상태였다.

NSA는 미국인들에게 9·11 테러와 미국 국방에서 NSA가 담당하는 역할을 상기시키기 위해 온갖 기회를 활용했다. NSA 비판자들은 앙겔라 메르켈이 딱히 알카에다는 아니지 않느냐고 지적했다. 상원의원 존 매케인은 〈슈피겔〉과의 인터뷰에서 미국 정보기관은 상층부부터 시작해서 '전면적인 대청소'가 필요하다고 말했다. 미국 정보기관이 왜 메르켈 총리를 도청했냐고 묻는 질문에 매케인은 간단명료하게 답했다. "그들이 도청한 이유는 도청할 능력이 있었기 때문이라고 생각합니다."

그렇다면 2014년이면 새로운 인물이 등장하겠지만, 그때까지는 스

13장 애국자 VS. 반역자

노든이 폭로한 프로그램 대부분이 계속 진행될 터였다. 백악관은 투명성을 약속했지만 벤덤이 고안한 팬옵티콘을 전자 버전으로 시행하는 대규모 감시를 그만둘 생각은 없는 듯했다.

〈뉴욕타임스〉에 따르면 오바마는 부득이하게도 메타데이터 대량 수집을 대신할 수 있는 실행 가능한 대안이 없다고 결론을 내렸다고 한다. 오바마 행정부는 정보 보관 연수를 5년에서 3년으로 줄일 수는 있다는 뜻을 내비쳤다. 그러나 이를 양보라고 보기는 어렵다.

스노든은 오랫동안 염원해온 논쟁뿐 아니라 그 외에도 여러 가지를 이룩했다. 그러나 법률 개혁 면에서 의미 있는 변화가 일어날 것인지 여부를 말하기에는 아직 너무 일렀다.

그러는 사이에도 스노든을 향한 오바마 행정부의 적의는 사그라들지 않았다. 오바마 대통령과 존 케리 국무부 장관은 스노든을 대할 때 전혀 물러서는 태도를 취하지 않았다. 케리는 스노든을 가리켜 '조국에 대한 반역자'라고 말했다. 대통령 사면? 어림도 없었다. 그에게 씌워진 간첩 혐의는 여전했다. 정부 소유 정보를 무단으로 보도하고 기밀정보를 인가받지 않은 자에게 고의로 전달한 혐의였다.

스노든이 모스크바에서 돌아온다면 그는 총 30년 형을 선고받게 될 것이다. 혐의가 추가될 가능성도 있다. 간첩 혐의로는 사형을 언도받을 수도 있다. 예사롭지 않은 폭로로 정치 역사의 향방을 바꾸어놓았지만 스노든이 다시 조국 땅을 밟으려면 꽤 오랜 시간이 흘러야 할 듯하다.

14장

멋진
신세계는
없다

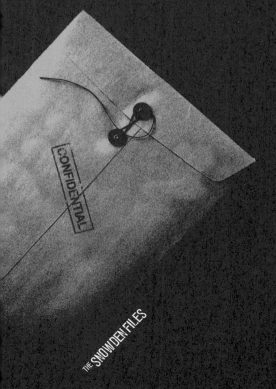

2013년 8월 18일 일요일
런던, 히드로 공항 구치소

"간첩 활동은 일절 언급하지 마십시오. 미란다가 공항에 구금된 이유를 눈치채지 못하도록 하는 것이 매우 중요합니다."
—영국 보안기관 MI5가 보낸 전언

일요일 아침 영국 전원 지대에서 중년 남자 둘이 고무 카누에 공기를 넣고 있었다. 한 명은 59세 앨런 러스브리저, 〈가디언〉 편집장이었다. 잡지 〈뉴요커〉는 그를 이렇게 묘사한다. "그는 검은색 네모진 안경을 쓰며 부스스한 갈색 머리카락은 아무렇게나 흐트러져 머리와 귀를 덮고 있다. 사서라고 해도 모두들 믿을 것이다." 러스브리저와 함께한 사람은 친구인 헨리 포터였다. 60세인 포터는 〈배너티페어〉와 〈옵저버〉에 글을 쓰면서, 스릴러물을 출판하고 시민 자유권을 옹호하는 활동을 한다.

두 언론인은 조금 괴짜 같긴 하지만 소년 시절의 꿈을 실행에 옮기고 있었다. 둘은 워릭셔 에이번 강을 따라 노를 저어가며 강기슭의 고요한 풍경을 만끽했다. 그들은 셰익스피어의 출생지인 스트래트퍼드온에이번에서 출발했다. 그들은 쇠물닭, 오리, 물쥐도 만날 수 있을 거라 기대했다. 이 여행은 마치 영국 풍자소설가 이블린 워가 쓴 흥미진진한 소설 《주걱(Scoop)》에 나올 듯했다.

《주걱》에 등장하는 기자이자 주인공 윌리엄 부트는 자연 칼럼을 쓰는 일을 한다. "사냥 중인 물쥐가 질척한 습지를 소리 없이 잽싸게 뚫고 지나간다."가 그가 쓴 글 중 기억할 만한 비교적 유명한 문장이다. 멀리 떨어진 아프리카에서 발생한 전쟁을 취재하러 파견됐을 때 부트는 고무 카누를 가져간다.(부트는 〈데일리텔레그래프(Daily Telegraph)〉의 전설적인 편집장 빌 디즈를 막연한 모델로 만든 인물이다. 디즈는 1935년 아비시니아에 전쟁을 취재하러 갈 때 250킬로그램이나 되는 수하물을 가져갔다.)

러스브리저는 힘겨운 편집장 업무에서 잠시 벗어나 휴식을 취하기 위해 주말 동안 카누를 즐기려는 계획을 세웠다. 이는 그리 오래가지 않았다. 그는 강기슭에서 전화를 받았다. 경찰이 글렌 그린월드의 애인 다비드 미란다(28세)를 히드로 공항에서 구속했다! 그들은 영국 대테러법 별표 7에 의거하여 미란다를 감금하고 있었다! 그들은 미란다의 배낭을 압수했다!

2000년에 제정된 대테러법의 규제 대상은 살인자다. 이 법은 경찰이 지하디스트나 IRA군으로 의심되는 이들이 영국으로 입국할 때 폭탄 테러를 계획하지 못하도록 막기 위해 만들어졌다. 대테러법은 매우 가혹한 법률이다. '상당한 이유'나 구체적인 혐의가 필요하지 않았다. 감금 목적은 누군가가 '테러 행위의 수행, 선동 또는 준비'에 연루되었는지 여부를 가늠하기 위함이다.

미란다는 테러리스트가 아니었다. 영국 당국은 그 사실을 완벽하게 이해하고 있었다. 그는 한 기자의 애인이었다. 영국 당국은 실제로 미란다가, 에드워드 스노든이 보유한 NSA 및 GCHQ 파일 사본을 지니고 있으며, 그린월드가 그 파일을 조사하여 보도하고 있다는 사실을 알고 있었다. 나중에 스스로 인정했듯이 그들의 주된 목적은 단순히 스노든 파일을 손에 넣어 그린월드가 얼마나 많은 내용을 알고 있는지 파악하는 것이었다.

8월 11일 미란다는 리우데자네이루에서 베를린을 향해 출발하여 중간에 히드로 공항을 경유했다. 그는 베를린에서 그린월드의 동료 기자 로라 포이트러스와 함께 며칠을 보냈다. 그들은 영화 프로젝트를 논의했다. 미란다는 몇 군데 관광도 했다. 그는 호텔에서 이틀 밤을 보냈다. 그리고 이제 다시 영국을 거쳐 집으로 돌아가는 중이었다. 영국 및 미국 정보기관이 그를 감시했다. 어쩌면 앙겔라 메르켈의 전화를 도청하던 바로 그 스파이들이 감시했는지도 모른다.

미란다가 가지고 있던 강력하게 암호화한 스노든 파일들이 그린월드와 포이트러스가 〈가디언〉을 비롯하여 프랑스의 〈르몽드〉, 독일의 〈슈피겔〉, 〈워싱턴포스트〉, 〈뉴욕타임스〉 등 세계 언론에 발표한 수많은 기사를 뒷받침하는 근거였다. 파일 중 하나는 그린월드가 가지고 있는 GCHQ 문서 5만 8,000건에 대한 색인으로 특수 소프트웨어를 사용하여 편집한 것이었다. 한층 더 추가적으로 암호화한 자료도 있었다. 색인 패스프레이즈(패스워드보다 긴 문자열로 된 비밀번호 - 옮긴이)는 알아보기 힘들게 갈겨쓴 다음 미란다의 지갑에 보관됐다.

러스브리저는 미란다의 여행에 관해 자세한 사항은 아무것도 몰랐다. 그는 〈가디언〉이 비용을 부담하고 있는 지속적인 조사 작업의 일환으로 뉴욕 사무실을 통해 미란다의 항공편을 예약했다. 이는 프리랜서와 일할 때 수반되는 위험 중 하나였다. 〈가디언〉이 비용을 지불하고는 있었지만 그렇다고 해서 항상 상황을 통제하는 입장은 아니었기 때문이다.

위기의 상황에서도 러스브리저는 차분한 기운을 내뿜었다. 〈뉴요커〉의 켄 올레타는 러스브리저를 '동요하지 않는 인물'이라고 평했다. 그는 러스브리저 인물평을 쓰면서 그의 온화한 겉모습은 사기라고 했다. 그의 진정한 내면은 강철 같은 사람이다. 편집장으로서 그가 맡은 임무 중 하나는 다각적인 문제에 차분한 태도로 대처하는 것이었다.

스노든 기사는 분명히 그런 문제 중 하나였다. 러스브리저는 아이패드에 스노든 문건과 관련된 다양한 쟁점을 연결해서 그린 거미 모양의 그림을 넣고 다녔다. 쟁점은 대개 법률 및 편집과 관련된 문제였다. 그리고 문건을 안전하게 보호해야 한다는 물리적인 문제도 있었다. 다양한 분야에서 여러 사람들이 움직이고 있었다. 제4계급과 제5계급이 위태위태하게 연합하고 있었다. 이제 정보기관들은 〈가디언〉 관련자들을 적극적으로 도청하는 것 같았다. 덕분에 의사소통이 더욱 어려워졌다.

〈가디언〉 편집장으로 18년 동안 일하면서 러스브리저는 수많은 특종 기사를 보도했다. 그는 〈가디언〉이 좌편향 영국 틈새 신문에서 글로벌 디지털 브랜드로 변모하는 과정을 이끌었다. 2009년 〈가디언〉은 루퍼트 머독의 신문 제국이 저지른 엄청난 전화 해킹 사태를 폭로했고, 이로 인해 수많은 사람들이 구속되고 이후 머독 소유 타블로이드 신문 〈뉴스오브더월드〉는 결국 폐간됐다. 2010년 러스브리저는 위키리크스 문서를 최초로 보도했다. 하지만 스노든 기사는 그중에서도 단연코 최대 특종이었다.

러스브리저가 당면한 문제는 미란다를 도울 방법을 찾는 것이었다.

경찰은 오전 8시 5분부터 그를 히드로 공항에 잡아두고 있었다. 대테러법을 적용하면 경찰은 미란다를 9시간 동안 구금할 수 있었다. 러스브리저는 〈가디언〉 소속 법률 팀 책임자인 질 필립스에게 전화를 걸었다. 필립스는 윌트셔의 한 마을에 있었다. 히드로에서는 너무 멀었다. 필립스는 시민 자유권 분야를 전문으로 하는 저명한 법률회사 빈드먼스에 전화했다. 소속 변호사인 개빈 켄덜이 재빨리 공항으로 향했다.

그러는 동안 러스브리저와 포터는 이후 4시간을 에이번 강을 따라 노를 저으며 보냈다. 그들은 스트래트퍼드에서 강 하류를 향해 윌리엄 셰익스피어가 음주 시합 뒤에 야생 사과나무 아래에서 곯아떨어졌다는 이야기가 전해지는 비드퍼드까지 노를 저어갔다. 러스브리저는 전화를 방수 가방에 넣어왔다. 상황이 어떻게 돌아가는지 알기 위해 종종 전화를 꺼내 살펴보고는 했다.

미란다는 구류 중에 당한 불쾌한 경험에 대해 "위협적이고 긴장감에 시달렸으며 정말이지 무서웠다."라고 표현한다. 경찰은 영국항공 비행기에서 내리는 모든 승객에게 여권 제시를 요구했다. 미란다 차례가 됐을 때 그들은 조용히 그를 구치소로 데려갔다. 그곳에서 경찰은 미란다에게 대테러법 관련 혐의로 그를 심문하겠다고 말했다. 미란다는 "정말 불안했습니다. 테러라는 말을 들었을 때 정말 충격을 받았고 경찰에게 난 테러와 아무런 관련도 없다고 말했습니다."라고 술회했다.

심문을 담당한 경찰 두 명은 질문에 답을 하지 않으면 감옥에 가게 될 것이라고 말했다. 그들은 미란다의 배낭을 뒤졌다. 그리고 삼성 노트북, 개인 사진, DVD 등 소지품을 압수했다. 강력하게 암호화한 USB 메모리 2개와 하드 드라이브 하나도 가져갔다.

미란다는 자기 변호인으로서 그린월드에게 전화를 걸고 싶다고 말했다. 경찰은 그린월드가 영국에 등록된 변호사가 아니라는 근거로 이를 거부했다. 그들은 국선 변호인에게 전화하라고 제안했으나 미란다는 모르는 사람을 믿을 수 없어 이를 거절했다. 통역사도 없었다. 결국에 경찰은 영국 시간으로 오전 10시 30분, 리우 시간으로는 오전 6시 30분에 브라질에 있는 그린월드에게 전화를 걸어 그에게 미란다가 테러리스트 혐의로 잡혀 있다고 말했다. 그린월드는 "나는 정말 화가 났고 충격을 받았고 미란다가 걱정됐습니다." 라고 말한다.

경찰관 두 명은 사실상 테러에 관해서는 아무것도 물어보지 않았다. 그리고 그들은 미란다에게 테러 집단의 일원인지도 물어보지 않았다. 미란다는 자기가 받은 질문이 "두서없고 초점이 없었으며 소지품을 검사할 시간을 벌기 위해 질문을 하고 있다는 인상을 받았다." 라고 말한다.

이후 소송 절차 중에 영국 보안기관 MI5로부터 받은 문서 내용을 보면 미란다 심문이 왜 그렇게 마구잡이식이었는지 알 수 있다. MI5와 NSA는 며칠 전에 미란다를 히드로 공항에 구금하고 그가 지니고 있는 문서를 압수하겠다고 결정했다. 그들은 도청을 통해서든 정보원을 통해서든 간에 미란다가 데이터를 가지고 있다는 사실은 물론 인지한 상태였고, 스노든이 얼마나 많은 문서를 유출했는지 알고 싶어 안달 난 상태였다. 정보기관들로서는 다시없는 행운의 기회였다. 그러나 미란다와 그의 동료들이 속았다는 느낌을 받지 않기를 간절히 바란 듯하다.

미란다를 구금하기 3일 전인 8월 15일 MI5는 런던 경찰청 대테러 사령부 SO15에 연락했다. MI5는 제임스 스토클리 총경에게 미란다를 붙잡으라고 요청했다. 이때 MI5는 '포트서큘레이션시트(PCS)'라고 하는 공문 양식을 작성하여 공식적으로 요청했다. 작성자에게 테러 발생 가능성이 개입되어 있는지 묻는 칸에 MI5는 '해당 없음'이라고 적었다.

공교롭게도 영국 경찰이 아무런 이유도 제시하지 않은 채 승객의 수하물을 압수 수색할 수 있는 권한을 지니는 경우는 단 한 가지였다. 바로 대테러법의 별표 7에 해당하는 경우였다. 남용의 대상으로 도마에 올라오는 일이 잦고 논란 많은 조항이지만 어쨌든 대테러법 별표 7을 적용하기 위해서는 특정한 기술적인 요구 조건을 갖춰야 했다. 이 조항은 누군가가 '테러 행위'에 연루되었는지 여부를 조사하기 위해서만 적용할 수 있었다.

경찰이 이 문제를 지적하고 나서자 MI5는 결국 PCS 양식을 다시 작성했다. 최종 버전에서 MI5는 "정보에 따르면 미란다는 영국의 국가 안보 이해관계에 불리하게 작용할 가능성이 있는 간첩 행위에 연루되어 있을 가능성이 있다. 우리는 미란다가 알고서 문서를 가지고 있으며 그 내용이 알려지면 사람들의 생명이 위험에 처할 수 있다고 판단한다. 게다가 정부에 영향을 미치고 정치적 또는 이념적 운동을 추진할 목적으로 문서 내용을 폭로하거나 폭로하겠다는 위협이 있을 예정이다. 따라서 이는 엄밀한 의미에서 테러의 범위 내에 들어가며 우리는 대상 인물을 별표 7에 의거하여 조사할 것을 요청하는 바다."

라고 주장했다.

이는 터무니없는 설명이었다. 이는 대테러법에서 '테러'를 정의하는 조항의 내용을 본떠서 쓴 것에 불과했다. 물론 이 내용을 작성한 사람들도 미란다가 누군가의 생명을 위험에 빠뜨리고자 위협하려는 의도가 없으며, 특히나 어떤 '이념적 목적'을 달성하기 위한 목적이 없다는 사실을 알고 있었다. 대테러법에서 규정한 테러의 정의는, 짐작하건대 비행기를 폭파하겠다고 위협하는 미치광이를 겨냥해 썼을 것이다.

MI5는 염려하는 바를 설명했다. "간첩 활동은 일절 언급하지 마십시오. 미란다가 공항에 구금된 이유를 눈치채지 못하도록 하는 것이 매우 중요합니다. 구금이 최대한 관례라는 인상을 주도록 해주시고, 그 행위가 정보기관의 요청으로 이뤄지지 않은 것처럼 보이도록 해주시면 감사하겠습니다."

테러리스트가 아니라는 사실이 명확한 사람에게 별표 7을 적용하는 행위는 노골적인 남용이며, 정부가 저널리즘을 테러와 동일시한 걱정스러운 선례. 이는 그동안 많은 비판을 받아오던 해당 조항을, 정보자료를 소지하고 있는 기자에게 적용한 첫 번째 사례였다. 7월 20일 〈가디언〉의 맥북 프로 노트북들을 강제로 파괴한 뒤에 연이어 벌어진 이런 행태는 언론자유에 대한 으스스한 공격과도 같았다.

영국 정부는 여름 내내 〈가디언〉을 상대하면서 단 한번도 〈가디언〉이 테러와 연루되었다는 암시를 내비친 적은 없었다. 러스브리저는 "실질적으로 테러와 연관된 공격 위험이 있었다면 즉각적으로 법원 명령을 적용했을 겁니다."라고 말한다. 1984년 제정된 영국 형사증거법에 따라 언론 관련 정보는 법적 보호를 받는다. 미란다를 구금하고자 했다면 MI5는 법원으로부터 영장을 발부받아야 했다. MI5는 영장을 발부받는 대신 대테러법을 적용함으로써 법원 절차를 피해갔다.

결국 미란다는 오후 5시 무렵의로 풀려났고, 소지품을 남겨둔 채 리우로 돌아가는 비행기에 올라타게 됐다. 그의 변호사는 구금 가능 시간인 9시간을 다 채우기 한 시간 전에야 미란다를 만날 수 있었다. (별표 7에 따라 구금한 경우 6시간 이상 붙잡아두는 경우는 2000명 중에 1명에 불과하다. 미란다는 그중 한 명이었다.) 미란다 구금 소식은 국제적으로 거센 항의를 불러일으켰다. 브라질 정부는 '깊은 우려'를 표명했다. 브라질 정부는 이 경우에 별표 7을 적용한 것은 "타당한 이유가 없다."라고 말했다.

기진맥진한 채 리우로 돌아온 미란다는 공항에서 카메라 기자들이 지켜보는 가운데 그린월드를 만났다. 미란다가 겪은 시련을 가리켜 그린월드는 '실패한 협박 시도'로 묘사했으며 "이번 사태는 뉴스 취재 과정과 저널리즘에 대한 미국과 영국 정부의 공격이 상당히 심각하게 확대되었음을 분명하게 나타낸다."라고 썼다.

그는 감정에 북받쳐 약간 과장이라고 할 수 있을 만한 표현으로 "심지어 마피아도 위협하는 대상의 가족은 건드리지 않는다는 윤리적 원칙에 따른다."라고 말했다.

알카에다가 하듯이 그린월드를 비롯해 동료들이 '정치적 또는 이념적 운동'을 조장하고 있다는 혐의에 대해 시민 자유권 운동가들은 격분을 토했다. 영국 시민단체 리버티는 이런 혐의를 씌운 것이 사실이라면 민주주의를 위협하는 걱정스러운 사태라고 말했다. 브뤼셀에서도 다들 깜짝 놀랐다. 인권 감시를 담당하는 유럽 회의는 영국 내무부 장관 테레사 메이에게 글을 썼다. 유럽 회의는 메이에게 미란다가 받은 처우가 표현의 자유를 보장하고 있는 유럽인권조약 제10조와 어떻게 양립할 수 있는지 설명해 달라고 요청했다.

대테러법 도입에 일조하기도 했던 노동당 소속 전 법무부 장관 팰코너 경이 인상적인 논평을 남겼다. 그는 "이 경우는 국가의 월권행위다. 나는 별표 7의 명문도 그 정신도 미란다에게는 적용되지 않는다고 확신한다."라고 말했다.

그러나 메이는 사과하지 않았다. 〈가디언〉에 노트북을 파괴하도록 강제한 국가안보정책 부보좌관 올리버 로빈스 역시 사과하지 않았다. 미란다의 대리 변호인들은 미란다 구금 건과 관련하여 고등법원에 이의를 제기했다. 로빈스는 격렬한 법정 진술에서 스노든 폭로가 국가안보에 피해를 입혔다고 말했다. 그는 아무런 증거를 제시하지 않은채 그린월드가 '매우 형편없는 정보보호 행태'를 보였다고 비난했다.

실로 모순된 비난이었다. 민감한 정보를 통제하지 못한 측은 〈가디언〉이 아니라 영국 정부기관 GCHQ였다. 로빈슨은 미국 관리 수천명과 더불어 잠깐 스쳐가는 민간 계약업자까지도 GCHQ의 일급기밀 파일을 읽을 수 있음을 의미하는 GCHQ와 NSA 간 정보공유협정의 역기능은 전혀 언급하지 않았다.

경찰이 미란다를 감금한 사건이 발생하고 이틀 후에 러스브리저는 〈가디언〉 지하실에서 일어난 일, 즉 하드 드라이브를 철저하게 파괴하는 덥고 어지러웠던 바로 그 사건을 처음으로 공개함으로써 대응했다. 〈가디언〉 기자 사이먼 젠킨스는 그 일화를 '인터넷 시대에 가장 기괴한 국가 검열 행위'라고 표현했다. 드라이브 폐기 작업을 감독하던 GCHQ 요원 두 명은 '마치 스페인 종교재판소가 보내온 수많은 분서(焚書)주의자' 같았다.

러스브리저 편집장은 어딜 가든 중세 순례자가 성자의 유골을 소중히 간직하듯 파괴된 컴퓨터 조각을 주머니에 넣고 다녔다. 그는 "이 조각은 국가 대 언론인의 역할을 상징하는 일종의 공예품 같은 겁니다."라고 말한다.

러스브리저의 폭로와 미란다 사건의 부조리는 영국 정치인들에게 전기 충격을 가한 듯한 영향을 미쳤다. 이는 마치 편안하게 수면을 취하던 인체에 마침내 전류가 흐르면서 온몸을 휘저어놓은 듯한 상황이었다. 6월 5일 〈가디언〉이 처음으로 NSA 기사를 보도한 이래 세계 전역에서 논쟁이 불타올랐다. 독일에서는 엄청난 논란이 발생했다. 미국에서는 국회가 감시체제를 재검토하고 있었다. 그러나 영국에서는 아무 일도 없었다. 국회의원과 신문 대부분이 이 사건을 무시했다. 일부 보수당원들만이 '스파이들의 역할은 염탐'이라는 말로 이 뉴스에 맞섰다. 영국 정부는 여기에는 아무것도 볼 만한 것이 없다고 말했다.

영국이 이렇게 침묵하는 이유는 무엇일까? 당장 떠오르는 이유가 하나 있었다. 스노든 폭로 사건이 시작되던 당시, 영국 특유의 DA 통고(국방자문통고(Defence Advisory Notice)) 조직을 이끄는 비서관 퇴역 공군 소장 앤드류 밸런스는 2013년 6월 7일자로 BBC와 신문사들에 국가 안보 쟁점을 염두에 둘 것을 상기하는 내용의 서한을 비밀리에 돌렸다. 그는 GCHQ를 대표하여 DA 통고를 배포했다.

그가 배포한 '사적이고 기밀스러운' 서한은 "최근 영국 정보기관이 외국 정보원으로부터 정보를 획득하는 일부 방법과 관련된 기사가 여러 건 보도됐습니다. 정보기관은 이 같은 주제가 향후 더 확장되면 국가 안보 및 나아가 영국 정부 조직원까지도 위태롭게 할 수 있다고 우려하고 있습니다."라는 내용이었다.

냉전 시대의 유물인 DA 통고는 원칙적으로는 법적 구속력이 없는 임의 권고다. 그리고 애국적인 언론기관이 의도하지 않게 민감한 군사정보를 보도하는 일이 없도록 보호하는 것이 목적이다. 그러나 현실에서 DA 통고는 따르지 않을 경우 위협이 가해질 것이라는 암시와 함께 대중의 논란을 폐쇄하거나 적어도 약화시키는 효과적인 수단으로 쓰이고 있다. 스노든 폭로 사건을 조금이나마 보도한 언론매체들도 초기에 억눌린 분위기로 기사를 내보냈을 뿐이고, 국가로부터 재정을 지원받는 BBC는 특히 더 그랬다. DA 통고로 인해 영국 국민들 사이의 분위기는 미적지근했다.

좀 더 나아가 문화적인 이유도 있었다. 영국은 독일을 비롯하여 여타 나치 또는 소련에 점령당했던 국가들과 달리 20세기 전체주의 악몽에 시달리지 않았다. 영국 국민들은 자유를 당연하게 여겼다. 1688년 이래 영국에서는 한번도 혁명이 일어나지 않았고, 1688년의 무혈 명예혁명은 사실 혁명 축에 끼지도 못한다. 게다가 영국 대중문화 속 스파이들은 항상 정의의 사도다. 이언 플레밍의 짜릿한 판타지 소설에 등장하는 제임스 본드도 그렇고, BBC TV 드라마 〈스푹스(Spooks)〉에 나오는 헌신적인 정보국 요원들도 그렇다.

〈가디언〉의 기자 조너선 프리들랜드는, 영국이 "미국 같은 국가와는 근본적으로 다른 권력 개념을 지니고 있다."라고 말한다. 영국에는 미국의 수정헌법 같은 기본 인권선언이나 성문헌법이 없고 '우리 국민'이 주권자라는 미국식 관념도 없다. 오히려 영국 체제는 여전히 권력은 위에서 나와서 아래로 흐른다는 군주제에 기원한 흔적을 품고 있다. 영국인들은 시민이라기보다는 여전히 백성에 머물러 있다. 정부의 사생활 침범에도 별다른 반응을 보이지 않는 이유를 이런 배경에서 찾아볼 수 있다.

프리들랜드는 "지금 당신이 목격하는 바는, 오랜 극기가 가져다준 불굴의 정신이 아니라 너무나 깊이 몸에 배어 우리는 거의 의식하지 못하는 체념과 복종"이라고 주장한다.

올더스 헉슬리의 디스토피아 소설 《멋진 신세계(Brave New World)》에 등장하는 시민들은 황홀과 망각을 부여하는 환각제 소마를 기꺼이 씹어 삼킨다. 버나드 마르크스처럼 지배계급이면서도 불안을 느끼는 몇몇 지식인을 제외하면, 헉슬리가 그린 미래 런던 시민들은 장애물 골프를 치고 문란한 성생활을 즐기거나 촉감 영화를 보면서 만족한다. 스노든의 폭로 기사를 쓴 사람들에게 2013년 영국의 여름은 이와 비슷한 듯 느껴졌다.

하지만 GCHQ가 실시한 대규모 데이터 수집의 심상치 않은 세부 사항이 좀 더 드러나면서 자극을 받고 눈을 뜬 사람들이 나타났다. 그들은 영국 정보기관 감독을 담당하는 시스템에 개혁이 필요한 것은 아닌지 의문을 제기하기 시작했다. 감독 시스템은 작동하지 않고 있었다. 전 에너지 장관 크리스 훈(Chris Huhne)은 2008년부터 시험 가동을 거쳐 2011년에 본격적으로 가동을 시작한 템포라에 대해 정부 내각은 전혀 들은 바가 없다고 밝혔다. 훈은 국가안보위원회 소속이었다. 그러나 그와 다른 위원들조차 이를 몰랐다. 그렇다면 대체 누가 이 프로그램을 승인했을까?

영국 정보기관은 외무부 장관 윌리엄 헤이그를 제외한 그 어떤 정치인에게도 공격적인 새로운 능력에 관해 보고하지 않은 듯했다. 그들은 정부가 발의한 정보통신데이터법안을 검토하느라 바쁜 의회 위원회를 보기 좋게 오도했다. 정보통신데이터법안을 발의한 부처는 내무부였다. 법안은 경찰, 보안기관을 비롯해 국가 기관이 모든 영국 통신업체가 보유한 메타데이터와 이메일에 대규모로 접근할 수 있도록 허용하는 내용이었다. 또한 통신업체들은 국가 기관이 샅샅이 훑어볼 수 있도록 12개월간 데이터를 보관해야 했다. 2013년 봄, 자유민주당 당수이자 데이비드 캐머런의 연정 파트너인 닉 클레그가 이에 반대를 표시하면서 법안은 폐기됐다.

스파이 헌장이라는 별명이 붙은 이 법안을 둘러싼 정치적 논쟁은 대부분 엉터리였음이 이제는 드러났다. GCHQ는 이 법안이 계획한 바를 이미 비밀리에 실시하고 있었다. GCHQ는 침묵을 지켰다. MI5, MI6, GCHQ가 제출한 공동 메모에는 대규모 데이터 수집에 관한 언급이 전혀 없었다. 입법자들은 사기를 당한 기분이었다.

보수당 귀족 블렌캐스라 경(본명 데이비드 매클린, 전 하원의원)은 "나는, 우리가 이 일을 매우 대단히 중대한 문제로 간주했으리라 생각합니다."라고 말했다. 그는 "누군가가 당대의 관심사를 무척이나 잘 감췄군요."라고 덧붙였다.

몇몇 예외가 있기는 했지만 야당인 노동당은 놀라울 정도로 이 쟁점에 관해 침묵을 지켰다. 노동당 당수 에드 밀리밴드는 본질적인 발언은 전혀 하지 않았다. 이는 어쩌면 형제 정치와 관련이 있을지도 모른다. GCHQ가 템포라의 성능을 시험하던 당시는 노동당 집권기였다. 밀리밴드의 형인 데이비드는 토니 블레어와 고든 브라운 총리 시절이던 2007년 6월부터 2010년 5월까지 외무부 장관으로 재직했다. 데이비드 밀리밴드는 2009년 GCHQ가 대규모 광섬유 케이블을 해킹하도록 법적으로 보장하는 비밀 인증서에 서명했다.

짖기는커녕 으르렁거리지도 못한 또 다른 경비견은 영국의 3대 정보기관을 감독하는 의회 조직인 하원 정보안보위원회(ISC)였다. 의장인 맬컴 리프킨드 경은 광범위한 감시 능력을 GCHQ가 지니고 있다는 사실을 알고 있었다고 주장하지만, 스노든 폭로 사건이 터지기 전까지 템포라라는 이름은 들어본 적도 없었다. 그는 케이블 도청 폭로에도 콧방귀를 뀌면서, 이런 관행은 제2차 세계대전 이래 계속됐다고 말했다.

리프킨드는 정보안보위원회의 문제점을 상징하는 인물이다. 행정부에 길들여진 인물일 뿐, 일반 국민의 뜻을 반영하지 않는다. 리프킨드는 보수당 소속으로 외무부 장관과 국방부 장관을 역임했다. 내각에 있을 때 그는 MI6로부터 보고를 받는 입장이었고, 지금은 그 기관으로부터 해명을 끌어내야 하는 입장이다. 캐머런 국무총리는 문제를 일으킬 소지가 있는 사람들은 모두 제외하고 정보안보위원회 위원을 엄선했다. 훈의 말을 빌리자면 "하원 정보안보위원회에 소속된 모든 위원은 보안기관을 열렬히 지지한다."

외부 시선으로 볼 때 정보안보위원회는 약하고 정부와 너무 친밀하며 영국의 보안기관 직원들을 다그치는 일을 꺼린다. 소규모 비상근 조직일 뿐 아니라 구성원은 9명에 불과하다. 이처럼 정치적 영향력이 부족한 조직이 어떻게 신뢰할 수 있는 감독자 역할을 할 수 있겠는가 라는 의문이 제기된다.(3대 정보기관은 20억 파운드에 달하는 예산과 1만 명이 넘는 직원을 확보하고 있다.) 리프킨드는 이를 대수롭지 않게 취급한다. 그는 2013년 초 정보안보위원회가 새로운 힘을 얻었고 의회에 보고도 하며, 이제 정보기관에 대해 자료를 제출하라고 강제할 수 있다고 말한다. 예산 역시 70만 파운드에서 130만 파운드로 증가했다고 말한다.

이론의 여지는 있지만 아마도 정보안보위원회가 지닌 가장 큰 약점은 구성원들이 전혀 젊지 않다는 점일 것이다. 대부분이 정치 경력의 황혼에 접어든 인물이다. 80대에 접어든 미국 하원 정보위원회 위원장 파인스타인과 마찬가지로 리프킨드 역시 인터넷 세대는 아니다. 이른바 규제위원이라는 위치에서 그들이 과연 고도로 복잡하고 기술적인 문서를 이해할 수 있을까? 러스브리저는 스노든 사건을 어렴풋하게 지켜만 보았고 주로 정보 관련 경험을 해온 시기는 1970년대로 거슬러 올라가는 영국 내각의 초고위층 일원의 예를 들었다. 이 원로 정치인은 "하원의원들의 문제점은 우리 대부분이 실제로는 인터넷을 잘 모른다는 사실입니다."라고 인정했다.

스노든 파일에서 GCHQ는 영국의 유연한 감시 법률과 비교적 약한 규제 제도를 미국의 관심을 끌기 위한 하나의 '장점'으로 내세웠다.(2013년 작성된 일급기밀 GCHQ 문서에 따르면 나머지 두 가지 장점은 영국의 '지리적 위치'와 '협력관계'였다.) 영국의 법률 제도는 단지 융통성 있게 해석할 수 있는 정도가 아니다. 이는 기술과 방대한 데이터가 폭발하기 한참

전인 아날로그 시대에 작성됐다.

시대에 뒤떨어진 2000년도 수사권한규제법(RIPA) 아래에서 GCHQ가 훔쳐낸 광대한 데이터로 할 수 있는 일을 법적으로 통제하는 유일한 수단은 현직 외무부 장관이 서명하는 비밀 인증서다. 이 인증서에는 GCHQ가 데이터베이스 내에서 어떤 검색을 할 수 있는지, 그 범주가 열거되어 있다. 그러나 영국 데이터에 대한 NSA의 접근은 '신사협정'에 의거한 제한만을 받고 있는 듯하다. 그리고 모두가 알고 있듯이 스파이는 신사가 아니다.

수사권한규제법이 제정된 2000년은 해저 광케이블 네트워크로 옮겨가는 거대한 글로벌 이동이 전자통신업계에서 막 일어나던 때였다. 그러나 모호한 수사권한규제법이 소용돌이치는 인터넷 속으로 GCHQ가 침입하도록 허용해줄 것이라는 사실을 예상한 민간인은 아무도 없었다. 이동하는 글로벌 데이터 흐름을 수용할 수 있는 저장고인 완충기억장치는 2008~2009년경에야 사용할 수 있게 됐다. '모든 시간의 모든 신호를 수집'한다는 개념은 무의미하게 느껴졌을 것이다. 온라인 통신과 소셜 미디어는 발달 초창기에 있었다. 관련 기술이 앞을 향해 달려가는 동안 영국의 스파이 법률은 침묵을 지킨 채 자유방임상태에 놓였다.

전 영국 검찰총장 켄 맥도널드는 이처럼 '눈부신 변모'가 수사권한규제법을 비롯해 여타 정보 관련 법률을 '반(反)현대적'으로 만들었다고 말한다.

그러나 정보기관은 아무런 변화도 원하지 않았다. 데이비드 캐머론, 윌리엄 헤이그를 비롯한 여러 장관들은 다소 유치하게 영국이 세계 최고의 감시 체제를 갖추고 있다는 주장을 펼쳤다. 그들은 논의할 사안이 아무것도 없다고 우겼다. 유일한 문젯거리는 악당들을 돕고 있는(이와 관련해 구체적인 예를 든 적은 한번도 없다.) 〈가디언〉의 신뢰할 수 없는 행동이라고 말했다.

한 영국 정부 고위 관료는 스노든을 '빌어먹을 놈'이라고 불렀다. 전 MI5 국장 스텔라 리밍턴은 스노든과 어샌지에게 '이기적인 멍청이들'이라는 낙인을 찍었다.(리밍턴은 한 문학 축제에서 스파이 소설 작가라는 새로운 직업을 홍보하는 중이었다.) 관료들은 나라를 사랑하는 마음에서 스노든이 이런 행동을 취하는 것이 아니다, 그는 자기도취자이자 반역자에다가 중국 스파이일 확률도 높다라며 씩씩거렸다. 한 신보수주의자는 '밀레니엄 세대라는 특권' 의식을 스노든이 지니고 있다며 좀 더 미묘하게 비판하기도 했다.

2013년 10월 MI5의 신임 국장 앤드류 파커는 처음 공개석상에 모습을 드러낸 자리에서 스노든의 폭로를 보도한 언론을 질책했다. 그는 〈가디언〉의 이름은 언급하지 않았지만 폭로 기사가 '테러리스트들에게 이득을 제공'했다고 말했다. 이어 그는 "우리는 지금 국제적인 위협에 직면하고 있으며 GCHQ는 우리가 의존하고 있는 수많은 정보 단서를 제공합니다. GCHQ 기술의 범위와 한계를 공개한 행위는 엄청난 피해를 초래합니다."라고 말했다. 폭로 사태에 불만을 품은 또 다른 내부인은 "우리 표적들이 다 숨어버렸습니다."라고 말했다. 그는 "어떤 시진트 능력이 있는지 떠벌리고 다니면 쓸 수 있는 시진트 능력이 없어지잖아요."라고 주장했다.

이런 주장이 타당할까?

영국과 미국에 대한 적이 많다는 사실에는 아무도 반론을 제기하지 않았다. 테러리스트, 적대국, 조직범죄, 독자 행동하는 핵무기 보유국, 기밀을 훔치고 해악을 끼치려 하는 외국 해커들까지 즐비하다. 그리고 그 누구도 개별적인 표적 설정에는 반대하지 않았다. 이것이야말로 정보기관이 하는 일이다. 문제는 불특정하게 수십억 민간인의 통신 내용을 수집하는 전략적 감시에 있었고, 이것이 스노든이 폭로한 대상이었다.

정부는 피해를 입었다고 주장하면서 단 한번도 특정한 예를 제시하지는 않았다. 구체적인 내용을 덧붙이지 않으면 그런 주장의 가부는 증명할 수 없다.

소설가 존 랜체스터(그는 일주일에 걸쳐 GCHQ의 극비 문서를 철저히 조사했다.)는 광범위한 감시 능력에 관한 정보를 보도하는 행위가 정말로 알카에다를 돕는지 의구심을 제기했다. 그는 아보타바드에서 발견된 오사마 빈 라덴의 은거지에는 이메일, 컴퓨터, 휴대전화는 차치하고 심지어 일반전화선도 들어와 있지 않았다는 사실을 지적했다. 확실히 악당들이야말로 전자 통신은 도청당할 위험이 크다는 사실을 이전부터 알고 있었던 듯하다. 랜체스터의 말처럼 빈 라덴의 경우 아무런 전자 장치가 없었다는 사실 그 자체가 수상했다. 정보요원들에게 이는 뭔가 있다는 신호였다.

전 MI6 부국장 나이젤 잉크스터도 비슷한 결론에 도달했다. "NSA와 GCHQ 활동에 가장 관심이 많은 이들은 이번 사건으로 지금까지 몰랐던 내용이나 추론할 수 있었던 내용에 대해 별다른 정보를 얻지 못했다고 생각합니다."

14장 멋진 신세계는 없다

그러나 영국 우파 신문들은 보안기관의 주장을 신성한 사실로 받들었다. 그리고 전화 해킹 폭로 이래 영국 신문업계로부터 지독하게 미움을 받고 있는 〈가디언〉을 공격할 기회도 십분 활용할 생각이었다. 전화 해킹 스캔들로 국가가 주도적으로 신문업계를 규제하리라는 전망이 한층 더 높아졌고 〈선〉, 〈데일리메일〉, 〈텔레그래프〉는 이에 맹렬히 반대했다. 모두가 스노든 폭로 사건을 무시했다. 너그럽게 보자면 스노든 파일을 볼 수 없는 경쟁 신문사들이 해당 내용을 취재하기란 어려웠을 것이라고 주장할 수 있을지도 모르겠다.

파커의 연설 후 〈데일리메일〉은 〈가디언〉을 겨냥해 '영국의 적을 돕는 신문'이라고 부르며 맹렬하게 애국적인 공격을 주도했다. 〈데일리메일〉은 '치명적인 무책임'이라는 죄를 〈가디언〉이 범했다고 말했다. 덧붙여 기자들은 국가 안보라는 문제를 결정할 수 없으며, 〈데일리메일〉이 스노든 파일을 손에 넣었다면 과연 어떻게 했을까라는 질문을 제기했다. 다른 맥락에서 보자면 격렬하게 독립과 언론자유 원칙을 주장하던 신문이 제기하기에는 의아할 정도로 저널리즘을 포기한 반응이었다.

하지만 그 밖의 세계는 다른 관점을 취했다. 다양한 국제 언론사에서 스무 명이 넘는 명망 있는 편집자들이 〈가디언〉과 대중의 알 권리를 충족시키고 권력자들에게 설명을 요구하는 언론의 역할을 옹호했다. 〈뉴욕타임스〉, 〈워싱턴포스트〉, 〈슈피겔〉과 같은 언론사들은 자체적으로 스노든 폭로를 다룬 기사를 냈다. 〈하아레츠〉, 〈힌두〉, 〈엘파이스〉 등은 자체 기사를 내지는 않았다. 하지만 다들 스노든의 폭로가 정보기관의 역할 및 〈뉴욕타임스〉의 에이브럼슨이 제기한 '도청의 적정 범위'에 관해 타당한 논쟁을 불러일으켰다는 사실을 인정했다.

독일인들은 〈슈피겔〉의 전설적인 편집장 루돌프 아우크슈타인이 1963년 방위태세 노출 기사 문제로 구속 수감된 '슈피겔 사건'을 떠올렸다. 이는 전후 서독의 민주주의를 가늠하는 중대한 평가였다. 아우크슈타인은 풀려났고, 그를 감금하던 바이에른 출신 국방부 장관 프란츠 요제프 슈트라우스는 사임했다. 〈가디언〉의 노트북 파괴 사건은 독일 전역 신문의 1면을 장식했다.

그 사이 〈힌두〉의 편집장 싯다르타 바라다라잔은 언론에서 밝힌 스파이 행위의 세부사항은 대 테러 작전과 아주 조금도 관련되어 있지 않다라고 논평했다.

그는 "에드워드 스노든이 프리즘 프로그램을 폭로하기 전부터 오사마 빈 라덴은, 미국이 모든 전자 통신 내용에 귀를 기울이고 있다는 사실을 알고 있었다. 그는 이미 전화 통신 세계에서 떠나 배달원 체제로 되돌아갔다. 그러나 미국, 영국, 브라질, 인도 외 세계 곳곳에서 비도덕적인 이유로 염탐당하는 국가 지도자, 에너지 회사를 비롯해 수많은 사람들은 스스로의 프라이버시가 위협받고 있다는 사실을 눈치채지 못했다."라고 썼다.

이 같은 세계 언론의 반응은 영국 정부에 전혀 스며들지 못했다. 그 대신 캐머론 국무총리는 엉뚱한 사람에게 화풀이를 하기로 작심했다. 그는 〈가디언〉이 계속해서 기사를 낸다면 기소가 뒤따를 것이라는 불길한 암시를 깔았다. 브뤼셀에서 연설하던 캐머론은 정보기관 업무에 대해 '얼씨구나 구시렁거리는' 관점을 받아들일 여유가 없다고 말했다. 이튼 학교 출신이 입에 담기에는 위험한 언어 선택이었다. 캐머론은 앙겔라 메르켈 휴대전화 도청에 영국이 연루되었는가 하는 곤란한 질문에 대한 답은 교묘하게 회피했다.

그리 잘 알려져 있지 않은 보수당 하원의원 줄리언 스미스는 영국 요원들의 신원을 〈가디언〉이 위태롭게 했으며(실제로는 그렇지 않았다.) '반역죄를 지었을 가능성이 있다'라는 뜻을 비쳤다. 스미스 자신이 과실을 저지르지 않았다면 그의 주장에 좀 더 신빙성이 부여됐을지도 모르겠다. 그는 자기 선거구에 위치한 노스요크셔 내 NSA 극비 시설 멘위드 힐 직원들을 의회로 초대했다. 방문 행사 후 스킵턴앤리펀 선거구 하원의원 줄리언 스미스는 고딕 양식 의사당 밖에서 정보기관 요원들과 함께 사진을 촬영했다. 스미스는 그 사진을 자신의 웹사이트에 게재했다. NSA 및 GCHQ 직원들의 신원이 누구나 볼 수 있는 그곳에 버젓이 올라왔다. 스미스는 그들이 사진 게재에 동의했다고 말했다.

영국 정부는 안보에 대해 강경하게 발언하는 한편, GCHQ가 우방국 및 동맹국을 염탐했다는 난처한 폭로기사는 무시하는 전략을 취했다. 11월에 접어들자 사건은 의회 위원회 회의실에서 빠져나와 템스 강변을 따라 달려 왕립재판소 신고딕 양식 입구에 도달했다. 카페 옆에 위치한 28번 법정이 이틀에 걸쳐 사법 심사가 열릴 장소였다. 밖에는 이슬비가 내리고 있었다. 법정 안에서는 가발을 쓴 법정 변호사들이 파일을 넘겨보고 있었다. 한 칙선 변호사는 《블랙스톤의 대테러법률 안내서》라는 제목의 책을 갖고 있었다. 책 표지에는 건물 난간 위에서 펄럭이는 영국 국기 사진이 있었다.

미란다 대리 변호사들이 지난 여름 미란다를 구금하기 위해 대테러법 별표 7을 적용한 건에 대해 소송을 제기하고 있었다. 10개 언론매체 및 언론자유 옹호기관 연합이 미란다를 지지했다. 원고는 미란다였다. 피고는 내무부와 경찰이었다. 재판관 3명이 이 소송 공판을 맡았다.

칙선 변호사 매튜 라이더가 사실 진술을 시작했다. 미란다가 베를린에서 리우데자네이루로 가는 도중 비행기를 갈아타기 위해 히드로 공항에 도착했을 때 대 테러 담당 경찰이 그를 구금했다. 미란다는 언론의 취재 자료를 조사하고 있었다. 이 자료에 근거한 기사가 그 이전에 알려지지 않던 미·영 정부의 대규모 감시 실태를 밝혔으며 '국제적인 논쟁'을 유발했다. 정부 당국은 미란다의 표현의 자유를 억압했다. 정부의 행동은 균형을 잃었고 그 목적은 부당했으며 대테러법과 맞지 않는다.

그러나 담당 판사 세 명은 라이더의 진술에 별다른 감명을 받지 않은 듯했다. 재판관은 진술 도중에 계속해서 끼어들었다. 정중한 태도로 제기하는 질문에서 번뜩이는 지성이 느껴졌다. 하지만 판사가 인터넷에 대해 그리 많이 알고 있지 않다는 사실은 분명했다. 세 판사는 60대 중후반이었다. 미란다의 법정 변호사가 NSA의 프리즘 프로그램을 언급했을 때 재판관은 불쑥 끼어들어 "그럼 정보기관이 테러리스트들의 이메일을 읽을 수 없다는 뜻이잖소!" 라고 말했다.

또한 로스 판사는 탐사보도를 별로 좋지 않게 여겼다. 한번은 골똘히 생각하며 "나는 '책임이 막중한 기자'라는 용어가 무슨 뜻인지 정확히 모르겠습니다." 라고 말했다. "그런다고 해서 기자가 안보 문제를

다 알게 되는 건 아니잖습니까. 단지 거창한 미사여구일 뿐입니다."

다른 판사들 역시 스노든 개인이나 그가 놓인 처지에 그다지 연민을 느끼지 않았다. 우슬리 판사는 "스노든은 러시아에 머무르는 대가로 분명히 뭔가 보상을 받았을 것입니다. 누가 봐도 확실한 생각입니다."라고 말을 보탰다.

오픈쇼 판사는 "왜 러시아가 스노든의 체류를 허락하겠습니까? 스노든은 암호화된 문건을 가지고 러시아에 있습니다. 러시아 정부가 이를 해독하고자 할 것이라는 생각을 스노든은 하지 못한 걸까요?"라고 말했다.

이 사건 뒤에 숨겨진 핵심을 판사들에게 납득시키는 일은 어려운 투쟁이 될 듯 싶었다. 그린월드는 "이 소송에서 피고들의 대응 중 가장 심각하고 문제가 많은 측면은, 그들이 국가 안보 자료에 근거하여 기사를 보도하는 행위를 테러 행위와 동일시한다는 점입니다."라는 말로 상황을 정리했다.

정부 당국은 이 주장을 전혀 받아들이지 않았다. 내무부는 자신들은 국가 안보를 위해 행동했다고 말했다. 정부 당국은 '미란다가 에드워드 스노든 네트워크에서 어느 부분에 속해 있는지' 알고 싶어 했다. 그들은 관계된 기자들이 공익을 위해 움직이는 것이 아니라 '정치적 또는 이념적 운동을 추진'하고 있다고 주장했다.

다음날 로스를 비롯한 재판관들이 어떤 판결을 내릴지 당분간 고려하겠다고 하면서 심리가 끝났다. 그리고 사건은 다시 웨스트민스터로, 그리고 의회 위원회 회의실로 옮겨갔다. 2012년 제임스 본드 영화 〈스카이폴〉에는 MI6 국장 'M'(주디 덴치 분)이 청문회에서 증언하는 장면이 나온다. 정보안보위원회 소속 하원의원 몇 명이 M을 향해 적대적인 질문을 던진다.(그들은 MI6가 잠입 요원 이름이 담긴 하드 드라이브를 잃어버렸다는 사실에 진저리를 치고 있었다.)

'M'에 대한 질문 공세는 더 심해진다. 이 영화의 악역은 사이코패스 같은 미소를 짓는 변절한 MI6 직원 라울 실바(자비에르 바르뎀 분)다. 실바는 경찰복장을 하고 청문회가 열리고 있는 회의실에 뛰어 들어온다. 그리고 총을 쏜다. 다행히도 제임스 본드(다니엘 그레이그 분)가 M을 구하기 위해 온다. 정보안보위원회 의장 개러스 맬로리(랠프 파인스 분)는 궁지에서 실력을 발휘한다. 그는 몇몇 악당을 쏜다.

이에 비하면 11월 7일 현실에서 열린 첫 번째 정보안보위원회 공청회는 한층 차분했다. 리프킨드 경을 비롯한 하원의원 9명과 동료들이 편자 모양 테이블에 둘러앉았다. 본드에 나오는 악당은 등장하지 않았다. 대신 제복을 입은 경비원이 공청회에 참석할 주역들을 위해 문을 열었다. MI5, MI6, GCHQ의 국장 앤드류 파커, 존 소여스 경, 이언 로번 경이 줄지어 앉았다. 그들 위에는 영국 정부 관료들(그리고 총기를 휴대한 것이 틀림없는 몸집이 거대한 경호원)이 있었다.

예전에는 정보안보위원회와 영국 정보기관 국장들이 만나는 회의는 비밀리에 열렸다. 이번 공청회는 거의 생방송으로 텔레비전에 중계됐다. 누군가가 비밀 사항을 무심코 내뱉는 상황에 대비하여 텔레비전 방송은 실황을 2분 지체하여 내보냈다. 90분으로 예정된 공청회를 시작하면서 리프킨드 경은 이번 공청회를 '우리 정보기관의 투명성을 증진하는 중대한 첫걸음'이라고 묘사했다. 그는 국장들에게 사전에 질문 사항을 몰래 전달했다는 언급은 하지 않았다. 기자들도 어쩔 수 없이 똑같이 지루한 서론을 들었다. 스파이들이 그늘 밖으로 나오고 있었다!

로번을 비롯한 정보기관 국장들이 스노든 폭로를 해명할지도 모른다고 기대한 사람이라면 결국 실망했을 것이다. 대체로 말하자면 국장들은 기관의 맡은 바 임무, 즉 그 적법성, 적절성, 목표, 방법을 옹호하기 바빴다. 공청회 거의 내내 스노든의 존재는 찾아보기 힘들었다. 일개 '하급 직원'이 어떻게 GCHQ 비밀문서에 접근할 수 있었느냐는 질문에 파커는 영국 정보기관들은 '엄중한 보안 대책'을 갖추고 있다고 답했다.

리프킨드는 "영국 정보기관이 보유한 정보에 수많은 사람들이 접근할 수 있는 문제와 관련하여 미국 정보기관 측과 논의하고 있다고 추정해도 되겠습니까?"라고 질문했다.

파커는 "우리 세 사람 모두가 그 같은 논의를 하고 있습니다."라고 답했다.

GCHQ 문서 외부 유출이라는 대실책이 발생했음에도 해고된 사람은 아무도 없었다. 어떻게 하다 NSA에서 서구 정보기관 역사상 최대 규모의 정보 유출 사태가 발생했는지에 관한 설명도 없었다.

리프킨드는 다른 질문을 했다. 이는 친절한 테니스 선수가 상대로 하여금 스매시를 쉽게 하도록 공을 로브로 높이 띄워주는 모습에 비할 만한 질문이었다. "일부 잠재적 악당으로부터 우리를 보호하기 위해 대다수 국민들에 관한 정보를 수집하는 업무가 왜 필요하다고 생각하십니까?"

로번은 스스로가 가장 좋아하는 비유인 건초더미를 예로 들어 답했다. 그는 "우리는 대다수 사람들의 전화통화를 듣거나 이메일을 읽는데 시간을 들이고 있지 않습니다."라고 말했다. 대신 GCHQ는 '정탐업무'를 하고 있다고 했다. '바늘을 찾아내기 위해서'라면 '거대한 건초더미', 즉 인터넷 통신정보를 살펴보아야 한다는 말이었다. 로번 국장은 직원들을 두둔하는 발언도 했다. 그는 GCHQ 직원들이 나라를 깊이 사랑하며 테러리스트와 중대 범죄자들을 찾아내기 위해 열심히 일한다고 말했다.

로번은 "그들에게 염탐을 하라고 요구한다면 나는 직원들을 다 잃게 될 겁니다. 다들 일을 그만둘 겁니다."라고 말했다.

로번은 표적 대상에 관해 GCHQ가 수집하는 정보에 점진적이긴 하지만 엄연하게 허점이 생길 것이라고 덧붙였다. 그는 지난 5개월 동안 잠재적 테러리스트들이 의사소통 방법을 어떻게 조정할 것인지 거의 매일 같이 의논했다고 말했다. (어쨌든 GCHQ는 분명히 아직 그들의 대화를 엿들을 수 있었다.)

'그늘 밖으로 걸어나오다'
영국 3대 정보기관장들이 처음으로 국회 정보안보위원회 공청회에서 공개 증언하고 있다.
왼쪽부터 순서대로 앤드류 파커(MI5), 존 소여스 경(MI6), 이언 로번 경(GCHQ).

© EPA

지금 현재 최고의 악당, 즉 글로벌 언론을 공격하는 역할은 현실 세계의 'M' 소여스가 맡았다.

소여스는 정중하고 확신에 찬 태도로 "스노든 폭로 기사는 매우 큰 피해를 입혔습니다. 언론보도 때문에 우리 작전이 위험에 처해 있습니다. 적들은 분명 기쁨에 환호성을 지르겠지요. 알카에다도 기분 좋게 곧이곧대로 받아들이고 있을 겁니다."라고 말했다. 구체적인 내용은 아무것도 제시하지 않았다.

세 국장들에게 압박을 가한 정보안보위원회 위원도 있기는 했다. 전 행정부 장관 출신 버틀러 경은 그동안 정보기관의 능력이 '엄청나게 발달'했다는 점을 고려할 때 2000년에 통과된 법률이 '현대 세계가 요구하는 목적에 적합'하다고 확신할 수 있는지 질문했다. 소여스와 로번은 법률 체계에 변화가 생긴다면 정보기관은 받아들일 준비가 되어 있으나 이를 제안하는 일은 정치인의 몫이라고 답했다.

전반적으로 공청회는 친밀한 분위기였다.

그 자리에 참석한 미국인 또는 유럽인 방문객이라면 아마도 위원회가 어떤 질문을 하지 않았다는 생각을 했을 것이다. 정보안보위원회는 스노든 문서가 제기한 중대한 쟁점을 거의 건드리지 않았으며 대규모 감시, 시민 자유권, 프라이버시에 관한 심각한 질문은 모두 피해갔다. 구글의 자체 데이터 서버 사이를 지나가는 영국 통신정보 도청에서 GCHQ가 수행한 역할에 관한 질문도 없었다. 메르켈 총리 전화 도청이나 우호적인 세계 지도자들을 대상으로 이루어진 염탐 행위에 대한 질문도 없었다. 실제로 해야 하는 정도를 '훨씬 넘어선' 도움을 제공한 통신 기업 협력자에 대해서도 아무것도 물어보지 않았다.

공청회가 열리기 바로 전 주에 인터넷 창시자인 팀 버너스 리 경은 인터넷 암호화를 약화시키려는 영·미 양국의 비밀스런 활동을 두고 '소름끼치고 어리석은 짓'이라고 평가했다. 이 발언을 언급한 사람도 없었다.

비판자들에게 명백한 사실을 알리는 역할은 결국 러스브리저가 해야 했다. 다행히도 스노든은 유출한 파일을 기자들에게 맡겼다. 그들은 정부 및 정보기관과 상의하여 성실하게 업무에 임했으며, 스노든이 유출한 내용 중 극히 일부만을 보도했다. 정보기관들을 한층 더 심각한 재앙으로부터 구한 것은 역설적이게도 바로 언론이었다.

정부, 관료, 정보기관장이 신문을 쳐낸다면 그것은 그들의 특권이다. 그러나 그들은 전문 기자라는 통로가 없을 경우 다음번에 등장할 폭로자가 무슨 일을 저지를지 고려해야 한다. 검열이 불가능한 전 세계 웹에 모든 것을 그냥 쏟아버릴지도 모르는 일이다. 러스브리저는 '무엇을 바랄 것인지 주의해서 정해야 할 것'이라고 경고했다.

이 모든 일에 종지부를 찍는 일이 있었다. 2013년 12월 초 사건은 다시 의회로 옮겨갔다. 상류층 특유의 말투를 지닌 노동당 소속 하원의원 키스 바즈가 관장하는 내무위원회에서 러스브리저를 청문회에 소환했다. 이는 그 자체만으로도 이상한 요청이었다. 성숙한 민주사회에서 신문사 편집장은 일반적으로 입법자들 앞에서 편집 관련 의사결정을 설명해야 하는 일이 없다. 이것이 바로 언론의 자유가 의미하는 바다.

그럼에도 불구하고 바즈 의장은 갑작스럽게 러스브리저에게 질문을 던졌다. "당신은 이 나라를 사랑하시오?" 바즈 의장은 적대적이라기보다는 그를 도우려는 의도로 이 질문을 했을지도 모른다. 하지만 이 질문에는 명백하게 매카시즘의 색채가 묻어 있었다. 러스브리저는 자신이 "이런 질문을 받아서 좀 놀랐습니다."라고 말하고는 덧붙여 "하지만 물론입니다. 우리는 조국을 사랑하고 우리가 이 나라에서 사랑하는 부분 중 하나는 민주주의의 본질, 언론자유의 본질입니다."라고 긍정하는 답변을 했다.

러스브리저 편집장은 스노든 파일을 취급한 책임감 있는 방식, 정부 측과 100회 이상 교류한 부분, 그리고 보도의 동력이 된 막대한 공공의 관심 등 지난 6개월 동안 〈가디언〉이 실행한 보도 과정을 차분하게 설명했다. 그러나 내무위원회 소속 보수당 위원들은 또 다른 험악한 안건을 제시했다. 이는 러스브리저를 감옥에 처넣겠다는 내용이었다.

가장 황당한 질문 내용은 보수당 하원의원 마이클 엘리스의 입에서

런던 경찰청의 총감보 크레시다 딕.
2013년 말 딕은 스노든 파일과 관련하여 법을 위반한 사람이 있는지 여부를 조사하고 있다고 말했다. 영국은 스노든 보도를 법으로 처벌하고자 하는 세계 유일의 국가다.

© Getty

나왔다. 〈가디언〉은 기사의 일부에서 GCHQ가 동성애자 인권운동 기관인 스톤월과 협력 중이라고 보도했다. 이 정보는 스톤월의 웹사이트에 게재된 정보였다. 엘리스는 눈에 띄게 격노한 모습으로 러스브리저가 훔친 자료를 보도하고 있으며, GCHQ에서 일하는 직원의 '성적 취향'을 폭로했다고 비난했다.

러스브리저는 "엘리스 의원님, 무슨 말씀인지 도저히 모르겠습니다. GCHQ에는 동성애자 직원이 있습니다. 그게 놀랄 일인가요?"라고 말했다. 엘리스는 "이는 즐거운 얘기가 아니오, 러스브리저 씨."라고 대답했다. 그는 당황스럽게도 GCHQ 직원이 가족들과 파리 디즈니랜드를 방문했다는 사실을 〈가디언〉이 보도함으로써 더 많은 비밀을 노출했다고 비난했다.

이처럼 〈가디언〉을 비난하는 정적들의 공격은 터무니없고 상당히 우스꽝스러운 경우가 대부분이었다. 그러나 스노든 사건에 대한 영국 정부의 범죄 조사는 충분히 현실적이었다. 런던 경찰청 소속 크레시다 딕 총감보는 내무위원회에서 형사들이 '일부 인사'가 법을 위반했는지 여부를 조사하고 있다고 확인해주었다. 구체적으로 대테러법 58a항 위반 여부를 조사 중이라고 했다. 이 조항은 '테러리스트에게 유용할 수 있는' 정보기관 직원에 관한 정보를 알리는 행위는 범죄라고 규정했다. 비밀 사항뿐 아니라 사진, 주소, 심지어 고양이 이름까지 무엇이든 여기에 포함된다.

딕은 "그들이 법을 위반했는지 그렇지 않은지 여부를 우리는 규명해야 합니다. 그러기 위해서는 엄청나게 많은 자료를 조사해야 합니다."라고 말했다.

스노든 폭로 사건을 보도해온 기자들은 기자 경력을 통틀어 가장 흥미진진한 기사에 참여해왔다. 공공의 이익을 위해 해온 일이었다. 하지만 이제 그들은 용의자가 된 것 같다.

진실을 말하는 것은 범죄가 아니다

모스크바 근교 어딘가
2014년부터 향후 미정

"시베리아에도 행복은 존재한다."
―안톤 체호프 《유형지에서》

9주 동안 에드워드 스노든은 거의 눈에 띄지 않았다. 모스크바 거리에서 쇼핑 카트를 미는 젊은 남자가 찍힌 이상한 사진이 나돌았다.(틀림없이 가짜 아닐까? 사진의 남자는 전혀 스노든처럼 보이지 않았다!) 다른 사진 한 장은 좀 더 설득력이 있었다. 관광 보트에 탄 스노든이 모스크바 강을 따라가는 모습이었다. 때는 여름이었다. 그는 모자를 쓰고 있었고 턱수염을 기른 모습이었다. 배경에는 다리와 함께 스탈린이 폭파했으나 옐친 시대에 재건된 구세주 그리스도 대성당의 금빛 돔이 보였다. 크렘린 궁전의 높은 벽은 사진을 살짝 비켜갔다.

이들 사진은 스노든이 '평범한' 생활을 하고 있다는 인상을 주기 위해 러시아 언론에 유출된 것이었다. 하지만 그의 상황을 고려해볼 때 그럴 가능성은 낮았다. 단서는 정반대 방향을 가리키고 있었다. 스노든 사진을 입수한 통신사 라이프뉴스는 러시아 정보기관과 연계된 것으로 알려져 있다. 한편 스노든의 변호사 쿠체레나는, 스노든이 자리를 잡고 있는 중이며 러시아어를 배우고 대형 인터넷 회사에 일자리를 얻었다고 말했다. 하지만 러시아판 페이스북 브콘탁테를 비롯한 여러 회사들이 이 주장은 사실이 아니라고 말했다.

스노든이 확실히 다시 나타난 때는 10월이었다. 미국인 네 명이 그를 만나기 위해 모스크바로 갔다. 이들은 모두 미국 안보기관 및 정보계에서 근무한 적이 있는 내부고발자 동료들이었다. 스노든이 사례를 면밀히 살펴보기도 한 전 NSA 간부 토머스 드레이크, 한때 CIA 분석가를 지낸 레이 맥거번, 국방부에서 일했던 제슬린 래댁, 그리고 전 FBI 요원 콜린 롤리였다.

흔치 않은 여행이었다. 워싱턴 DC에서 출발하기에 앞서 네 사람은 미국으로 재입국할 때 문제가 생길 경우에 대비해 변호사를 선임했다. 또한 전자제품은 일절 가져가지 않았다. 래댁은 미국 정부가 휴대

© Getty

2013년 10월, 미국인 내부고발자 4명과 샘 애덤스 상을 들고 있는 스노든.
그들과 만난 스노든은 기분이 좋은 상태였고 수만 건에 달하는 영미 비밀정보를 폭로한 자신의 결정에 평정을 유지하고 있었다. 왼쪽부터 오른쪽 순서로 콜린 롤리, 토머스 드레이크, 제슬린 래댁, 위키리크스 기자 새러 해리슨, 그리고 레이 맥거번.

전화나 노트북을 추적해 자신들의 소재를 알아냄으로써 스노든의 은신처를 발견할 수도 있다고 지적했다. 그들이 돌아왔을 때 당국은 휴대한 기기를 압수 수색할 수 있었다.

모스크바에 도착한 이후 창밖이 보이지 않는 승합차를 타고 비밀 장소로 향했다. 그곳에 스노든이 있었다. 위키리크스는 동영상을 공개했다. 유화, 샹들리에, 파스텔 색깔 배경으로 미루어볼 때 모스크바의 고급 호텔 중 한 곳 같았다. 하지만 더 가능성이 높은 곳은 정부 영빈관이었다. 방문객들은 건강하고 느긋하며 명랑한 스노든을 만났다. 그리고 이후 맥거번이 말한 것처럼 그는 평온을 유지하고 있었고, 폭로를 감행한 결정을 후회하지 않았다. 스노든은 자기가 러시아 스파이일 수는 없었다고 농담을 던졌다. 그는 러시아 정부는, 자국 스파이가 셰레메티예보 공항 환승구역에 한 달 넘게 갇혀 있도록 내버려두지 않는다고 말했다.

네 사람은 진실한 정보 제공을 위해 애쓴 이에게 수여하는 샘 애덤스 상을 스노든에게 건넸다. 그리고 미국 정부의 독설과 달리 정보기관 내부인들을 포함하여 수많은 미국인들이 스노든에게 따뜻한 지지를 보내고 있다는 메시지도 전달했다.

래댁은 스노든이 총명하고 겸손한 청년으로 자기 자신을 걱정하기보다는 그린월드, 포이트러스, 그리고 홍콩에서부터 그와 함께한 젊은 위키리크스 활동가 해리슨에게 무슨 일이 생길까 염려하고 있었다고 말했다.

스노든은 이후 이어진 행사에도 계속 함께 자리했다. 저녁 식사를 하면서 그는 왜 자기가 내부고발을 감행했는지 설명했다. 그는 손님들에게 미국의 통치자와 피통치자 간 관계가 '자유롭고 민주적인 사람으로서 우리가 예상하는 바와 점점 더 크게 충돌'하게 되었다고 말했다. 그는 진실을 말한 대가로 자기는 망명과 비방을 감수해야 한 반면에, 클래퍼는 아무런 처벌도 받지 않은 상황을 대비해 말했다.

그러고 나서 그는 중요한 주제로 돌아갔다. 그가 폭로한 NSA 대규모 감시 프로그램들은 "우리를 안전하게 지켜주지 않는다."는 내용이었다. 그는 "감시 프로그램들은 우리 경제에 피해를 입히고 있습니다. 우리 조국을 더럽히고 있습니다. 말하고 생각하며 독창적으로 살아가고, 관계를 맺으며 자유롭게 어울릴 능력을 제한합니다. 타당하고 개별화된 의혹과 영장에 근거하여 정해진 표적에 대해 실시하는 합법적인 프로그램, 정당한 정보활동, 정당한 법률 집행과 필요하지 않음에도 불구하고 전체 인구를 모든 것을 감시하는 시선 아래에 두는 저인망식 대규모 감시 행위는 완전히 다릅니다."라고 말했다.

스노든의 아버지 론 스노든 역시 같은 시기에 모스크바에 왔다. 이들 부자는 사적인 자리에서 재회했다.

3주 후 스노든은 한 번 더 공식적인 방문객을 맞이했다. 이번 손님은 현재 74세인 독일 녹색당 소속 국회의원이자 진보적인 변호사 한스크리스티안 슈트뢰벨레였다. 독일에서는 메르켈 총리 도청 사건으로 정치계 인물들도 동요했다. 슈트뢰벨레 의원은 초대장을 가지고 왔다. 이는 스노든에게 미국 스파이 행위를 조사 중인 독일 국회 소속 위원회에 출석해 증언을 해 달라는 내용이었다. 슈트뢰벨레 의원은 스노든, 해리슨과 함께 테이블에 둘러앉았다. 이들은 논의하는 동안 웃음을 터트리기도 하면서 함께 사진도 찍었다

스노든은 슈트뢰벨레 의원에게 메르켈 총리와 독일 국회 앞으로 보내는 편지를 건넸다. 편지에서 스노든은 '우리 정부가 저지른 조직적인 법률 위반'을 목격한 이후 '행동에 나서야 한다는 도덕적 의무'를 느꼈다고 말했다. 이러한 염려를 보도한 결과로써 그는 '가혹하고 끈질긴 박해'에 직면했다. 스노든은 '나의 정치적 표현 행위'가 '많은 새로운 법안'과 사회 인식 제고 등 용기를 북돋는 반응으로 이어지고 있다고도 썼다.

스노든의 시각에서 볼 때 자신의 행동을 법으로 처벌하고자 무더기로 중죄 혐의를 씌운 백악관의 행동은 부당한 조치였다. 그는 미국 국회가 허락만 해준다면 이 같은 내용을 말할 준비가 되어 있었다. "진실을 말하는 것은 범죄가 아닙니다."

한 문단이 눈길을 끌었다. 그리 명확히 말하지는 않았지만 스노든은 향후 언젠가 러시아를 떠나기를 희망하는 듯했다. 그는 다음 문장을 끝으로 편지를 맺었다.

"나는 상황이 해결되었을 때 여러분의 나라에서 여러분들과 함께 이야기를 나눌 날을 고대하고 있습니다. 우리를 지켜주는 국제법을 유지하기 위한 여러분들의 노고에 감사드립니다.

진심으로 안부를 전하며

에드워드 스노든"

며칠 후 해리슨은 스노든에게 작별 인사를 고하고 베를린행 비행기에 올랐다. 해리슨은 스노든과 4개월 동안 모스크바에 머물렀다. 변호사 조언에 따라 해리슨은 영국으로 돌아가지 않았다. 독일 수도, 특히 동독은 이제 스노든 사건으로 인해 망명자들이 모여드는 중심지가 되었다. 포이트러스, 제이콥 애플봄 기자, 그리고 해리슨까지 모였다. 역사를 잘 아는 사람이라면 아이러니를 느낄 터였다. 슈타지의 땅이 언론자유의 섬이 되었다.

한편 그린월드는 〈가디언〉을 떠나 이베이를 창업한 억만장자 피에르 오미디야르가 투자한 신생 언론 기업에 합류하기로 결정했다고 발표했다.

스노든이 모스크바를 떠나 서유럽에서 새로운 생활을 시작할 가능성은 얼마나 될까? 좌파성향 정치인, 지식인, 그리고 작가들이 나서서 스노든에게 망명을 허용하라고 독일 정부에 요구했다. 베를린 주재 미국 대사관 옆 거리 이름을 '스노든 슈트라세'로 바꾸는 운동이 있었을 정도다.(한 예술가가 새로운 거리 표지판을 세우고 동영상을 찍어 페이스북에 올렸다.) 그러나 독일로서 미국과의 전략적 관계는 한 개인의 운명보다 더 중요했다. 적어도 3선 연임에 성공한 메르켈 총리는 그렇게 생각할 듯

© Associated Press/Rossia 24

인간의 기본 권리를 지키기 위해 자신의 인생 전체를 위험에 빠뜨린 남자 스노든. 러시아 정부는 1년간 임시 망명을 허용하고 한 달 만에 공항 밖으로 내보내주었다. 모스크바 강에서 보트를 타는 스노든의 모습으로 배경에 구세주 그리스도 대성당의 금빛 돔이 보인다.

하다.

그리하여 스노든은 모스크바에 남아 있다. 쿠체레나 변호사는 만약 스노든이 떠나려고 한다면 망명 자격을 박탈당할 것이라고 사람들에게 친절하게 상기시켜주었다. 그는 좋든 싫든 러시아 연방의 손님이었다. 그리고 어떤 의미에서 포로이기도 했다. 그의 망명 생활이 얼마나 계속될지는 아무도 몰랐다. 몇 달? 몇 년? 수십 년?

진실을 말하는 것은 범죄가 아니다